밥 먹여주는
인문학

밥 먹여주는
인문학

이호건 지음

일상에서 발견하는 인문학의 즐거움

아템포

일상이
인문학이다

"고전이란 사람들이 칭찬은 하지만 읽지는 않는 책이다."

일찍이 미국의 소설가 마크 트웨인이 내린 고전의 정의입니다. 이는 사람들이 고전을 두고 좋은 책이라며 칭찬을 아끼지 않지만 정작 읽지는 않는 현실을 꼬집어 한 말인데, 그가 죽은 지 100년도 넘게 지난 오늘날 인문학이 처한 현실을 그대로 대변해주고 있습니다. 혹자는 '인문학 열풍'을 이야기하기도 하지만 현실은 미풍 내지는 '찻잔 속 열풍' 정도에 지나지 않습니다. 이는 서점에서 인문학 책이 팔리는 정도를 보면 알 수 있습니다. 보통 사람들에게 인문학은 여전히 가깝지도, 친숙하지도 않은 대상입니다. 대다수 평범한 사람들에게 인문학이란 고상해 보이지만 현실과는 아무 상관 없는 지적 유희에 불과합니다. 그래서 칭찬은 하지만 실제로는 잘 읽지 않습니다. 지금도 인문학은 보통 사람들에게는 '가까이 하기엔 너무 먼 당신'입니다.

어쩌다 이렇게 된 것일까요? 다양한 이유가 있겠지만 무엇보다도 인문학에 대해 갖는 편견 때문인 듯 싶습니다. 많은 사람이 인문학에 관심을 갖고 있지만 정작 인문학의 평가에 대해서는 대체로 "인문학은 너무 고리타분하다", "어렵다", "재미없다" 등 부정적입니다. 정말 인문학은 그런 것일까요? 결론부터 말하면 절대 그렇지 않습니다. 그런 평가는 말 그대로 한쪽으로 치우친 생각, 편견에 불과합니다. 그게 아니라면 잘 모르는 상태에서 내린 피상적 판단이거나 짧은 견해이거나.

인문학은 고리타분하지도, 고답적이지도 않습니다. 삶에 대한 진지하고 깊은 생각과 통찰을 담고 있는 학문입니다. 만약 인문학이 태생부터 삶과 동떨어진 학문이었다면 이처럼 세월의 흐름을 이겨내고 후대에까지 전승되었을 리 만무합니다. 인문학이 어렵다는 평가에는 언뜻 보기에 타당한 면이 있습니다. 하지만 어렵다는 이유로 그것을 외면하는 행위는 정당화할 수 없습니다. 수학이 어렵다고 해서 그것을 포기해버린 '수포자(수학포기자)'에게 마냥 박수를 보낼 수 없지 않겠습니까. 아무리 어려워도 그것이 가치 있는 일이라면 과감히 도전할 필요가 있습니다. 인문학은 재미없는 학문일까요? 이 또한 그렇지 않습니다. 재미에 대한 판단은 학문의 성격이 결정하는 것이 아니라 그것을 배우려는 사람의 태도와 마음가짐에 달려 있습니다. 일찍이 공자도 『논어論語』에서 "배우고 익히면 이 또한 즐겁지 아니한가"라고 말하지 않았습니까. 자고로 참된 공부는 재미있고 즐거운 법입니다. 그러므로 우리가 제대로 접근하기만 한다면 인문학도 분명 즐거울 수 있습니다.

아무튼 인문학에 대한 이런 편견 때문에 인문학은 여전히 대다수 사람들에게 '딴 나라' 이야기처럼 여겨지고 있습니다. 먹고사는데 걱정 없는 한량들의 지적 놀음에 불과한 것처럼 느껴집니다. 안타까운 일입니다. 그런데 알고 보면 인문학은 늘 우리 곁에 있었습니다. 일상이 인문학이고 매 순간마다 인문학의 향연香煙이 펼쳐지고 있었습니다. 먹고사는 데 정신이 팔려 돌아보지 못했을 뿐입니다. 김춘수의 「꽃」이라는 시에 빗대어 표현하면 우리가 그의 이름을 불러주기 전까지 그는 하나의 몸짓에 지나지 않았습니다. 우리가 그의 이름을 불러준다면 인문학은 우리에게로 와서 꽃이 될 것입니다. 어쩌면 인문학은 우리가 불러주기만을 기다리고 있었는지도 모릅니다.

그래서 이제 인문학의 이름을 불러볼까 합니다. 일상에 스며있는 인문학 정신을 호출하려 합니다. 평범하게 살아가는 보통 사람들의 일상 속에서 인문학적 사유와 지적 즐거움을 만끽해보고자 합니다. 이를 통해 인문학이 우리 삶과 동떨어진 것이 아니라 현실에 깊숙이 뿌리내리고 있음을, 그리하여 현실문제에 대한 깊은 성찰과 함께 올바른 방향을 모색할 수 있음을 보여주고자 합니다. 그리하여 제목도 『밥 먹여주는 인문학』이라 지었습니다. 제목이 다소 저속하게 느껴질지 모르겠습니다. 인문학에 익숙하지 않은 일반인

에게 친숙하게 다가가기 위함이라 여기고 너그러이 이해해주시기
바랍니다.

기획 의도가 이러하다보니 이 책은 그 밖의 다른 인문학 책과
는 달리 현실문제를 쉽고 가볍게 다루었습니다. 유명한 인문 고전
의 텍스트를 인용하지만 원전 내용을 고증하는 '훈고학적' 방식을
따르지 않았습니다. 원전 내용을 통해 오늘날 현실문제를 해결하
기 위한 '해석학적' 접근을 취했습니다. 원문에 충실하기보다 현실
적용 가능성에 초점을 맞추었습니다. 음식에 비유하면 원재료의
맛을 그대로 살린 '생식'이 아니라 먹기 좋게 가공한 '퓨전식' 요리
에 가깝습니다. 그렇기 때문에 인문학 배경지식이 많지 않은 사람
도 별 무리 없이 소화할 수 있으리라 생각됩니다. 여기 소개된 글
을 통해 멀게만 느껴졌던 인문학이 오늘날 우리의 문제, 또는 지금
내가 안고 있는 현실의 고민을 해결하는 데 도움이 될 수 있음을 느
꼈으면 합니다.

009

이 책에 나오는 글들은 매주 한 편씩 모 지상파 라디오 방송에
서 〈생활 속의 인문학〉이라는 코너를 통해 소개한 바 있습니다.
'일상에서 만나는 실용 인문학 이야기를 해보자'는 취지에서 실험
적으로 시도했던 코너가 어느덧 2년 가까운 세월이 흘렀고, 지금
도 계속 이어지고 있습니다. 일부이지만 좋은 평가를 해주는 청취
자의 반응과 보다 많은 사람에게 쉽게 접근할 수 있는 인문학을 소
개하면 좋겠다는 지인들의 권유에 용기를 얻어 이렇게 책으로까지
펴내게 되었습니다. 매체의 특성이 달라 입말을 글말로 바꾸고 일
부 내용도 다듬는 과정을 거쳤으나 기본 골격은 라디오 방송에서

소개한 바 있음을 밝혀둡니다.

　오래전에 쓰인 이래로 많은 사람에게 널리 읽힌 인문학 작품을 고전古典이라 부릅니다. 고전이란 옛사람의 생각을 기록한 글입니다. 하지만 고전은 과거가 아닌 현재를 위해 존재합니다. 과거를 살았던 현자들의 깊은 사유를 거울삼아 현재를 살아가는 우리의 모습을 비추어보기 위함입니다. 만약 과거의 사상이 '지금―여기'에 있는 현실문제를 해결하는 데 도움이 되지 못한다면 그것은 고답적인 지적 유희에 불과합니다. 인문학에 대한 우리의 관심과 노력도 고작해야 무덤 속 유물을 꺼내어 먼지 터는 모양새에 그칠 것입니다. 요컨대 이 책에서는 과거의 텍스트를 인용하지만 시선은 현재와 현실에 초점을 맞추고 있습니다. 그리하여 죽은 인문학이 아닌 '살아 있는' 인문학을 지향하고자 했습니다. 부디 이 책을 통해 살면서 만나게 되는 현실적 고민과 문제 들에 대해 보다 깊이 있게 성찰과 혜안을 얻을 수 있기를 기대하겠습니다.

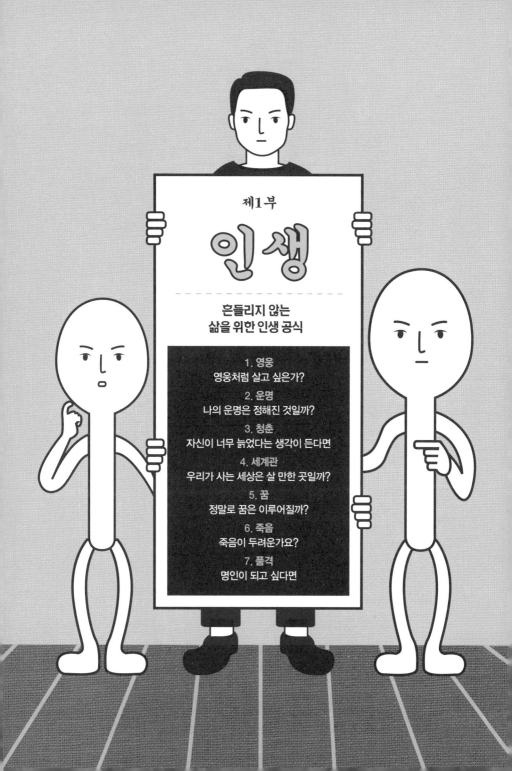

영웅

영웅처럼
살고 싶은가?

012 지구의 나이가 얼마인지 알고 있습니까? 대략 45~46억 년쯤 된다
고 합니다. 그러므로 지구는 굉장히 오랫동안 생존하고 있는 셈입
니다. 그 오랜 기간 동안 많은 위험이 있었겠지만 지구는 지금까지
큰 문제 없이 살아남을 수 있었습니다. 어떻게 그런 일이 가능했을
까요? 그 이유는 수많은 영웅이 있었기 때문입니다. 배트맨, 스파
이더맨 등 슈퍼 히어로 영화에 나오는 등장인물처럼 지구가 위험
에 처하면 어디선가 영웅이 '짠' 하고 나타나 위기에 빠진 지구를
구해줍니다. 우리가 별 걱정 없이 마음 편히 지낼 수 있는 것도 따
지고 보면 지구 평화의 수호자인 영웅들이 있기 때문입니다. 지구
에 살고 있는 사람들에게 영웅은 분명 고마운 존재입니다.

여러분은 '영웅' 하면 가장 먼저 누가 떠오르나요? 아무래도 요즘은 '어벤저스'가 아닐까 싶습니다. 하지만 영웅의 원조는 누가 뭐래도 '슈퍼맨'입니다. 어벤저스의 아버지뻘 되는 슈퍼맨은 크립톤 행성에서 온 초능력자로 평소에는 평범한 직장인으로 생활합니다. 하지만 누군가가 위험에 빠지거나 지구에 위기가 닥치면 번개같이 날아가서 구해줍니다. 그런 슈퍼맨에게 시민들은 아낌없는 찬사를 보냅니다. "사랑해요, 슈퍼맨. 고마워요, 슈퍼맨" 하면서 말이죠. 자신의 안위보다는 지구와 인류를 먼저 생각하는 영웅의 헌신적인 모습에 감동해 찬사를 아끼지 않는 것입니다.

그런데 과연 가정이나 직장에서도 영웅은 뜨거운 박수와 아낌없는 찬사를 받으며 살고 있을까요? 흔히 집에서도 영웅 대접을 받을 것이라고 생각하기 쉽습니다. 하지만 의외로 반대일 수 있습니다. 밖에서는 영웅으로 찬사를 받지만 정작 가정이나 직장에서는 푸대접을 받거나 구박을 당하기 일쑤입니다. 슈퍼맨의 경우를 살펴보겠습니다.

알다시피 슈퍼맨은 평소에는 '클락'이라는 이름으로 살아가는 평범한 직장인입니다. 직장 상사나 동료 들은 그가 슈퍼맨이라는 사실을 모르고 있습니다. 그런데 누군가가 위험에 처하면 회의를 하다가도 갑자기 말도 없이 뛰쳐나갑니다. 그러고는 쫙 달라붙는 타이츠 위에 빨간 팬티를 입은 민망한 차림으로 날아가 위험에 빠진 사람을 구해줍니다. 그 모습을 지켜본 시민들의 아낌없는 박수를 받으며 슈퍼맨은 별일 아니라는 표정과 함께 멋진 포즈로 유유히 사라집니다. 여기까지는 참 멋있습니다. 영화에서도 주로 이 장

013

면까지만 보여줍니다.

하지만 영화가 끝난다고 해서 현실도 끝나는 것은 아닙니다. 위험에 빠진 시민을 구한 뒤 멋진 포즈로 사라진 슈퍼맨은 어디로 갈까요? 다시 '클락'이라는 직장인으로 돌아가야 합니다. 슈퍼맨에서 평범한 모습으로 변신한 뒤 다시 회의실로 되돌아갑니다. 그곳에 있는 사람들은 회의를 하다 말고 별 이유도 없이 뛰쳐나갔다가 몇 시간 후에 돌아온 클락(슈퍼맨)을 보고 뭐라고 할까요? 전후 사정을 잘 모르는 상사나 동료 들이 그에게 찬사를 보낼까요? 그렇지 않을 겁니다. 그와 함께 생활하는 직장 상사나 동료들의 관점에서는 그의 행동이 이상해 보일 것입니다. 그들에게는 영웅이 아니라 고문관처럼 여겨질 수도 있습니다. 자기 일은 내팽개쳐두고 다른 곳에 신경을 쓰고 있으니 말입니다.

이처럼 영웅호걸 가운데에는 뜻밖에도 가족이나 가까운 지인들에게 홀대를 받는 경우가 많습니다. 영웅은 언뜻 멋있어 보일지 모르지만 실상은 전혀 그렇지 않습니다. 영웅은 지구를 지키느라 정작 자신의 삶에는 집중하지 못하기 때문입니다. 슈퍼맨이 바로 그런 경우입니다. 영웅은 가정에 충실하기 어렵습니다. 영웅이 집에서 설거지를 하거나 자녀와 수학 문제를 푼다? 이는 좀처럼 상상하기 어려운 일입니다. 바깥일을 하느라 바빠서 정작 가정사에는 소홀하기 쉽습니다. 그러므로 영웅은 자기집에서는 '내놓은' 사람 취급을 받는 경우가 허다합니다.

찰리 채플린이 남긴 명언 가운데 이런 말이 있습니다. "인생은 멀리서 보면 희극이지만 가까이서 보면 비극이다." 누군가의 인생을 멀리서, 잘 모르는 상태에서 보면 멋있어 보이지만 가까이에서 자세히 들여다보면 온갖 희로애락이 적나라하게 드러나기 때문입니다. 영웅의 삶이 대체로 그러합니다. 멀리서 보면 멋있지만 가까이에서 보면 지질하고 쓸데없는 일에 오지랖만 넓은 인간처럼 보이는 경우가 많습니다.

이처럼 영웅은 다른 사람, 즉 세상 사람들의 안위를 돌보다가 정작 자기 주변은 챙기지 못해 가족에게는 인정을 받지 못하는 것이지요. 그런 영웅과 함께 사는 가족은 답답할 수도 있습니다. 나홍진 감독의 영화 〈곡성〉(2016)에서 유행했던 표현을 빌리면 가족에게는 "뭣이 중헌지"도 모르는 사람일 가능성이 높습니다. 지구를 지키느라 노력한 영웅의 입장에서는 억울할 수 있지만 가족의 입장에서는 지구를 구하는 일보다 가족을 돌보는 일이 더 중요하기 때문입니다.

춘추전국시대 사상가 가운데 절대 세상을 구하는 영웅이 되지 않겠다고 한 사람이 있습니다. 바로 '양주楊朱'입니다. 그는 "털 하나를 뽑아 온 천하가 이롭게 된다 하더라도 그렇게 하지 않겠다"라고 선언했습니다. 자신의 정강이에 난 털 한 올을 세계 평화와도 바꾸지 않겠다는 태도입니다. 아마도 그는 지구가 위험에 처했을 때 자신의 희생으로 지구를 구할 수 있다고 하더라도 결코 그렇게 하지 않았을 것입니다. 양주는 어벤저스나 슈퍼맨 같은 영웅과는 전혀 다른 생각을 지닌 사람입니다.

양주의 주장을 살펴보면 너무 이기적이라는 생각이 들기도 합니다. 이 때문에 그는 비판을 많이 받았습니다. 맹자도 양주를 자

015

기 자신만을 위하는 인간이라고 맹렬히 비판했습니다. 그래서 양주에게는 늘 이기주의자라는 꼬리표가 따라다닙니다. 그런데 양주를 비판하기에 앞서 그가 왜 그런 주장을 했는지 생각해보아야 합니다. 그는 왜 그런 주장을 했을까요? 그가 생각하기에 천하를 구하는 일보다 자신을 돌보는 일이 더 중요하기 때문에 천하를 이롭게 하더라도 자신의 털 하나조차 뽑지 않겠다는 것입니다. 그에게는 세상의 안위보다는 자신의 안위가 더 중요한 가치인 것입니다.

결국 영웅과 양주, 맹자와 양주의 차이는 세상의 안위와 자신의 안위 가운데 어느 것이 더 중요한가에 대한 생각의 차이에서 비롯된 것입니다. 세상의 안위와 개인의 안위 가운데 어느 것이 더 중요할까요? 질문을 좀더 쉽게 바꾸어보겠습니다. 지구의 평화와 가정의 행복 가운데 무엇이 더 중요할까요? 이것은 가치 판단의 문제이므로 딱 잘라서 말하기 어렵습니다. 물론 지구의 평화는 매우 중요합니다. 하지만 그것이 가정의 행복보다 더 중요하다고 단정지어 말할 수 없습니다. 사회적으로는 개인의 안위보다 지구의 평화를 중요하게 생각하는 사람이 많으면 많을수록 좋습니다. 하지만 개개인의 입장에서 보면 개인의 안위나 행복은 그 어떤 가치보다 중요한 사안입니다. 그렇지 않습니까? 따라서 지구의 평화보다 개인의 행복을 우선시하려는 사람을 대놓고 비판하는 것도 올바른 태도는 아닌 듯싶습니다.

물론 행복하고 다정한 가정을 꾸리면서 지구의 평화도 지키는 영웅이라면 금상첨화일 것입니다. 하지만 지구의 평화를 지키느라 가정의 행복을 소홀히 하는 영웅이 문제입니다. 이는 다른 사람을 위하느라 정작 자기 자신과 가족은 돌보지 못하기 때문입니다. 엄밀히 말하면 이런 사람은 영웅의 자질이 부족하다고 할 수 있습니다. 제 앞가림도 못하면서 오지랖 넓게 지구의 평화를 운운하고 있기 때문입니다. 말 그대로 "뭣이 중헌지"도 모르는 사람입니다. 영웅의 자질도 없는 사람이 영웅 '코스프레'를 하고 있는 것인지도 모릅니다. 위험에 처한 지구를 구하는 '위대한 영웅'이 되려면 먼저 자기 자신과 가족을 지키는 '작은 영웅'부터 되어야 합니다. 아직 영웅의 자질을 갖추지 못한 사람이라면 지구 평화에 힘쓰기보다 개인의 행복이나 가정의 평화에 먼저 힘써야 합니다.

'모두가 개인의 안위만 생각하면 위험에 처한 지구는 누가 구할까'라고 우려할지도 모르겠지만 이는 걱정하지 않아도 됩니다. 내가 아니어도 지구가 위험에 빠지면 곳곳에서 '태권 브이'나 '독수리 오형제' 같은 영웅들이 나타나 지구를 구할 테니까요. 수많은 숨은 영웅 덕에 지금껏 지구는 45억 년이라는 오랜 시간 동안 생존해오고 있으니 크게 걱정하지 않아도 됩니다.

지금까지의 논의를 '지구를 구하는 영웅이 되지 말자'로 이해한다면 곤란합니다. 지구를 구하는 영웅은 꼭 필요합니다. 하지만 그런 영웅이 되기 위해서는 먼저 자기 자신과 가족을 지키는 작은 영웅부터 되어야 합니다. 그래야 능력이 커져서 지구를 구하는 진짜 영웅이 될 수 있습니다. 『대학大學』에 나오는 "수신제가 치국평천하 修身齊家治國平天下"라는 말처럼 몸과 마음을 닦아 집안을 다스린 작은 영웅만이 나라와 천하를 돌보는 큰 영웅이 될 수 있는 법입니다. 그러므로 자신의 가정을 돌보고 가정의 평화를 지키는 작은 영웅이 되는 것이 먼저입니다. 그래야만 나중에 지구의 평화를 지키는 훌륭한 영웅이 될 수 있습니다. 지금 나는 어떤 영웅의 모습으로 살아가고 있는지 한 번씩 살펴보는 것도 좋을 것 같습니다.

혹시 '운명'이 있다고 믿습니까? 사람들에게 "운명을 믿습니까"라 **019**
고 물어보면 대부분 믿지 않는다고 말합니다. 하지만 새해가 되면
토정비결을 보거나 점집을 찾는 이들이 많은데, 이를 보면 운명을
믿는 사람들이 적지 않은 것 같습니다. 그들은 토정비결이나 점쟁
이를 통해 자신에게 주어진 운명을 확인하고 싶은 욕구가 있는 사
람들입니다. 그들은 개개인에게 미리 정해진 운명이 있다고 믿기
때문에 사주나 점쟁이를 통해 확인하려고 하는 것입니다.

　사람들은 '운이 좋다/나쁘다', '수명이 길다/짧다' 등과 같이 운
명과 관련된 표현을 자주 씁니다. 운명이란 '어떤 초인간적인 힘에
의해 이미 정해져 있는 목숨이나 처지'를 말합니다. 이때 '초인간적

인 힘'이란 주로 '신이나 하늘의 뜻'을 가리킵니다. 그래서 운명을 믿는 사람은 자신의 삶의 궤적이 신이나 하늘에 의해 이미 정해져 있다고 여깁니다. 이런 사람은 자신에게 주어진 운명을 피하거나 거스를 수 없다고 생각합니다. 따라서 운명을 믿는 사람에게는 태어날 때부터 좋은 운명을 타고나는 것이 무엇보다 중요합니다. 그래야만 좋은 인생을 살 수 있기 때문입니다. 이른바 '금수저'를 물고 태어나야 좋은 운명이라는 것이지요.

운명을 믿는지, 믿지 않는지는 개인의 성향에 따라 좌우되지만 현재의 삶이 얼마나 만족스러운지에 따라서 달라지기도 합니다. 대체로 지금의 삶이 만족스럽거나 성공한 사람들은 운명을 잘 믿지 않습니다. 자신의 분야에서 성공한 사람들에게 성공의 이유를 물어보면 "전 태어나면서부터 이미 성공하도록 정해져 있었습니다"라고 말하는 경우는 거의 없습니다. 대부분 피나는 노력을 통해 지금의 성공이 가능했다고 말합니다. 반면에 현재의 삶이 만족스럽지 못한 사람은 대체로 실패의 원인을 운명의 탓으로 돌리는 경우가 많습니다. 주로 "부모를 잘못 만났다", "원래부터 운이 없게 태어났다"고 말합니다. "잘되면 제 탓, 못되면 조상 탓"이라는 말도 이런 이유 때문에 생겨난 것입니다. 그러므로 지금의 삶이 만족스러운 사람은 운명을 믿지 않는 경향이 강한 반면, 그렇지 못한 사람은 운명을 믿는 경향이 높습니다.

불교에서는 타고난 운명을 '업業'이라고 부릅니다. 업이란 '태어날 때부터 이미 신체에 깊이 새겨진 기억'을 뜻합니다. 불교에서는 전생에서 지은 선악의 소행이 차곡차곡 쌓여 다음 생으로 이어진다는 윤회설 사상을 믿기 때문에 전생에 좋은 일을 많이 한 사람은 현생에 좋은 운명으로 태어난다고 합니다. 그러므로 현생에서 좋은 일을 많이 해야 다음 생에 좋은 운명으로 태어날 수 있습니다. 결국 업이란 '전생의 빚'인 셈입니다. 전생에 나쁜 짓, 악업을 많이 저지른 사람은 빚이 많아서 이른바 팔자가 사납습니다. 전생의 일을 기억하지 못하는 당사자는 조금 억울하겠지만 어쩔 수 없는 일입니다. 운명이니까요.

윤회설을 믿는 사람은 기구한 운명을 타고났다 하더라도 어쩔 수 없이 주어진 운명대로 살아야 할까요? 먼저 이론적으로는 그렇습니다. 안타깝지만 현생의 나쁜 운명도 결국은 스스로가 만든 일이라서 어쩔 수 없습니다. 하지만 반드시 주어진 운명대로만 살아야 하는 것은 아닙니다. 불교에서는 반복되는 운명의 사슬, 즉 전생의 빚인 업장業障을 소멸시킬 수 있는 방법이 있습니다. 그 대표적인 방법은 절제와 수행을 통해 더이상 악업을 쌓지 않고 착한 일, 선업善業을 쌓는 것입니다. 쉽게 말해 더이상 나쁜 짓을 하지 않고 좋은 일을 많이 하면 됩니다. 그러면 다음 생에서는 현생과는 다른 좋은 운명으로 살아갈 수 있습니다.

눈치가 빠른 사람이라면 이렇게 질문할 수 있습니다. "그 방법은 자기가 죽고 난 뒤라야 효과가 있는 것 아닙니까?" 하고 말입니다. 이런 사람은 다음 생에 도움이 되는 방법 말고 지금 생에서 도움이 되는 방법이 궁금할 것입니다. 예리하면서도 타당한 질문입니다. 사실 선업을 쌓는 방법은 내생에 도움이 될지 모르겠으나 현생을 살고 있는 자신에게는 별 도움이 되지 못합니다. 그렇다면 현

021

생에 실질적으로 도움이 되는 방법은 없을까요? 있습니다. '발원發源'하면 됩니다. 여기서의 발원은 '물줄기를 처음으로 만든다'는 뜻입니다. 산에서는 계곡을 따라 물이 흐르는데, 그 이유는 예전부터 물길이 그쪽으로 났기 때문입니다. 그래서 별일 없으면 물은 마치 정해진 운명처럼 계곡을 따라 흘러갑니다. 그런데 간혹 큰 비가 오거나 새로운 샘이 솟아나면 기존과는 다른 물줄기가 생기기도 합니다. 이것이 바로 '발원'입니다. 이는 이전에 정해진 운명의 물줄기를 새롭게 바꾸는 일대 혁신을 말합니다.

인간의 운명도 마찬가지입니다. 자신에게 주어진 운명의 물줄기를 새롭게 만들어내는 것이 발원입니다. 결국 발원한다는 것은 자신에게 주어진 운명을 새롭게 고쳐나가겠다는 실존적 결단을 의미합니다. 현생에서 새로운 물줄기를 만들어냄으로써 자신의 운명을 바꾸는 것입니다. 그런데 사람이 인생을 살면서 발원하는 경우는 흔하지 않습니다. 대부분의 사람은 자신에게 주어진 환경의 영향을 받습니다. 예술가의 집에서는 예술을 하는 사람이 많이 나오고 의사 집안에서는 의사가 많이 배출됩니다. 하지만 확률상 그렇다는 것일 뿐 모두가 그렇다는 뜻은 아닙니다. 간혹 돌연변이가 나오는 경우도 있습니다. 대대로 이어져 내려오는 학문가 집안에서 음악을 하는 사람이 나오기도 하고 가난한 집에서 뛰어난 학자가 나오기도 합니다. 이들이 바로 발원한 경우라고 할 수 있습니다. 이들은 정해진 운명에 순응하며 사는 것이 아니라 자신이 원하는 방향으로 운명의 물줄기를 바꾼 사람들입니다.

어떻게 하면 운명의 물줄기를 바꿀 수 있을까요? 이는 '발원해야지' 하고 마음먹는다고 되는 것이 아닙니다. 운명의 물줄기를 바꾸기 위해서는 과거의 자신과는 다른 차이를 만들어야 합니다. 쉽게 말해 기존에는 하지 않던 짓을 많이 해야 하는데, 그렇다고 해서 아무 짓이나 해도 되는 것은 아닙니다. 긍정적인 운명을 만들 수 있는 행위여야 합니다. 평소 읽지 않던 책을 보거나 공부를 하고, 평소에는 미루어두었던 자신의 꿈에 충실해지려 하고, 자신의 본성이나 욕망에 투자하는 행위 등을 말합니다. 다시 말해 평소와는 다르게 자신의 생각, 행동, 습관 등의 배치를 바꾸어야 합니다. 그렇게 하면 새로운 물줄기가 생겨나면서 자기 안에 깊이 각인된 운명의 지도가 바뀝니다. 한마디로 생각, 행동, 습관 등에서 과거의 자신을 버려야 새로운 운명을 개척할 수 있습니다.

과거의 자신을 버리기란 결코 쉬운 일이 아닙니다. 인간은 습관의 동물인 탓에 사소한 행동 하나조차 바꾸기 어렵습니다. 절주나 금연을 시도해본 사람이라면 금방 이해할 수 있을 것입니다. 작은 습관 하나조차 바꾸기 쉽지 않은데, 운명을 바꾸기 위한 결심은 얼마나 힘이 들겠습니까. 운명의 지도를 바꾸는 일이 그만큼 어렵다는 뜻입니다. 그런데도 자신의 운명을 바꾸어나가는 사람이 있습니다. 심리학 용어 가운데 '회복탄력성'이 있는데, 이는 큰 역경이나 실패를 도약의 발판으로 삼아 더 높이 뛰어오르는 힘을 뜻합니다. 회복탄력성이 강한 사람은 가혹한 운명으로 인해 실패나 역경에 처하더라도 좌절하거나 포기하지 않습니다. 그들은 오히려 시련을 기회로 바꾸어 원래 있었던 위치보다 더 높은 곳까지 올라갑니다. 그런 사람들에게 가혹한 운명이란 존재하지 않습니다. 왜

023

냐하면 그 운명을 새롭게 바꿀 수 있기 때문입니다.

그렇다면 처음부터 운명을 믿지 않는 편이 좋을까요? 운명을 믿을지, 믿지 않을지는 개인의 자유입니다. 현재의 삶이 만족스럽다면 자신에게 주어진 운명을 믿는 것도 좋습니다. 대체로 자신의 미래에 대해서도 긍정적으로 생각할 가능성이 높기 때문입니다. 문제는 현재의 삶이 만족스럽지 않은 사람입니다. 현재의 삶이 만족스럽지 않다면 운명대로 살아서는 곤란합니다. 자신에게 주어진 운명을 거부하고 새롭게 발원할 각오를 다져야 합니다. "운명, 그딴 것은 집어치워버려"라고 당당히 말한 후 새롭게 자신의 운명을 개척해나가야 합니다. 그러려면 '기존의 나'와 결별하고 '새로운 나'를 만들기 위해 노력해야 합니다. 자신의 생각, 가치관, 행동, 습관 등을 두루 살펴보고 긍정적인 운명으로 바뀔 수 있도록 새롭게 개선해야 합니다. 그래야만 새로운 운명의 지도를 그릴 수 있습니다.

024

자신의 운명의 물줄기를 바꾸는 일은 힘든 만큼 매우 큰 결단력이 필요합니다. 새롭게 발원하겠다는 사람은 환골탈태하겠다는 마음으로 자신의 모습과 운명을 더 나은 방향으로 바꾸어나가겠다는 각오를 굳게 가져야 합니다. 이를 바탕으로 과거의 자신에서 벗어나 새로운 나를 만들어가야 합니다. 네덜란드의 철학자 바뤼흐 스피노자는 이런 말을 했습니다. "모든 인간은 자신의 능력만큼 신을 만난다." 이 말은 "모든 인간은 자신의 능력만큼 자신의 운명을 만든다"라고도 바꾸어 말할 수 있습니다.

운명을 믿을 것인가, 믿지 않을 것인가에 대한 정답은 없습니다. 운명의 좋고 나쁨에 관계없이 자신이 원하는 삶을 살아가는 것이 중요합니다. 대체로 능력이 있는 사람은 자신의 운명을 주어진 대로만 살지 않습니다. 자신이 원하는 대로 운명의 지도를 새롭게 그려나갑니다. 그러려면 스스로에게 "나의 삶은 만족스러운가, 지금처럼 산다면 내가 원하는 삶, 만족할 만한 삶을 살 수 있을까?"라는 질문을 던져야 합니다. 만약 이 질문에 '예'라는 답을 하지 못한다면 주어진 운명대로 살아서는 곤란합니다. 이런 사람은 발원할 각오를 다져야 합니다. 자신에게 주어진 운명의 물줄기를 새롭게 바꿀 계획을 세우고 이를 강하게 실천해야 합니다. 그래야만 현생에서 좋은 운명을 만날 수 있습니다. 거듭 말하지만 인간은 자신의 능력만큼 자기 운명을 만들어가는 존재입니다.

025

청춘

자신이 너무 늙었다는
생각이 든다면

026 흔히 '세월은 참 빨리 간다'라고 하는데, 이 말은 대체로 세월의 흐름을 많이 겪어본 사람들이 주로 씁니다. 어린아이가 그런 말을 하는 경우는 거의 없습니다. 그렇다면 왜 나이든 사람이 젊은 사람보다 '세월 참 빠르다'라는 말을 더 많이 쓸까요? 세월에 대한 체감 정도가 다르기 때문입니다. 누구에게나 똑같은 시간이 주어졌을지라도 느끼는 체감 속도는 사람마다 다릅니다.

  세월이란 '흘러가는 시간'을 말하는데, 개개인이 느끼는 시간의 흐름은 서로 다릅니다. 대체로 나이가 들수록 흘러가는 시간의 속도를 빠르게 느낍니다. 10대에는 시속 10킬로미터로 흘러가지만 20대에는 20킬로미터, 30대에는 30킬로미터로 지나간다고 느낍니다. 주변을 둘러보면 나이가 들수록 세월이 너무 빨리 지나간다고 한탄하는 사람이 의외로 많습니다. 그래서인지 나이가 들수록 회한悔恨이 많아집니다. 너무 빨리 흘러가는 세월이 야속해서 그렇고, 상대적으로 여유로웠던 젊은 시절을 알차게 보내지 못한 아쉬움에 그렇기도 합니다. 그래서 가수 이선희의 노래처럼 "아, 옛날이여"라고 외치는 사람도 많습니다. 나이가 들수록 친구를 만나면 "옛날이 좋았지!"라고 하면서 과거의 기억을 떠올리며 추억에 빠져듭니다.

나이가 들어 "아, 옛날이여"를 외치는 사람은 "10년만 젊었으면 뭐라도 할 텐데!"라며 바람인지, 자책인지 모를 한탄을 자주 합니다. 지금보다 10년만 젊었다면 지금처럼 살지는 않았을 것이라며 뒤늦은 후회를 하는 것입니다. 하지만 세월의 시곗바늘을 거꾸로 돌릴 수는 없는 탓에 그런 기대나 바람은 헛된 것이기도 합니다.

현실에서는 불가능한 일이지만 시간을 되돌릴 수 있다 가정하고 "10년만 젊었다면" 하는 사람에게 10년의 시간이 새롭게 주어졌다고 합시다. 그러면 그 사람은 정말로 과거와는 다른 삶을 살 수 있을까요? 물론 개인마다 다를 것입니다. 하지만 그 사람의 주장처럼 새로운 삶을 산다고 장담할 수 없습니다. 좀더 솔직히 말하면 그 사람에게 다시 10년이 주어져도 그는 자신이 원하는 새로운 삶을 살지 못할 가능성이 높습니다. 왜냐하면 "아, 10년만 젊었다면"이라고 말하는 사람은 나이와 관계없이 이미 늙어버렸기 때문입니다.

그런 사람은 이미 노인이라고 해도 다를 바 없습니다. 지나간

세월 앞에서 아무것도 시도하지 못하고 세월의 흐름만 한탄하는 이는 이미 청춘의 뜨거운 열정이 식은 늙어버린 사람입니다. 따라서 그에게 새로운 10년이 주어지더라도 과거보다 나은 삶을 살기는 어렵습니다. 그는 청춘이 아니라 이미 늙은이이기 때문입니다.

문득 사무엘 울만이 일흔여덟 살에 썼다는 「청춘^{Youth}」이라는 시가 떠오릅니다. 그 시의 한 대목을 잠깐 살펴볼까요.

청춘이란
인생의 어느 한 시기를 말하는 것이 아니다.
마음가짐을 뜻한다.
……
나이를 먹는다고 늙는 것이 아니라.
이상을 잃어버렸을 때 비로소 늙는 것이다.
……
머리를 드높여 희망의 파도를 타는 한.
그대는 팔십이어도 청춘이다.

울만에 따르면 청춘은 인생의 특정한 젊은 시기를 가리키는 것이 아닙니다. 마음의 상태를 말하는 것입니다. 그러므로 스무 살 먹은 사람이 노인일 수 있고, 예순 살 먹은 사람이 청춘일 수 있습니다. 그의 주장처럼 "나이를 먹는다고 늙는 것이 아니라, 이상을 잃어버렸을 때 비로소 늙기" 때문입니다. 아무리 나이를 먹어도 이상을 향한 희망을 갖고 있다면 그는 늙은이가 아니라 영원한 청춘인 것입니다.

"아, 10년만 젊었다면" 하고 한탄만 하는 이는 이상을 잃어버린 사람이며 이미 늙은 사람입니다. 그러므로 설령 새로운 시간이 주어진다 하더라도 제대로 활용하지 못할 것입니다. 반대로 나이가 아무리 많아도 마음가짐이 청춘인 사람은 "아, 10년만 젊었다면" 하고 회한에 빠지는 일이 없습니다. 그는 아직 청춘이기 때문입니다. 따라서 추가로 시간이 필요하다고 말할 리 없습니다. 그는 이미 머리를 드높여 희망의 파도를 타고 있습니다. 청춘인 사람은 과거의 추억에 빠져 있지 않습니다. 현재에 충실하고 오늘을 즐겁게 지냅니다. 그에게는 오늘이 자기 인생의 남은 날 가운데 가장 젊은 날이기에 과거를 회상할 겨를조차 없습니다.

청춘은 나이가 아니라 마음가짐이라는 울만의 주장에 동의하더라도 현실에서는 나이든 사람이 스스로 청춘이라 생각하고 젊은이처럼 행동하면 오히려 "나잇값도 못 하네", "노인네가 주책이네"라고 손가락질당하지 않을까 걱정합니다. 실제로 충분히 있을 수 있는 일입니다. 하지만 이런 판단은 결코 올바른 생각이 아닙니다. 울만의 주장처럼 청춘은 나이에 좌우되는 것이 아니기 때문입니다. 그런 행위를 보고 손가락질하거나 비웃는 사람의 태도도 바람직하지 않습니다. 그런 생각을 가진 사람은 금방 노인이 될 것입니다.

독일의 철학자 니체는 이 같은 판단을 하는 세태에 대해 비판했습니다. 그는 사람들이 짧은 생을 살면서 인생의 단계를 지나치게 세분해 구분하는 것이 문제라고 주장했습니다. 사람들이 그리 길지 않은 생을 '유년기, 소년기, 청년기, 중년기, 장년기, 노년기'

029

로 나누어 단계를 구분한다는 것입니다. 이렇게 인생의 단계를 지나치게 세분하는 탓에 너무 빨리 늙었다는 생각을 가진다는 것입니다.

그러나 한편으로는 인생의 단계를 구분하는 것이 무엇이 문제인지 의아해할 수 있지만 인생의 단계를 너무 자세히 나누면 지나가버린 단계에서 가졌던 정신을 상실하기 때문에 문제가 될 수 있습니다. 이를테면 노년기에 접어든 사람은 유년기에 가졌던 풍요로움을 잃어버리게 됩니다. 니체의 표현을 빌려 좀더 구체적으로 말하면 "유년기에 가졌던 동화와 놀이의 정신을 잃어버리기 때문입니다." 니체는 어린아이의 정신을 긍정했습니다. 그는 『자라투스트라는 이렇게 말했다』에서 "어린아이는 순진무구요, 망각이며 새로운 시작, 놀이, 스스로의 힘에 의해서 돌아가는 바퀴이며 최초의 운동이자 거룩한 긍정이다"라고 했습니다. 니체에 따르면 어린아이는 놀이와 예술성의 상징인데, 나이가 들면서 그 정신을 잃어버린다는 것입니다. 니체는 우리가 인생의 단계를 지나치게 구분함으로써 어린 시절에 가졌던 놀이와 예술성을 잃어버리는 것을 안타까워했습니다.

나이가 들어 스스로를 중년기나 노년기에 접어들었다고 생각하는 사람은 더이상 동화와 놀이를 하지 않게 됩니다. 동화나 놀이는 유년기에나 하는 활동이라서 자기처럼 늙은이가 하기에는 창피하다고 생각하기 때문입니다. 예컨대 스스로 중년기나 노년기에 접어들었다고 생각하는 사람은 젊은이들이 좋아하는 콘서트나 재즈 페스티벌 같은 곳을 가고 싶은 마음이 들어도 "저 나이에도 주책맞게 이런 곳을 오나"라는 소리를 듣는 것이 두려워 지레 포기하는 경우가 있습니다.

만약 인생의 단계를 구분하지 않았다면 나이를 먹어도 별 거리낌 없이 젊은이들이 자주 가는 콘서트나 페스티벌을 즐겼을 것입니다. 하지만 안타깝게도 지나치게 나누어놓은 인생의 구분 때문에 이전 단계의 정신과 행동을 잃어버리게 되었고, 그 결과 더 빨리 늙어버리는 것입니다. 이는 인생을 너무 세분했기 때문에 생긴 부작용입니다. 단계를 많이 나눌수록 차이는 더 크게 느껴집니다. 예를 들어 학교에서 성적을 상위권과 하위권 두 단계로 나눌 때와 1등부터 100등까지 100단계로 나눌 때 어느 쪽이 괴리감을 더 크게 느낄지를 생각해보면 쉽게 이해될 것입니다.

한편, 겨우 100년 남짓 사는 인간이 연령대를 지나치게 구분하는 것도 우스운 일입니다. 24시간을 사는 하루살이를 예로 들어보겠습니다. 하루살이는 밤 12시에 태어났습니다. 새벽과 아침나절에는 소년기라서 즐겁게 지냅니다. 그런데 정오가 되자 초조해집니다. 벌써 인생의 절반이 지났고 중년이 되었기 때문입니다. 그러는 사이에 오후 6시가 됩니다. 이제 노년기에 접어들었습니다. 하루살이는 아무 일도 하지 못합니다. 앞으로 몇 시간 뒤면 죽을 운명인데 새로운 것을 할 필요가 없습니다. 그러다가 잠시 후 쓸쓸히 생을 마감합니다. 겨우 하루밖에 살지 못하는 하루살이 인생을 너무 세분해 구분하는 것이 우습지 않습니까. 우리 인간도 마찬가지입니다. 수십억 년을 사는 해나 달, 산이 본다면 겨우 100년 남짓 사는 인간의 인생도 하루살이처럼 짧게 느껴지지 않을까요?

이처럼 우주나 억겁(億劫)의 관점에서 보면 우리의 인생도 찰나일 수 있습니다. 어쩌면 우리 인간도 하루살이같이 짧은 생을 살고 있는지도 모릅니다. 너무 지나치게 인생의 단계를 구분하지 않는 것이 좋겠습니다.

울만과 니체는 '세월이 참 빠르다'고 느끼는 사람들에게 영원한 청춘으로 살 수 있는 방안을 조언하고 있습니다. 울만의 주장처럼 청춘은 나이가 결정하는 것이 아니라 각자의 마음가짐에 달려 있습니다. 아무리 나이를 먹어도 이상을 품고 희망의 파도를 타고 있다면 늙은이가 아니라 청춘입니다. 따라서 각자 청춘의 이상을 잃지 않는 것이 중요합니다. 아울러 니체의 말처럼 인생의 단계를 너무 세분해 구분하지 않아야 합니다. 스스로를 '난 중년이야, 난 노년이야' 하고 단계를 구분하는 순간 이전 단계의 정신과 행동을 잃어버리기 때문입니다. 각자 나는 어떻게 하면 영원한 청춘으로 살 수 있을지를 고민하는 시간이 되었으면 합니다.

'패러다임paradigm'이란 말은 미국의 학자이자 철학자인 토머스 쿤이 『과학혁명의 구조The Structure of Scientific Revolutions』에서 제시해 유명해 졌습니다. 쿤은 패러다임을 "어느 시대의 어느 성숙한 과학자 사회 에 의해 수용된 문제 풀이의 표본"이라고 정의했습니다. 자연과학 에서 비롯된 이 용어는 오늘날 사회 현상을 설명하는 개념으로 확 대되어 지금은 '어떤 한 시대 사람들의 견해나 사고를 지배하는 이 론적 틀이나 개념의 집합체'를 뜻합니다. 좀더 쉽게 말하면 패러다 임이란 특정한 시대에 사람들이 공통으로 갖고 있는 인식이나 사 고의 틀을 말합니다. 예를 들어 '남자라면 모름지기 국방의 의무를 다해야 한다', '한국에서는 반드시 대학을 나와야 한다'는 것처럼 특정한 시기에 대부분의 사람이 공통으로 갖고 있는 인식의 틀, 즉 세상을 바라보는 관점이 패러다임입니다. 일종의 집단적 가치관이나 세계관을 일컫는 말입니다.

패러다임이 집단적으로 갖는 인식의 틀이라면 개개인이 저마다 갖고 있는 인식의 틀도 있습니다. 이를 '세계관'이라고 부릅니다. 즉 세계관이란 개개인이 세상을 바라보는 관점입니다. 세계관이라고 하면 너무 거창하게 들릴 수 있는데, 쉽게 말해 '이 세상을 어떻게 바라보는가'에 대한 각자의 입장이라고 생각하면 됩니다. 달리 말하면 "지금 살고 있는 세상이 살 만한 곳이라고 생각하나요, 아니면 살기 힘든 곳이라고 생각하나요?"에 대한 질문의 대답이 각자의 세계관인 것입니다. 이에 대한 대답은 사람마다 다를 수 있습니다. 어떤 이는 "이 세상은 참 살기 좋은 곳이야"라고 말하고, 어떤 이는 "아무리 노력해도 살기 힘든 곳"이라고 말할 것입니다. 개인이 처한 상황이나 세상을 바라보는 시각에 따라 이 세상은 살만한 곳일 수도, 아닐 수도 있습니다. 똑같은 세상에서 살고 있어도 각자 바라보고 해석하는 세상은 서로 다릅니다. 이처럼 세상을 인식하고 지각하는 것에 따라 개개인의 세계관은 다릅니다.

여기서 눈여겨보아야 할 것은 이 세상이 살기 좋은 곳인지, 아닌지가 객관적으로 증명되지 않는다는 점입니다. 세상은 개개인의 주관적 판단에 따라 달라집니다. 이런 관점에서 볼 때 우리는 하나의 똑같은 세계에서 사는 것이 아니라 각자 서로 다른 세계에서 살고 있다고도 할 수 있습니다. 이를 두고 독일의 철학자 마르틴 부버는 "세계는 그대가 원하는 대로 세상에 머물러 있다"라고 했습니다. 각자 원하는 대로 세계가 주어진다는 뜻입니다. "이 세상은 살 만한 곳이야"라고 말하는 사람에게는 '살 만한 곳'으로, "이 세상은 아무리 노력해도 원하는 대로 살기 힘든 지옥 같은 곳이야"라고 말하는 사람에게는 '지옥 같은 곳'으로 주어집니다. 자기가 말하고 생각한 대로 세상이 자기 앞에 펼쳐진다는 것입니다.

요즘 젊은 친구들은 대한민국을 '헬조선'이라고 부르기도 합니다. 살기 힘든 지옥 같은 곳이라는 뜻입니다. 그렇다면 대한민국은 진짜 '헬조선'일까요? 이 또한 사람에 따라 다를 것입니다. 요즘 젊은이들이 왜 그런 표현을 쓰는지는 충분히 이해가 됩니다. 그런데 중요한 사실은 각자의 해석에 따라 자신이 살고 있는 대한민국의 성격이 달라진다는 점입니다. 대한민국을 '헬조선'이라고 부르는 사람에게는 정말로 대한민국은 지옥 같은 곳입니다. 하지만 "아니야, 힘든 면도 있지만 그럼에도 대한민국은 살 만한 곳이야"라고 말하는 사람에게는 절대 헬조선이 아닙니다. 그러므로 세계는 객관적으로 존재하는 것이 아니라 각자가 바라보고 해석한 대로 주관적으로 존재하는 것입니다.

'세상을 좀 긍정적인 생각으로 살라'는 식으로 부버의 주장을 단순하게 해석할 수도 있지만 이는 단순히 긍정, 부정의 마음가짐의 문제가 아닙니다. 세상을 바라보고 해석하는 세계관의 문제입니다. 예를 들어보겠습니다. 생일을 맞은 한 친구를 축하하기 위해 그의 친구들이 깜짝 생일파티를 준비했습니다. 케이크에 촛불을 켜고 생일 축하 노래를 부르면서 나타났습니다. 그런데 친구들이 준비한 생일 케이크는 제과점에서 산 것이 아니라 초코파이를

035

쌓아서 만든 것이었습니다. 어떤 모습인지 상상이 가지요? 돈이 부족해 마련한 초코파이 케이크이지만 정성이 담긴 케이크라고 할 수 있습니다. 그런데 문제는 그 케이크를 본 친구가 "아니! 아무리 그래도 그렇지, 진짜도 아닌 가짜 케이크로 어떻게 생일 파티를 할 수 있어"라고 하면서 화를 냈다는 것입니다. 그뒤 분위기는 어떻게 되었을까요? 굳이 말하지 않아도 알 수 있을 것입니다.

그런데 잠깐 생각해보죠. 초코파이를 쌓아서 만든 케이크는 진짜 생일 케이크가 아닌가요? 그렇지 않습니다. 제과점에서 사야만 진짜인 것은 아닙니다. 케이크의 모양이나 가격이 진짜, 가짜를 구분하는 기준이 되는 것은 아닙니다. 지금 상황이라면 생일을 맞은 친구가 친구들의 성의를 무시하고 있는 셈입니다. 안타까운 일입니다! 하지만 어쩔 수 없습니다. 부버가 "세계는 그대가 원하는 대로 세상에 머물러 있다"라고 했듯이 초코파이로 만든 가짜 케이크로는 생일 파티를 하기에 알맞지 않다고 생각하는 사람에게는 세상도 그렇게 나타나고 머물 뿐입니다. 결국 세상은 객관적으로 존재하는 것이 아니라 자신이 원하는 대로, 다시 말해 각자가 해석한 대로 자기 앞에 나타나는 것입니다.

한편, 부버에 따르면 사람들이 세상을 어떻게 해석하든 세상은 "냉담하게 내버려둔다"고 합니다. 세상은 사람들에게 "왜 나를 그렇게 해석하니?"라며 반론을 제기하지 않습니다. 이 세상을 '지옥'이라고 부르든, '천국'이라고 부르든 세상은 사람들에게 불평하지 않고 가만히 내버려둡니다. 세상은 참 '쿨'한 성격의 소유자인 것 같습니다. 하지만 우리가 세상을 어떻게 해석하든 그것은 각자의 책임이고 자신의 몫으로 남습니다. 각자 자신이 해석한 세상에서 살아가야 하기 때문입니다.

사실 세상은 각자가 바라보고 해석한 대로 자기 앞에 나타난다는 부버의 통찰은 현실에서 자주 목격되는 현상입니다. 이를테면 어떤 사람이 친구가 재미있다고 추천해준 영화를 본 뒤 친구에게 전화를 걸어 화를 냅니다. "어떻게 이렇게 재미없는 영화를 추천했느냐, 어떻게 나에게 거짓말을 할 수 있느냐"라고 하면서 말이죠. 이런 상황이라면 그 영화는 재미있는 영화일까요, 재미없는 영화일까요? 정답은 없습니다. 각자의 판단에 따라 달라질 뿐입니다. 친구에게는 재미있는 영화이고 그에게는 재미없는 영화일 뿐입니다.

예를 하나 더 들어보겠습니다. 친구 두 명이 고급 레스토랑에 갔습니다. 그곳에서는 스피커를 통해 모차르트의 〈피아노 소나타〉가 은은히 흘러나오고 있습니다. 한 친구는 레스토랑의 분위기와 음악이 잘 어울린다고 생각하며 조용히 음악에 빠져들었습니다. 그 순간 옆에 있던 친구가 이런 말을 합니다. "여기는 분위기는 좋은데, 음악이 왜 이 모양이야! 클래식처럼 재미없는 음악 말고 조금 재미있는 걸 틀어주면 더 좋을 텐데!" 친구의 주장처럼 클래식은 재미없는 음악인가요? 그렇지 않습니다. 이 역시 해석하기 나름입니다. 어떤 사람에게는 클래식이 '최고의 음악'입니다. 하지만 어떤 사람에게는 '잠이 오는 음악'에 불과할 수도 있습니다. 후자는 돈을 내고 클래식 공연을 보러 가는 일이 이해할 수 없는 이상한 나라의 이야기일 것입니다. 이렇듯 세상은 객관적으로 존재하는 것이 아니라 각자가 바라보고 해석한 대로 자기 앞에 나타납니다. 그

037

리고 개개인은 그렇게 나타난 세상을 살아갑니다.

처음에 우리는 이 세상이 살 만한 곳인지, 아닌지를 물으며 논의를 시작했습니다. 혹시 눈치챘나요? 이 세상을 살 만한 곳으로 만드는 방법이 있습니다. 무엇일까요? 그것은 이 세상을 살 만한 곳이라고 해석하면 됩니다. 자기 앞에 주어진 현실을 풍요롭고 아름답게 해석하면 됩니다. 초코파이로 만든 케이크도 최고의 선물이며, 이 세상 어디에도 없는 단 하나의 선물이라고 해석하는 편이 훨씬 현명한 태도입니다. 이는 결코 말장난이 아닙니다. 실제로도 그렇습니다. 초코파이밖에 살 형편이 안 되는 친구들이 친구 생일을 축하해주기 위해 모인 것 자체가 축복 아니겠습니까. 그런 풍요로움을 두고도 알아채지 못하니 얼마나 안타까운 일입니까. 그 친구의 눈에는 초라한 케이크만 보일 뿐 좋은 친구들이 곁에 있다는 사실은 보이지 않는 듯합니다.

038 김소운의 수필 『가난한 날의 행복』에 이런 일화가 나옵니다. 실직한 남편이 아침을 굶고 출근한 아내를 위해 점심을 준비했습니다. 아내가 집에 와보니 남편은 보이지 않고 신문지로 덮은 밥상만 덩그러니 놓여 있습니다. 아내가 신문지를 걷자 따뜻한 밥 한 그릇과 간장 한 종지만 놓여 있습니다. 쌀은 어떻게 구했지만 찬까지는 마련할 수 없었던 모양입니다. 그리고 밥상 한쪽에는 남편이 쓴 쪽지가 놓여 있었는데, 거기에는 이렇게 쓰여 있습니다. "왕후의 밥, 걸인의 찬…… 이걸로 우선 시장기만 속여두오." 순간 아내는 눈물이 핑 돌았고 왕후가 된 것보다 더 행복했습니다. 여기서도 마찬가지입니다. 겨우 밥 한 그릇과 간장 한 종지뿐인 초라한 밥상이지만

어떻게 해석하느냐에 따라 왕후의 밥상보다도 더 근사해질 수 있습니다. 중요한 것은 현실의 많고 적음, 좋고 나쁨이 아니라 그것을 해석하는 우리의 시각입니다.

우리가 살고 있는 세계는 '살 만한 세상'이거나 '지옥 같은 세상'이 아닙니다. 부버의 주장처럼 어떻게 바라보고 해석하느냐에 따라 자신이 사는 세상이 달라집니다. 그러므로 자신에게 주어진 상황에서 아름다움과 풍요로움을 발견해내려는 마음가짐과 노력이 필요합니다. 그래야만 이 세상이 살 만한 곳이 되기 때문입니다.

039

정말로
꿈은 이루어질까?

040　　가수 인순이가 부른 〈거위의 꿈〉은 워낙 유명하기 때문에 대부분 기억할 것입니다. 이 노래가 널리 알려진 이유는 가슴을 파고드는 듯한 가수의 뛰어난 노래 실력도 있겠지만 노래 가사가 많은 사람의 공감을 불러일으켰기 때문입니다. "난 꿈이 있었죠. 버려지고 찢겨 남루하여도. 내 가슴 깊숙이 보물과 같이 간직했던 꿈…… 그래요 난, 난 꿈이 있어요. 그 꿈을 믿어요. 나를 지켜봐요. 저 차갑게 서 있는 운명이란 벽 앞에 당당히 마주칠 수 있어요." 노랫말 속 주인공은 초라한 현실을 살아가지만 가슴속 깊숙이 꿈을 간직하고 있고, 그 꿈이 힘든 현실을 견딜 수 있는 힘을 주고 있습니다.

　　노래를 글로 표현하다보니 다소 느낌이 덜 전달될 수도 있지만 가수가 무슨 말을 하고 싶은지는 충분히 이해될 것입니다. 노래 속 주인공에게 꿈은 매우 중요합니다. 노랫말처럼 꿈은 그것을 간직한 사람에게 남루한 현실이나 차가운 운명 앞에서도 당당하게 마주칠 수 있는 힘을 주기 때문입니다. 만일 그에게 꿈조차 없었다면 그는 힘든 현실을 견디기 어려웠을지도 모릅니다. 꿈이 있기에 그것이 미래에 대한 희망을 갖게 만들었고, 그 결과 힘든 현실을 견뎌낼 힘도 얻었습니다. 꿈이 주는 이런 긍정적인 면 때문에 사람들은 꿈을 가지라고 충고합니다. 실제 주변 사람들을 보더라도 꿈을 가진 사람이 그렇지 않은 사람보다 삶을 긍정하고 미래에 대해 낙관적입니다.

꿈을 가진 사람은 그 꿈 때문에 현재 상태와 별개로 자신의 삶을 긍정할 수 있습니다. 꿈은 흔들리는 삶에서 나아갈 방향을 제시해주고 힘겨운 현실 속에서도 미래에 대한 기대를 갖게 함으로써 고통을 견디게 해줍니다. 한마디로 꿈은 인생의 '이정표'이자 '진통제'입니다. 따라서 꿈이 있는 사람은 현재를 긍정하고 미래를 낙관하는 경향이 높습니다. "비록 지금은 미약하지만 그 끝은 창대하리라"라고 생각하게 만들어줍니다.

041

이 같은 꿈의 긍정적인 면에 대해 특별히 반론을 제기하는 사람은 없을 것입니다. 하지만 이런 질문은 해볼 필요가 있습니다. 꿈을 가진 사람은 누구나 자신의 꿈을 언젠가는 이룰까요? 그렇지 않습니다. 꿈을 가졌다고 해서 모두가 그 꿈을 이루는 것은 아닙니다. 불행히도 현실에서는 꿈을 이루는 사람보다 이루지 못하는 사람이 더 많습니다. 왜 그럴까요? 꿈이 명확하지 않아서 그런 것일까요, 아니면 운이 따라주지 않아서 그런 것일까요? 둘 다 아닙니다. 사람들이 꿈을 이루지 못하는 이유는 단 하나입니다. '기적을 행하지 않았기 때문'입니다.

기적을 행하지 않았기 때문이라니 갑자기 무슨 소리인가 하고 의아해하겠지만 이는 러시아의 작가 다닐 하름스의 이야기를 인용한 것입니다. 러시아의 부조리 문학으로 유명한 작가 하름스는 그의 단편 「노파」에서 '기적을 행하는 자'에 대한 이야기를 합니다. 내용은 다음과 같습니다.

이것은 기적을 행하는 자에 대한 이야기인데, 그는 우리 시대에 살면서 아무런 기적도 행하지 않는다. 그는 자신이 기적을 행하는 자이며, 어떤 기적도 행할 수 있다는 것을 알지만, 그렇게 하지 않는다. 사람들이 그를 아파트에서 쫓아낸다. 손가락 하나만 까딱하면, 그 아파트를 차지할 수 있다는 것을 알지만 그는 그렇게 하지 않고, 대신 아파트에서 고분고분 떠나 교외에 있는 헛간에서 지낸다. 그는 이 낡은 헛간을 아름다운 벽돌집으로 변화시킬 수도 있지만 그렇게 하지 않고, 계속 헛간에서 살다가, 평생 동안 단 한 번의 기적도 행하지 않은 채 그렇게 생을 마감한다.

소설에 나오는 주인공은 초능력자입니다. 마음만 먹으면 그는 기적을 행할 수 있는 능력을 갖고 있습니다. 그런데도 무슨 이유에서인지 그는 평생 동안 단 한 번의 기적도 행하지 않습니다. "손가

042

락 하나만 까딱하면" 아파트를 차지할 수도 있고, 낡은 헛간을 아름다운 벽돌집으로 바꿀 수도 있습니다. 하지만 그는 그렇게 하지 않고 생을 마감했습니다. 왜 그랬을까요? 그 이유는 바로 '기적을 행하지 않았기 때문'입니다. 오해하지 않기를 바랍니다. 절대 '능력이 없어서'가 아닙니다. 단지 '기적을 행하지 않았기 때문'입니다. 주인공은 재미있는 캐릭터입니다. 기적을 일으킬 초능력을 가졌는데도 한 번도 행하지 않고 죽었으니 말입니다.

하름스 소설에 나오는 '기적을 행하는 자'가 오늘날 우리의 모습과 많이 닮아 있다고 생각되지 않습니까? 꿈은 꾸지만 정작 그 꿈을 이루지 못한 채 생을 마감하는 대부분의 현대인과 비슷하지 않나요? 코미디 같은 주인공의 이야기가 사실은 우리의 모습이기도 합니다. 우리도 대부분 하름스 소설의 주인공처럼 살고 있습니다. 꿈도 있고 스스로 그것이 이루어진다고 믿는데, 실제로는 좀처럼 실현하지 않습니다. 왜일까요? 기적을 행하지 않았기 때문입니다. 정확히 말하면 꿈을 '이루지 못한' 것이 아니라 꿈을 '이루지 않은' 것입니다. 마음만 먹으면 뭐라도 할 수 있고 뭐든지 될 수 있는데, 또 그럴 능력도 충분한데 다만 기적을 행하지 않았을 따름입니다. 절대 기적을 행할 능력이 없어서 그런 것이 아닙니다. 오해하지 않기를 바랍니다.

눈치챘겠지만 하름스는 소설에서 꿈을 반어적으로 사용하고 있습니다. 사람들은 그의 문학을 '부조리 문학'이라고 부릅니다. 부조리는 모순이라는 뜻으로 우리가 바라는 희망과 현실 사이의 불균형을 말합니다. 대표적인 부조리 현상 가운데 하나가 바로 '꿈'

043

입니다. 대체로 꿈은 현실에서는 우리의 바람과 항상 어긋납니다. 꿈에 대해 현실은 부조리합니다. 우리의 희망(꿈)과 현실은 좀처럼 만나지 않습니다. 철도 레일처럼 항상 평행선을 달릴 뿐입니다. 언젠가 만날 것 같지만 끝끝내 만나지 않습니다.

살면서 꿈을 꾼다는 것은 두 가지 의미로 해석될 수 있습니다. 먼저 꿈은 미래에 대한 긍정입니다. 하지만 꿈은 현실을 왜곡시키기도 합니다. 그럴듯한 미래를 상상함으로써 현실을 견디게 만드는 마약과도 같은 것이 될 수 있습니다. 심해지면 하름스 소설의 주인공처럼 현실을 왜곡해서 바라보게 만듭니다. 꿈이 현실을 왜곡시킴으로써 비극 작품을 희극처럼, 지옥을 천국처럼 보이게 만들기도 합니다.

이런 현상을 프랑스의 실존주의 철학자 장 폴 사르트르는 '자기기만'이라고 불렀습니다. 그는 인간이 실존의 불안에서 벗어나기 위해 자기기만을 행하는 경우가 많다고 주장했습니다. 자기기만이란 '자기 스스로를 속이는 행위'를 말하는데, 종종 자기기만의 수단으로 꿈이 활용됩니다. 쉽게 말해 꿈이 자기를 속인다는 뜻입니다. 현재 자신의 모습에 만족하지 못하는 사람이라도 꿈을 간직하고 있다면 현실을 잘 이겨낼 수 있습니다. 꿈이 현실의 불만을 채워주기 때문입니다. 꿈이 있기에 초라한 현실을 참아낼 수 있는 것입니다. 그런데 문제는 거기서 그친다는 데 있습니다. 꿈의 용도는 딱 거기까지입니다. 현실의 고통을 잊게 해주는 것만으로 충분합니다. 말하자면 치료제가 아닌 진통제로만 사용되고 있는 것입니다. 그 결과 꿈을 이루기 위한 그 어떤 시도도 하지 않고 단지 현실을 긍정하는 수단으로만 쓰입니다. 만약 누군가가 "왜 꿈을 이루지 않느냐"라고 물어보면 "아직 기적을 행할 때가 아니다"라고 대답하면 됩니다. 하름스의 소설에 나오는 주인공처럼 말이죠. 이런 사람에게 꿈이란 쇼와 같습니다. 실제 이루기 위한 것이 아니라 초라한 현실을 감추기 위한 것, 보여주기 위한 수단에 불과합니다.

이처럼 꿈에는 두 가지 가능성이 공존합니다. 꿈은 당사자에게 삶의 지향점이나 방향타가 되는 긍정적인 면이 있는 반면, 자기기만의 수단으로 채택되어 자신을 속이는 부정적인 면도 있습니다. 꿈이 긍정적으로 작용할지, 부정적으로 작용할지 여부는 어떻게 결정되는 것일까요? 그것은 그 꿈을 이루기 위해 어떻게 행동하느냐에 따라 달려 있습니다. 사르트르의 표현을 빌리면 그것은 "그 꿈을 이루기 위해 기투하는가"에 따라 달라집니다. '기투'라는 표현이 조금 생소할 텐데, 실존주의 철학에서 기투企投란 현재를 초월하여 미래를 향해 자신을 내던지는 행위를 말합니다. 즉 꿈을 이루기 위해 무엇인가를 시도하는 것입니다. 꿈은 있으나 실제로는 아무 시도도 하지 않고 있다면 그것은 자기기만이 됩니다. 요컨대 꿈을 가졌지만 아무런 시도도 하지 않는 사람은 '자기기만'을 하고 있는 것입니다. 꿈이 자기를 속이고 있는 것입니다. 아니 꿈에게 속고 있는 상태라고 할 수도 있습니다.

철학자 니체는 이런 말을 했습니다. "희망은 실로 재앙 가운데에서도 최악의 재앙이다. 왜냐하면 희망은 인간의 고통을 연장시키기 때문이다." 이런 니체의 주장은 꿈에도 똑같이 적용됩니다. "꿈은 재앙 가운데에서도 최악의 재앙이다. 왜냐하면 꿈은 인간의

045

고통을 연장시키기 때문이다." 물론 여기에 해당되는 꿈이란 아무런 시도조차 하지 않는 이가 가진 꿈, 아무런 기투조차 하지 않는 자의 꿈을 말합니다. 결국 꿈은 존재 여부가 아니라 그 꿈을 이루기 위해 무엇을 시도하고 있는가가 더욱 중요한 것입니다.

지금까지 꿈에 대해 이야기했는데, 정리하면 이렇습니다. 꿈은 긍정적인 면과 부정적인 면을 동시에 갖고 있습니다. 꿈을 갖고 있지만 아무 시도조차 하지 않고 있다면 그것은 '자기기만'에 지나지 않습니다. 기투하지 않는 꿈은 더이상 꿈이 아닙니다. 자기를 속이고 고통을 감내하는 수단에 불과합니다. 기적을 행할 능력은 있지만 정작 아무런 기적도 행하지 않는다면 그것도 자기기만입니다. 그래서 꿈을 갖고 있는 것에만 만족하지 말고 실제 그 꿈을 이루기 위해 노력해야 합니다. 스스로에게 한 번씩 질문을 해보는 것도 좋을 것 같습니다. 나는 꿈을 갖고 있는지, 그 꿈을 이루기 위해 기투하고 있는지, 혹시 내 꿈이 자기기만의 수단으로만 활용되고 있는 것은 아닌지 말입니다.

046

독일의 철학자 니체는 절대적인 진리란 없다고 주장했지만 현실 **047** 에서는 절대적 진리가 없지만은 않습니다. 인간은 누구나 죽는다 는 사실이 바로 그것입니다. 천하를 통일했던 진시황도 죽음은 두 려웠나봅니다. 그는 각 지역에 사람들을 보내 불사불로초不死不老草 를 찾아오게 했으나 결국 성공하지 못했습니다. 진시황 같은 절대 권력자도 죽음을 비켜 가지 못했듯이 인간이라면 누구나 언젠가는 죽을 운명을 갖고 태어납니다. 그러므로 '모든 인간은 죽는다'라는 명제는 진리라고 해도 무방합니다. 철학의 출발이 진리에 대한 탐 구로 시작되었듯이 불변의 진리인 죽음도 철학에서는 매우 중요한 주제 가운데 하나입니다.

대부분의 사람은 죽음을 두려워합니다. 그런데도 사람들은 대체로 죽음에 대해 무지합니다. 아니 좀더 정확히 말하면 대부분 죽음을 애써 외면하며 살고 있습니다. 하기야 죽음을 굳이 외면하는 것도 이해됩니다. 누가 죽음을 좋아하겠습니까. 죽음에 관심을 갖는다고 해서 피할 수 있는 것도 아니기에 어쩌면 처음부터 외면하는 것이 하나의 방법이 될 수 있습니다. 문화인류학자 어니스트 베커는 『죽음의 부정The Denial of Death』에서 "우리는 죽을 운명이라는 것을 객관적으로는 알고 있지만 이 엄청난 진실을 회피하기 위해 온갖 획책을 다한다"라고 했습니다. 인간은 자신이 언젠가는 죽는다는 사실을 알고 있지만 일부러 진실을 회피하며 살고 있습니다. 하지만 언젠가 죽을 운명이라 하더라도 결국에는 맞이해야 할 운명이기에 미리 생각해보는 것도 나쁘지 않을 듯합니다.

우리는 대체로 죽음을 부정하거나 애써 외면하지만 알고 보면 삶과 죽음은 그리 멀리 떨어져 있는 개념이 아닙니다. 언젠가는 누구나 죽는다는 사실을 전제한다면 삶의 다음 순간은 바로 죽음입니다. 따라서 삶은 연기된 죽음에 불과한지도 모릅니다. 삶의 끝이 죽음의 시작이기 때문입니다. 인도의 시인 라빈드라나트 타고르도 "탄생이 삶이듯 죽음도 삶이다. 드는 발도 걸음이고 내딛는 발도 걸음이다"라는 말을 통해 삶과 죽음은 가까이 있으며 서로 연결되어 있다고 했습니다. 그리하여 지금부터 불변의 진리이자 가장 중요한 인생의 주제 가운데 하나인 죽음에 대해 철학적으로 논의해보고자 합니다.

많은 철학자가 죽음에 대해 깊이 생각했지만 그에 대해 모두가 똑같이 사유한 것은 아니었습니다. 죽음에 대한 철학자들의 관점은 대체로 두 가지 상반된 입장, 즉 '죽음을 무시하고 살라'고 주장하는 측과 '죽음을 숙고하라'고 주장하는 측으로 나뉩니다. 죽음을 무시하라는 주장과 죽음을 생각하라는 주장 가운데 어느 쪽이 더 끌리나요? 아마 죽음을 무시하라는 쪽으로 마음이 기우는 사람이 많을 것입니다. 하지만 미리 단정하지 않고 양측의 주장을 좀더 깊이 살펴보겠습니다.

　죽음을 무시하고 사는 편이 좋다고 주장하는 철학자의 대표는 에피쿠로스입니다. 그는 죽음에 대해 이렇게 주장했습니다. "죽음은 우리에게 아무것도 아니다. 왜냐하면 우리가 존재하는 한 죽음은 우리와 함께 있지 않으며 죽음이 오면 이미 우리는 존재하지 않기 때문이다." 그에 따르면 죽음은 산 사람이나 죽은 사람 모두에게 아무 상관 없는 주제입니다. 왜냐하면 산 사람에게는 아직 죽음이 오지 않았고 죽은 사람은 이미 존재하지 않기 때문입니다. 그는 "실제로 일어날 시점에 아무 문제도 일으키지 않을 '어떤 일'을 두고 미리 걱정하는 것은 부질없는 짓"이라고 했습니다. 여기서 말하는 '어떤 일'이란 죽음을 가리킵니다. 그러므로 죽음이 실제로 일어날 시점에서는 자신에게 아무 문제를 일으키지 않는데, 괜히 그것 때문에 미리 걱정할 필요가 없다는 것입니다. 자신이 죽으면 세상도 끝나버리니까 아무 문제 될 것이 없다는 논리입니다. 다시 말해 죽음은 살아 있는 사람에게는 불필요한 걱정이라는 것입니다. 죽음에 대해 고민하지 말고 살아 있는 데 집중하라는 뜻입니다. 이런 에피쿠로스의 주장에 동의하나요? 실천할 수 있는지의 문제를 별

049

개로 하면 에피쿠로스의 주장은 나름 일리가 있어 보입니다.

　네덜란드의 철학자 스피노자도 에피쿠로스와 비슷한 주장을 했습니다. 그는 "자유로운 인간은 결코 죽음을 생각하지 않으며, 그의 지혜는 죽음이 아니라 삶에 대한 성찰이다"라고 했습니다. 죽음을 생각하기보다는 삶에 대해 성찰하는 것이 더욱 지혜롭습니다. 죽음을 무시하라고 주장하는 철학자들은 죽음을 생각하기보다 현재 살아 있는 삶에 집중하라는 메시지를 던지고 있습니다.

　'죽음을 숙고하라'라고 주장하는 대표 철학자는 마르틴 하이데 거입니다. 그는 "죽음을 향해 미리 달려가라"고 조언하였습니다. 이런 하이데거의 주장이 이해되지 않는 사람도 있을 것입니다. 그가 죽음을 향해 달려가라고 주장하는 이유는 우리가 죽음의 가능성을 염두에 둘 때 오히려 죽음으로부터 자유로워져서 한층 더 현실에 충실해진다고 여겼기 때문입니다. 넘어설 수 없는 죽음의 가능성 앞에 서면 여러 현실적 가능성 가운데 가장 중요한 것만 선택하게 된다는 논리입니다. 예를 들어 어떤 사람이 암에 걸려 3개월밖에 못 산다는 이야기를 들었다고 합시다. 그는 생의 마지막 남은 3개월 동안 무엇을 할까요? 그 상황에서도 돈이나 명예, 권력 따위를 얻으려고 노력할까요? 그렇지 않을 것입니다. 남은 생을 가장 소중한 일에 쓰려고 할 것입니다. 그렇기 때문에 죽음을 깊이 생각할 필요가 있다는 논리입니다. 죽음을 숙고하는 것의 가장 큰 이점은 현실에서 가장 중요한 일로 우리의 시선을 돌리게 해준다는 점입니다. 남아 있는 시간이 별로 없기 때문에 불필요한 일에 일일이 신경 쓸 여유가 없습니다. 결국 죽음은 현실의 여러 가능성 앞에서 올바른 선택을 도와준다는 면에서 긍정적입니다.

죽음을 향해 미리 달려가라는 하이데거의 주장에 공감이 됩니까? 하이데거의 주장도 에피쿠로스의 주장처럼 일리가 있습니다. 사실 어떤 주제에 대한 철학자의 주장에는 모두 나름의 논리가 있습니다. 철학자는 자기 기분에 도취되어 막무가내로 우기는 사람이 아닙니다. 깊은 사유 끝에 자기 나름의 논리와 근거를 바탕으로 자신의 주장을 펼치는 사람입니다. 그래서 그들을 철학자로 분류하는 것입니다. 그러므로 철학자의 주장을 들어보면 이 사람 이야기도 맞는 것 같고 저 사람 이야기도 맞는 것 같은 경우가 종종 있습니다. 이런 이유로 처음에는 에피쿠로스의 주장에 마음이 끌리다가도 하이데거 이야기를 들어보면 그것도 맞다는 생각이 드는 사람이 많을 것입니다.

그럼에도 죽음에 대해 숙고하는 일은 의미가 있습니다. 죽음을 좀더 자세히 알기 위해 달리 물어보겠습니다. 에피쿠로스와 하이데거는 서로 상반된 주장을 하고 있는 것일까요? 그렇지 않습니다. 얼핏 보면 그들은 서로 다른 주장을 하고 있는 듯이 보이지만 사실은 똑같은 주장을 서로 다르게 말하고 있을 뿐입니다. 죽음을 무시하든 숙고하든 결국 그들이 하고 싶은 말은 '현재의 삶에 충실하라'입니다. 에피쿠로스는 현재 삶에 충실하기 위한 방법으로 '죽음을 생각하지 말라'고 한 반면, 하이데거는 현재 삶에서 보다 중요한 일에 집중하기 위해 '죽음을 향해 달려가라'고 한 것입니다. 경로의 차이만 있을 뿐 목적지는 똑같은 셈입니다.

'메멘토 모리Memento mori'라는 말이 있습니다. 라틴어로 '죽음을 기억하라'라는 뜻입니다. 왜 죽음을 기억해야 할까요? 자신이 언젠가는 죽을 존재임을 각성하는 일이 살아 있는 순간을 가치 있게 만들기 때문입니다. 우리가 영원히 죽지 않고 살 수 있다면 그것은 축복일까요? 그렇지 않습니다. 오히려 재앙이 될 수도 있습니다. 영원히 죽지도 않는데 굳이 지금 당장 가치 있는 일이나 새로운 시도를 할 필요가 있을까요? 내일도 있고, 모레도 있는데……. 자신에게 주어진 시간이 많다면 지금 당장 급하게 서두를 필요가 없습니다. 예를 들어 휴가가 일주일밖에 없는 사람과 10년의 휴가가 주어진 사람 가운데 누가 더 휴가를 알차게 보낼지 생각해보면 이해될 것입니다.

이런 이유 때문에 사람이 죽지 않고 영원히 산다면 그것은 축복이 아니라 재앙일 수 있습니다. 따라서 인간이 죽음을 피할 수 없다는 것은 나쁜 일만은 아닙니다. 죽음이 있기 때문에 현재의 삶을 긍정할 수도 있고 삶의 의미와 가치를 찾을 수도 있습니다. 죽지 않는다면 삶의 의미는 아무래도 반감될 수밖에 없습니다. 그런 의미에서 보면 인간의 삶이 유한하다는 것은 축복일 수 있습니다. 죽음이 있기에 살아 있음이 더 의미가 있는 것입니다.

지금까지 죽음이라는 다소 무거운 주제를 살펴보았습니다. 인간은 누구나 언젠가는 죽을 운명입니다. 인간인 이상 누구나 맞이하게 될 죽음을 무시하는 편이 좋을까요, 아니면 숙고하는 편이 좋을까요? 여기에는 정답이 없습니다. 죽음을 무시하든 숙고하든 그것은 각자의 자유입니다. 중요한 것은 '현재의 삶을 얼마나 충실하게 사는가' 하는 것입니다. 인간에게 죽음은 나쁜 것만은 아닙니

052

다. 죽음이 있기에 현재의 삶에서 의미와 가치를 찾을 수 있습니다. 젊은 나이에 생을 마감한 영화배우 제임스 딘은 이런 말을 남겼습니다. "영원히 살 것처럼 꿈을 꾸고 내일 죽을 것처럼 살아라." 멋있는 말 아닙니까? 내일 죽을 것처럼 오늘에 충실하라는 뜻입니다. 실제로 그는 짧은 생을 불꽃처럼 살다가 떠났습니다. 스스로에게 한번 물어보는 것도 좋을 것 같습니다. 나는 현재의 삶에 얼마나 충실한지 말입니다.

054 '명품' 하면 떠오르는 브랜드가 있습니까? 아마도 루이뷔통이나 에르메스를 떠올리는 사람이 많을 것입니다. 이런 명품 가방은 수백만 원이 넘지만 여성이라면 누구나 하나쯤은 갖고 싶어합니다. 이에 반해 남성들은 주로 시계나 자동차를 떠올리는데, 명품 시계나 명품 자동차 가운데에는 하나에 수억 원을 호가하는 것도 있습니다. 왜 그렇게 가격이 비싼지 이해가 안 되지만 누구나 하나쯤은 갖고 싶어하는 것이 현실입니다.

사람들은 왜 비싼 명품을 좋아할까요? 사람들이 명품을 갖고 싶어하는 심리에는 그것을 가지면 자신의 품격도 높아진다는 생각이 숨어 있습니다. 그래서 명품은 비쌀수록 더 잘 팔린다는 속설도 있습니다. 그런 이유 때문인지 명품은 할인 판매도 거의 하지 않습니다. 싸게 팔면 아무래도 명품으로서의 가치가 떨어지기 때문이지요. 이처럼 명품세계에서는 일반적인 경제학의 법칙도 통용되지 않습니다. 싸다고 잘 팔리는 것도 아니고 상품의 제조 원가가 최종 소비자가와 연동되지 않는 경우도 허다합니다. 따라서 명품세계는 요지경과 같습니다. 원가보다는 가치가, 효용보다는 심리가 더 크게 작용하기 때문입니다.

명품^{名品}이란 글자 그대로 '이름난 물건'이라는 뜻입니다. 이름이 났기 때문에 사람들은 그 이름값을 높이 쳐서 가격이 비싼데도 기꺼이 구매를 합니다. 그러고 나서는 "물건 샀다"라고 하지 않고 "사고 쳤다"라고 합니다. 왜 '사고 쳤다'라고 말할까요? 먼저 자신의 경제력을 넘어선 과소비를 했기 때문입니다. 명품에 마음이 끌려 덜컥 지갑을 열고 나면 얼마 지나지 않아 후회가 밀려옵니다. 다음 달에 갚아야 할 카드값이 걱정되기 때문입니다. 자기의 경제력을 넘어선 과소비를 했기에 사고를 친 것이 맞습니다.

명품을 사고 난 뒤 물건을 샀다는 느낌보다 사고를 쳤다는 느낌이 드는 또다른 이유는 물건이 아니라 '이름'에 큰돈을 지불했기 때문입니다. 다시 말해 실제 가치가 아닌 이름에 많은 돈을 썼기에 사고를 친 것이 맞습니다. 이처럼 우리가 사는 세상은 실제 가치가 아니라 이름만으로도 돈이 되는 곳이기도 합니다. 이름만으로도 돈이 되는 세상, 소비자에게는 불행한 이야기이지만 판매자 입장에서는 환상의 세계입니다. 그렇기 때문에 많은 기업이 자사 상품에 대해 '어떻게 하면 이름이 나게 만들까'를 고민합니다.

055

그렇다면 이름만 나면 모두 명품이 되는 것일까요? 모두 그런 것은 아닙니다. 우리나라에서 볼펜으로 가장 이름이 난 상품은 '모나미'라는 브랜드의 제품일 것입니다. 이 볼펜은 1963년에 첫선을 보인 이래 '볼펜의 대명사'라고 불릴 정도로 널리 알려진 제품입니다. 그렇다면 모나미 볼펜은 명품인 것일까요? 아마 모나미 볼펜을 명품이라고 부르는 사람은 거의 없을 것입니다. 그 회사 사장님이나 관계자를 제외하고 말이죠.

이처럼 단지 이름만 널리 알려졌다고 해서 그 물건을 명품의 범주에 넣기는 어렵습니다. 어떤 물건이 명품으로 불리기 위해서는 한 가지 조건이 필요합니다. 무엇일까요? 명품이 되려면 많은 사람이 그것을 갖고 싶어해야 합니다. 모나미 볼펜은 확실히 이름이 난 제품입니다. 하지만 명품으로 불리지 않는 이유는 많은 사람이 원하지 않기 때문입니다. 결국 어떤 상품이 명품이 되려면 두 가지 조건을 모두 갖추어야 합니다. 먼저 이름이 나야 하고 그다음에는 그것을 많은 사람이 갖고 싶어해야 합니다.

그런데 진짜 명품에는 앞의 두 가지 조건 외에도 한 가지 조건, 즉 명품의 세번째 조건이 필요합니다. 수백만 원을 호가하는 명품 가방과 수억 원이 넘는 명품 자동차를 비교하면 어느 쪽이 더 뛰어난 명품일까요? 물론 둘 다 명품에 속하지만 그래도 하나만 선택해야 한다면 아마도 수억 원이 넘는 명품 자동차를 꼽을 것입니다. 가격이 훨씬 비싸니까요. 그런데 가격이 비싸다고 해서 반드시 명품인 것은 아닙니다. 한 대에 5억 원 하는 스포츠카와 강남에 있는 10억 원짜리 아파트 가운데에는 무엇이 명품일까요? 가격이 비싸다는 이유로 10억 원짜리 아파트가 더 명품이라고 주장하는 사람은 없을 것입니다.

이를 통해 비로소 명품의 진짜 조건을 알 수 있습니다. 그것은 바로 '많은 사람이 갖고 싶어하지만 아무나 쉽게 가질 수 없는 물건'이어야 한다는 것입니다. 하나에 수백만 원이 넘는 명품 가방은 분명 명품이지만 '명품 가운데 명품'이라고 말하기는 어렵습니다. 길거리를 다니다보면 명품 가방을 들고 다니는 사람을 쉽게 찾아볼 수 있습니다. 하다못해 진짜가 아닌 '짝퉁'도 넘쳐납니다. 그렇다보니 명품 가방을 들고 다닌다는 사실만으로는 사람들이 그를 대단하게 생각하지 않습니다. 하지만 한 대에 수억 원을 호가하는 스포츠카라면 이야기가 달라집니다. 이것은 갖고 싶다고 해서 아무나 가질 수 없는 물건이거든요. 그래서 수억 원짜리 스포츠카를 몰고 다니는 사람을 보면 "오!" 하는 감탄과 함께 부러움의 시선으로 쳐다보게 됩니다. 요컨대 '누구나 갖고 싶어하지만 실제로는 아무나 쉽게 가질 수 없는 물건'이 진짜 명품입니다.

057

명품의 조건을 알아보았으니 지금부터는 사람에 대한 이야기로 이어가보겠습니다. 물건을 명품이라고 한다면 사람은 '명인名人'이라고 합니다. 명인이란 어떤 사람일까요? 명품의 정의에 빗대어 말하면 명인은 '누구나 그렇게 되고 싶지만 아무나 쉽게 그렇게 되지 못하는 사람'이라고 할 수 있습니다. 연예인 가운데 유재석이나 강호동처럼 되고 싶어하는 사람이 많습니다. 하지만 아무나 그렇게 되지는 못합니다. 그리하여 그들은 명인이라 할 만합니다. 옛말에 "호랑이는 죽어서 가죽을 남기고, 사람은 죽어서 이름을 남긴다"라는 말이 있습니다. 이처럼 사람은 대부분 명인이 되고 싶어 합니다. 명인이 되어야 죽어서도 이름을 남길 수 있기 때문입니다. 하지만 아무나 명인이 될 수 있는 것은 아닙니다. 대부분의 사람은 명인의 반열에 오르지 못합니다.

그렇다면 명인이 될 사람은 태어날 때부터 정해진 것일까요? 평범한 사람들이 명인이 되기 위한 방법은 없는 것일까요? 쉽지 않지만 방법이 전혀 없는 것은 아닙니다. 명인이 되기 위한 가장 좋은 방법은 '책을 읽는 것'입니다. 소크라테스는 이런 말을 했습니다. "남의 책을 읽는 데 시간을 보내라. 남이 고생한 것으로 자기를 쉽게 개선할 수 있다." 이는 책을 읽음으로써 다른 사람의 경험이나 지혜를 통해 자신을 개선하고 발전시키는 데 도움이 된다는 뜻입니다. 주나라 때부터 송나라 때에 이르는 옛 시와 글을 엮어 만든 황견의 『고문진보古文眞寶』에는 이런 문장이 나옵니다. "빈자인서부, 부자인서귀貧者因書富. 富者因書貴." 가난한 사람은 책으로 부자가 되고 부자는 책으로 귀해진다는 뜻입니다. 이를 보더라도 책은 사람을 부유하고 귀하게 만들어주기 때문에 책을 읽으면 명인이 될 수 있다는 주장이 틀린 말은 아닙니다.

프랑스의 철학자 에마뉘엘 레비나스는 "책은 인간의 존재방식이다"라고 했는데, 이는 어떤 책을 읽느냐에 따라 자신의 존재가 결정된다는 뜻입니다. 사람들은 명인이 되기 위해 책을 읽습니다. 책을 읽으면 생각이 깊어지고, 능력이 향상되고, 품격이 높아지기 때문입니다. 사실 책은 자신을 명인으로 만드는 가장 좋은 방법입니다. 책을 읽지 않고 명인이 된 경우는 거의 없습니다. 물론 특별한 기술로 장인이 된 사람 가운데에는 책을 읽지 않고도 명인의 반열에 오르는 경우도 있습니다. 하지만 특별한 기술로 장인이 되려는 사람조차도 책을 읽는다면 더 빨리 장인이 될 수 있습니다.

그렇다면 책만 읽으면 누구나 명인이 될 수 있을까요? 불행히도 책을 읽는다고 명인이 된다는 보장은 없습니다. 명인으로 만들어주는 책이 있고 그렇지 못한 책이 있기 때문입니다. 물건에도 명품이 있듯이 책에도 명품 책, 다시 말해 명서名書가 있습니다. 명서를 읽어야 명인이 될 수 있습니다. 자신을 명인으로 만들어주는 책은 어떤 책일까요? 앞에서 명품의 조건을 '누구나 갖고 싶어하지만 아무나 가질 수 없는 것'이라고 했습니다. 명서도 마찬가지입니다. 자신을 명인으로 만들어주는 책은 남들이 쉽게 보지 않는 책이어야 합니다.

사람들이 많이 읽는 책을 '베스트셀러'라고 부릅니다. 베스트셀러를 읽으면 명인이 될 수 있을까요? 베스트셀러를 아무리 많이 읽어도 명인이 되기는 어렵습니다. 아시다시피 베스트셀러는 '많은 사람이 사서 본 책'이잖아요. 그래서 명서의 기준, '누구나 보고 싶어하지만 아무나 쉽게 볼 수 없는' 책에는 들지 못합니다. 한마디로 베스트셀러는 이름은 났지만 명서가 아닌 경우가 많습니다. 사실 베스트셀러가 많이 팔린 이유는 내용이 쉽기 때문인 경우가 많습니다. 읽기 쉬워서 여러 사람이 보게 된 것이죠. 읽기 어려운 책이 많이 팔리는 경우는 드뭅니다. 잊지 말아야 할 점은 이미 많은 사람이 읽어본 베스트셀러를 읽는다고 해서 명인이 되지 않는다는 사실입니다. 베스트셀러를 많이 읽으면 남과 비슷해질 수는 있습니다. 하지만 차별화하기는 어렵습니다. 명인이 되려면 남이 보지 못하는 어려운 책을 읽어야 합니다. 그래야만 다른 사람과의 차별화에 성공할 수 있고 명인이 될 수 있습니다.

남이 보지 못하는 어려운 책은 어떤 것일까요? 한마디로 말하면 '인문 고전'입니다. 이탈리아의 소설가이자 평론가인 이탈로 칼비노는 고전의 정의를 이렇게 내렸습니다. "고전이란 너무나도 유명하지만 실제로는 아무도 안 읽는 책이다." 칼비노의 주장처럼 인문 고전은 누구나 보고 싶어하지만 아무나 쉽게 보지 못하는 책입니다. 그리하여 명서라 부를 만합니다. 왜 사람들은 고전을 읽지 못하는 것일까요? 여러 이유가 있겠지만 가장 큰 이유는 읽기가 힘들기 때문입니다. 흔히 인문 고전은 읽기 어렵다고 말합니다. 틀린 말은 아닙니다. 하지만 명품을 가지려면 대가를 치러야 하듯이 명서를 읽는 데도 어느 정도의 노력이 필요합니다. 쉬운 책은 읽기 쉽습니다. 하지만 수양에는 별 도움이 되지 않습니다. 인문 고전은 읽기 어렵습니다. 하지만 그것을 읽은 사람은 자연스럽게 인격과 품격이 향상되어 명인이 됩니다. 명인이 되고 싶다면 어렵겠지만 인문 고전을 많이 읽기를 권합니다.

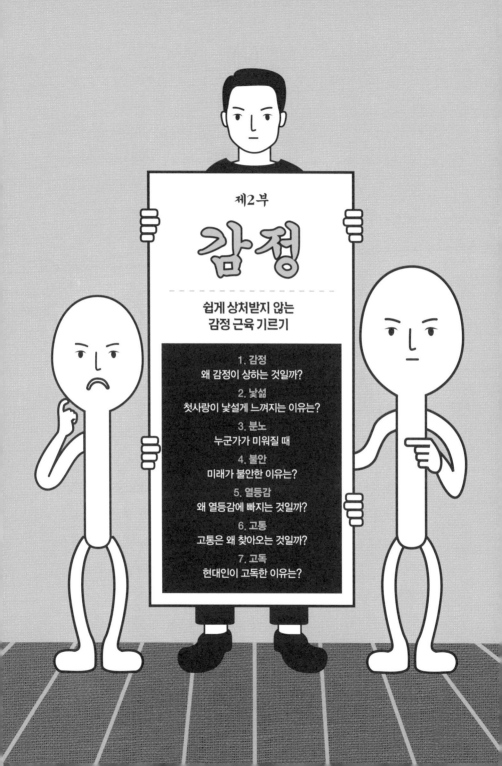

제2부

감정

쉽게 상처받지 않는
감정 근육 기르기

062 놀이동산에는 '롤러코스터'라 불리는 궤도 열차軌道列車가 있습니다. 이 궤도 열차는 일직선으로 이어진 궤도를 안전하게 달리는 일반 열차와는 달리, 지상에서 공중까지 지지대를 설치한 뒤 그 사이를 연결한 레일 위를 오르내리며 달리는 놀이기구용 열차입니다. 그렇기 때문에 롤러코스터를 타면 오르락내리락하면서 정신없이 달리게 됩니다. 보통 사람들의 하루 일과를 열차에 비유하면 일반 열차보다는 궤도 열차에 더 가깝습니다. 하루에도 희로애락이 수없이 교차하면서 감정 기복이 심해지기 때문입니다.

하지만 사람들은 그런 기분을 스스로 통제하지 못하는 경우가 많습니다. 예를 들어 퇴근하려고 회사를 나서는데 건물 앞에서 애인이 꽃다발을 들고 기다리고 있다면 기분이 어떨까요? 아마도 매우 행복할 것입니다. 반면 같은 상황에서 싫어하는 사람이 스토커처럼 꽃다발을 들고 기다린다면 그때의 기분은 어떨까요? 정말 끔찍할 것입니다. 이처럼 똑같은 상황에서 상대가 누군지에 따라 기분은 전혀 딴판일 수 있습니다.

어떤 현상이나 사건을 접했을 때 마음에서 일어나는 느낌이나 기분을 '감정感情'이라고 합니다. 감정은 우리 내부에서 자발적으로 생겨나는 것이 아니라 외부 자극에 따라 '수동적으로' 일어나는 정념입니다. 얼핏 비슷해 보이는 자극에도 그에 반응하는 감정의 방향은 서로 다를 수 있습니다.

이런 감정적 차이는 왜 생기는 것일까요? 먼저 상대방이 내가 좋아하는 사람인지 아닌지에 따라 감정이 전혀 달라집니다. 좀 더 고상하게 표현하면 '자기 자신을 보존하려는 본성' 때문이라고 할 수 있습니다. 인간은 누구나 자기 자신을 보존하려는 욕구를 갖고 있습니다. 이를 철학자 바뤼흐 스피노자는 '코나투스conatus'라고 했습니다. 스피노자는 신神을 제외한 모든 인간과 사물은 '유한한 양태'라고 보았습니다(참고로 스피노자는 신을 '존재', 인간을 '양태'라고 했습니다). 유한한 양태인 인간은 항상 외부 자극에 영향을 받습니다. 이때 외부 자극으로부터 자신을 지켜야 하는데, 이런 본성을 '코나투스'라고 했습니다. 그러므로 코나투스는 어떤 개체가 자신을 보존하려는 무의식적인 의지나 욕망을 말합니다. 좀 더 이해하기 쉽게 설명하면 코나투스는 한마디로 자신을 보존하려는 욕망입니다. 이것이 충족되면 자기 보존의 욕망이 실현되어 기쁨의 감정

063

이 생깁니다. 반대로 이것이 저지당하면 자기 보존의 욕망이 좌절되어 슬픔의 감정이 일어나는 것입니다. 애인이 찾아오면 자기보존의 욕망이 실현되어 코나투스가 증가되면서 기쁨의 감정이 생깁니다. 반대로 싫어하는 사람이 찾아오면 자기 보존의 욕망이 위협을 받게 되고, 그 결과 코나투스가 감소되어 부정적 감정에 휩싸입니다. 이처럼 코나투스가 늘어나면 기쁨이, 줄어들면 슬픔이 찾아옵니다. 사람은 누구나 기쁨은 즐기지만 슬픔은 피하려고 하는데, 스피노자는 이것을 인간의 자연스러운 본성이자 욕망으로 보았습니다.

그런데 현실에서는 자기 보존의 욕망이 마음대로 되지 않을 때가 많습니다. 인간은 누구나 기쁨을 추구하지만 현실에서는 기쁨보다는 슬픔이 찾아오는 경우가 많습니다. 그 이유는 무엇일까요? 인간이 신이 아니라 유한한 양태이기 때문입니다. 인간은 신처럼 절대적 존재가 아니라 유한한 존재인 탓에 항상 외부 자극에 영향을 받습니다. 누구나 본성에 따라 기쁨을 유지하고자 하는데도 현실은 서로의 삶에 장애나 갈등의 요소로 작용하기도 합니다. 이처럼 인간은 유한한 양태라서 외부 자극에 수동적으로 반응할 수밖에 없고, 그 결과 기쁨보다는 슬픔을 느끼기 쉽습니다. 결국 우리 인간은 외부 자극에 따라 기쁨과 슬픔이 결정되는 수동적인 존재인 셈입니다.

하지만 항상 외부 자극이 인간의 감정 상태를 결정하는 것은 아닙니다. 스피노자는 우리가 외부 자극을 해석하고, 반응을 선택하는 결과에 따라 어느 정도까지는 기쁨과 슬픔을 조절할 수 있다

064

고 보았습니다. 예를 들어 즐겁게 퇴근 준비를 하는데 직장 상사가 다가와 "김 대리, 오늘 소주 한잔 어때?"라고 물어봅니다. 이 상황에서는 승낙을 하는 것이 좋을까요, 거절을 하는 것이 좋을까요? 이 질문에 정답은 없습니다. 상황에 따라 다르기 때문입니다. 만약 김 대리에게 별다른 약속이 없고 평소 서로의 관계가 좋고 잘 통하는 상사의 제안이라면 당연히 승낙을 하는 것이 좋습니다. 반대의 경우라면 어떨까요? 평소 친하지도 않고 잘 맞지 않는 상사의 제안이라면 이때도 승낙을 해야 할까요?

두번째의 경우는 조금 판단하기 어렵습니다. 마음으로는 거절하고 싶지만 편안한 조직생활을 위해 승낙을 해야 할 것 같기도 합니다. 현실에서 이런 상황에 처하면 자신의 욕망과 달리 거절하지 못하고 술자리에 참석하는 사람도 많을 것입니다. 하지만 그렇게 참석한 술자리는 기쁨보다는 슬픔으로 이어질 가능성이 높습니다. 코나투스가 증가하지 않고 감소할 확률이 훨씬 높기 때문입니다. 스피노자는 이런 상황을 '예속 상태'라고 보았습니다. 예속 상태란 자신의 기쁨과 슬픔이 오직 외부 현실에 따라 좌우되는 상태를 말합니다. 스스로 기쁨을 만들 수도 없고, 자신의 기쁨마저도 상대방에 의해 슬픔으로 바뀔 수 있는 상황입니다. 싫어하는 상사의 제안을 거절하지 못하는 것도 예속 상태인 셈입니다. 직장생활에서든 어디에서든 예속 상태에 처한다면 코나투스가 늘어나기보다 줄어들 확률이 높고, 그 결과 기쁨보다는 슬픔의 감정이 찾아올 가능성이 높습니다.

스피노자는 예속 상태에 놓인 상황을 '무능력'이라고 표현했습

065

니다. 그는 이와 관련해 자신의 윤리학 책『에티카Ehtica』에서 "무능력은 인간이 자기의 외부에 있는 사물에 의해 지배되고, 자기의 본성이 요구하는 것이 아니라 외부 사물들의 일상적인 조건이 요구하는 것을 하도록 결정되도록 하는 데 있다"라고 했습니다. 결국 자신의 본성이 요구하는 것을 따르지 못하고 외부의 요구에 따르는 상태가 바로 무능력인 것입니다. 스피노자라면 퇴근 시간 이후에도 싫어하는 상사의 술자리 요청에 단호히 거절하지 못하는 사람을 무능력하다고 할 것입니다.

한편, 똑같은 상황을 이렇게 해석할 수도 있습니다. 싫어하는 상사의 요청에 대해 승낙하는 것을 그 상사를 배려하는 행위가 아닌가 하고 말입니다. 이런 해석도 틀린 관점이라고 딱 잘라 말할 수 없습니다. 특정 상황에 대해 단 하나의 판단만이 옳다고 주장하는 것은 인문학을 하는 사람의 태도가 아닙니다. 항상 열린 해석이 필요합니다. 하지만 지금은 스피노자의 철학으로 논하는 상황이므로 그 입장에서 논의를 이어가겠습니다. 스피노자의 윤리학 핵심은 "어떤 덕德도 자신을 보존하려는 노력보다 우선하는 것은 없다"입니다. 앞에서 '자신을 보존하려는 본능'을 코나투스라고 했습니다. 그리하여 이렇게 말할 수도 있습니다. "코나투스를 늘리려는 모든 행위, 다시 말해 기쁨을 추구하려는 모든 행위는 덕이다." 그러므로 나에게 기쁨이 되는 행위는 덕이고, 슬픔을 가져다주는 행위는 덕이 아닌 셈입니다.

기쁨을 추구하려는 욕망은 인간의 본성입니다. 앞에서 퇴근 시간에 "김 대리, 소주 한잔 어때?"라고 제안하는 상사도 그 행위를 통해 기쁨을 찾고자 하는 것입니다. 본성에 해당하는 것입니다. 내가 싫어하는 사람이 나를 쫓아다니는 것도 그 사람 입장에서는 기쁨을 추구하는 욕망에 기반한 행동입니다. 그런데 여기서 중요한 점은 타인의 욕망 추구를 도와주느라 자신의 욕망을 도외시하는 행위는 올바르지도, 윤리적이지도 않다는 사실입니다. 요컨대 타인의 욕망보다는 자신의 욕망에 충실해야 한다는 것입니다.

스피노자는 타인의 욕망을 자신보다 우선시하는 사람을 '노예'라고 불렀습니다. 반대로 자신의 욕망에 충실한 사람을 '자유인'이라고 했습니다. 자유인에 대한 스피노자의 설명은 이렇습니다. "다른 사람의 소망이 아니라 자신의 소망을 따르고, 자기 인생에서 가장 소중하다고 인식하는 것들을 행하며, 따라서 매우 위대하게 욕망한다." 자유인은 타인보다 자신의 소망을 따르는 사람입니다. 자유인은 자기 인생에서 가장 소중하다고 생각하는 것을 먼저 행하는 사람입니다. 그렇기 때문에 자유인의 삶은 코나투스가 증가하면서 기쁨으로 충만할 가능성이 높습니다. 노예는 자기 소망보다는 타인의 소망에 따라 삽니다. 그러다보니 기쁨과 슬픔이 외부의 조건에 좌우됩니다. 그 결과 코나투스가 줄어들면서 기쁨보다는 슬픔의 감정이 커질 가능성이 높습니다.

인간은 타인과 어울려 살아가지만 기본적으로 자신의 욕망을 먼저 추구하는 존재입니다. 그러므로 자신의 욕망에 앞서 타인의 욕망을 추구하게 되면 남들로부터 좋은 사람이라는 소리를 들을지는 모르지만 코나투스가 증가하는 삶을 살기는 힘듭니다. 프랑스의 철학자 미셸 푸코도 스피노자와 비슷한 입장입니다. 그는 타인

067

에 대한 배려보다 자기 자신을 먼저 생각해야 한다고 주장했습니다. "타인에 대한 배려가 자신에 대한 배려에 우선하도록 해서는 안 된다. 자신에 대한 배려가 도덕적으로 우선하는 것이다. 왜냐하면 타인보다는 자신이 존재론적으로 우선권이 있기 때문이다." 푸코도 타인보다 자기 자신을 먼저 생각하는 것이 도덕적이라고 보았습니다. 타인보다 자신이 우선적인 존재이며, 또 그래야만 자신을 보존할 수 있기 때문입니다.

스피노자도 자신을 보존하려는 노력, 다시 말해 코나투스를 증가시키려는 노력보다 우선하는 것은 없다고 했습니다. 이것이 스피노자 윤리학의 핵심입니다. 이런 이유로 스피노자의 윤리학을 '기쁨의 윤리학'이라고 합니다. 스피노자의 윤리학은 기쁨을 추구한다는 뜻입니다. 기쁨을 추구하기 위해서는 코나투스가 늘어나야 합니다. 결국 어떤 상황에서도 코나투스가 증가하는 삶을 살 수 있도록 노력해야 한다는 뜻입니다.

068

감정에 대한 스피노자의 주장을 정리하면 이렇습니다. 사람들은 하루에도 수십 번씩 감정적 동요를 겪습니다. 인간은 어쩔 수 없이 외부 자극에 따라 감정적 동요를 겪을 수밖에 없는 유한한 존재이기 때문입니다. 하지만 인간은 누구나 자신을 보존하려는 본성을 가진 존재로서 스스로 자신을 보존해야 하는데, 그러려면 타인보다는 자신의 욕망에 충실한 삶을 선택해야 합니다. 그래야만 코나투스가 증가하면서 기쁘고 즐거운 삶을 살 수 있습니다.

첫사랑에 대한 기억이 남아 있습니까? 영화나 드라마를 보면 첫사랑과의 재회가 단골 소재로 심심치 않게 등장하는데, 그 이유는 무엇일까요? 그만큼 많은 사람이 첫사랑에 대한 아련한 추억을 갖고 있기 때문입니다. 첫사랑은 말 그대로 '처음 하는 사랑'입니다. 서로가 사랑에 서툰 탓에 첫사랑은 대부분 결과가 좋지 못합니다. 사랑하면서 생기는 여러 고비를 슬기롭게 넘기지 못하기 때문입니다.

이런 이유로 역설적이게도 첫사랑에 대한 기억은 더 아련하고 오래 남는 것이 아닐까 합니다. "아, 그때는 왜 그랬을까" 하고 후회가 남기도 합니다. 그래서 첫사랑과의 재회를 꿈꾸기도 합니다. 첫사랑과의 재회를 소재로 한 영화 〈건축학개론〉이 꽤 흥행한 것을 보면 첫사랑과의 재회를 꿈꾸는 사람이 적지 않다는 추측을 하게 됩니다.

오랜 세월이 흐른 뒤 실제로 첫사랑과 만나게 되면 어떨까요? 예전에 애틋했던 감정이 오롯이 되살아날까요? 물론 사람마다 다를 것입니다. 그런데 오랜 세월이 흐른 뒤 첫사랑과의 만남을 가져본 사람들 이야기를 들어보면 과거 애틋했던 감정보다는 오히려 이질적인 느낌이 들었노라고 이야기하는 경우가 많습니다. 막상 만나보면 과거의 애틋했던 감정은 잠시뿐이고 별로 할말도 없고 서로의 관심사도 달라 서먹서먹하다는 것입니다. 그토록 고대했던 첫사랑과의 재회는 한때 자신이 목숨 걸고 사랑했던 그 사람이 아님을 확인하는 자리가 되기도 합니다. 이 때문에 경험자들은 첫사랑을 추억으로만 간직하는 것이 더 좋다고 조언합니다.

평소 첫사랑에 대한 추억을 간직하고 있으면서 막상 만나게 되면 서로 이질적인 느낌이 드는 이유는 무엇일까요? 과거 애틋했던 사랑의 감정은 거짓이었던 것일까요? 물론 상대를 사랑했던 과거의 감정이 거짓일 리는 없습니다. 그냥 세월이 흘러서 서로의 감정이 변했기 때문이겠지요. 이 대목에서 첫사랑과의 재회에서 느끼는 이질적인 감정을 좀더 제대로 이해하기 위해 프랑스의 철학자질 들뢰즈를 만날 필요가 있습니다.

들뢰즈가 주장한 '아장스망agencement(배치, 배열)'이라는 개념을 통해 첫사랑과의 재회에서 느꼈던 어색한 감정의 실체에 좀더 다가갈 수 있을 것입니다. 들뢰즈는 어떤 대상의 본성을 고정된 것으로 보지 않고 어떤 마주침의 흔적이나 그 결과로 보았습니다. 모든 대상은 다양한 것들과의 마주침을 통해 그로부터 어떤 흔적이나 주름이 생기는데, 이 흔적이나 주름이 대상의 본성을 결정한다는 것입니다. 들뢰즈는 이런 마주침으로 생기는 흔적이나 주름을 '아장스망'이라는 개념으로 사유했습니다.

들뢰즈는 어떤 사물의 본성은 원래부터 정해져 있는 것이 아니라 어떻게 배치되어 있는가에 따라 결정된다고 보았습니다. 어떤 사람이 처음 수영을 배운다고 생각해봅시다. 그는 물속에서 호흡하고 손발을 움직이는 것이 어색할 것입니다. 왜 어색하게 느낄까요? 물이라는 새로운 배치에 익숙해지지 않았기 때문입니다. 수영 초보자에게는 아직 물에 맞는 주름이 만들어지지 않은 상태입니다. 하지만 물에서 계속 연습하다보면 조금씩 그 환경에 익숙해질 것입니다. 시간이 지나면서 차츰 물에 맞는 새로운 주름이 생기기 때문입니다.

들뢰즈는 이런 상태를 생성의 과정에서 새로운 배치, 아장스망이 실현된다고 보았습니다. 어떤 사물이 새로운 배치에 놓이게 되면 그로 인해 새로운 흔적이나 주름이 생깁니다. 그리고 그것이 사물의 본성을 좌우합니다. 쉽게 말해 새로운 배치에 놓이게 되면 처음에는 어색하지만 시간이 지나면서 그것에 맞는 주름이 생겨 편해진다는 뜻입니다. 이를 달리 말하면 새로운 배치에 맞는 주름이 생기지 않으면 익숙해지지도 않는다는 뜻입니다. 수영선수 박태환은 물에서 수영할 때 편안함을 느낍니다. 그에게는 이미 물에 맞는 주름이 잡혀 있기 때문입니다. 들뢰즈식으로 말하면 물이라는 배치에 맞는 아장스망이 실현되어 있기 때문입니다. 그런 박태환을

071

운동장에서 100미터 달리기를 시키면 어떻게 될까요? 물과는 달리 어색하게 느낄 것입니다. 그에게는 아직 새로운 배치에 맞는 주름이 생기지 않았기 때문입니다.

인간은 살아가면서 이질적인 환경과 마주칠 수밖에 없고 그 과정에서 자꾸 새로운 주름이 만들어집니다. 오랜 세월이 지난 뒤 다시 만난 첫사랑과 어색한 감정이 생기는 것도 바로 그런 이유 때문입니다. 서로 떨어져 오랜 세월을 지나오면서 서로 다른 마주침 속에서 각자에게 다른 주름이 생겨났기 때문입니다. 그래서 과거와 달리 이질적인 느낌이 드는 것입니다. 그들은 헤어진 이후 오랫동안 서로 다른 환경, 다른 배치 속에서 살아왔으므로 서로에게 생소한 주름이 생겨난 것입니다.

사실 이런 현상은 우리가 흔히 경험하는 것이기도 합니다. 30여 년 전에 고향을 떠나 서울로 온 나는 처음에는 서울 생활이 매우 낯설었습니다. 서울생활에 맞는 주름이 만들어지지 않았기 때문입니다. 집과는 반대되는 개념으로 쓰는 용어 가운데 '객지客地'라는 말이 있습니다. 객지란 자기집을 멀리 떠나 임시로 거처하는 곳을 말합니다. 집은 편안한 곳인 반면, 객지는 불편한 곳입니다. 익숙한 집보다는 임시 거처인 객지가 불편하게 느껴지는 것은 당연합니다. 그래서 초창기에는 틈만 나면 고향에 내려갔습니다. 고향을 가면 편안함을 느낄 수 있었기 때문입니다. 서울생활 초창기에 나의 신체는 아직 서울이 아닌 고향에 맞는 주름이 잡혀 있었던 것입니다.

그로부터 30여 년이 넘게 흐른 지금은 어떻게 되었을까요? 여전히 서울보다 고향을 더 편안하게 생각할까요? 그렇지 않습니다. 세월이 흐른 지금은 서울생활이 더 편합니다. 명절 때 고향에 내려가면 예전같이 편안하지가 않더군요. 이에 서운함을 내비치며 하시는 어머니 말씀처럼 서울생활에 맞는 주름이 확실히 잡혀 나도 이제 서울 사람이 다 되었기 때문일 테지요. 들뢰즈식의 표현대로 아장스망이 실현된 것입니다. 이처럼 새로운 배치나 환경에 오래 있다보면 그것에 맞는 새로운 주름이 생기게 되고, 그렇게 되면 새로운 배치 안에서 익숙해지고 편안해지는 것입니다.

인간은 다양한 마주침 속에서 새로운 주름이나 흔적이 생성되는 존재입니다. 그러므로 절대 변하지 않는 본성이란 존재하지 않습니다. 오랜 세월이 흐른 뒤 첫사랑과 재회했을 때 서로가 예전에 알고 있던 그 사람과 똑같은 상태라면, 다시 말해 하나도 변하지 않았다면 이는 좋은 것일까요? 예전의 감정이 떠올라 좋다고 느낄지 모르겠지만 한편으로는 새로운 변화나 발전이 없었다는 의미로 해석할 수도 있습니다. 들뢰즈라면 이런 상태를 좋게 해석하지 않았을 것입니다. 오랜 세월이 지난 뒤에도 하나도 변하지 않았다면 그것은 다양한 마주침 속에서도 새로운 생성의 과정을 거치지 못했다는 뜻이 됩니다. 따라서 바람직한 상태라고 보기 어렵습니다.

내가 고향을 떠나온 지 30년이 넘었는데도 아직 고향이 그립고 고향을 가야만 포근함을 느낀다면 이는 새로운 환경에 적응하지 못했다는 의미일 수 있습니다. 새로운 환경에 잘 적응한 사람이라면 세월이 흐른 뒤에도 애타게 고향을 그리워할 리 없습니다. 가족 모두가 해외로 이민을 갔을 때 부모는 한국을 그리워하지만 자녀

073

들은 전혀 그렇지 않은 경우가 있습니다. 그 이유는 아장스망 실현 여부에 있습니다. 나이가 들어 외국에 나간 부모들은 새로운 변화에 적응하기 힘듭니다. 그래서 여전히 한국이 그립고 편합니다. 반면 어린 나이에 이민을 간 자녀들은 새로운 환경에 금세 적응합니다. 그 결과 자녀들은 한국을 그다지 그리워하지 않습니다. 새로운 환경에 익숙해져서 편안함을 느끼기 때문입니다. 이런 상황에서 부모와 자녀 가운데 누가 더 바람직한 상태라고 보아야 할까요? 당연히 자녀입니다. 자녀는 다양한 마주침 속에서 새로운 생성의 과정을 잘 거쳤기 때문입니다.

흔히 들뢰즈의 철학을 '차이의 철학'이라고 부릅니다. 차이의 철학에서는 타자와의 마주침에서 서로 간의 차이를 인정하는 것이 필요하다고 강조합니다. 하지만 더 중요한 것은 자기 자신에게서 차이를 만드는 것입니다. 오늘의 '내'가 어제와 차이가 없거나 내일의 '내'가 오늘과 크게 차이가 나지 않는다면 바람직한 삶을 살고 있다고 보기 어렵습니다. 이런 상태는 새로운 생성을 만들어내는 데 실패한 것일 수 있습니다. 어제보다는 오늘이 달라야 하고 내일이면 또 달라져야 합니다. 그러려면 삶에서 만나는 다양한 마주침을 통해 새로운 생성의 과정을 거쳐야 하고, 그것을 통해 새로운 흔적과 주름을 만들어내야 합니다.

그리스의 철학자 헤라클레이토스가 이런 말을 했습니다. "우리는 같은 강물에 두 번 발을 담글 수 없다." 인간은 원래 끊임없이 변화하는 존재입니다. 사람도, 사랑도 한곳에 머물러 있지 않고 끊임없이 변하기 마련입니다. 또 그래야 정상입니다. 그러므로 첫사랑에 대한 기억은 추억으로만 남겨두고 현재에 충실하라는 말을 하고 싶습니다. 첫사랑에 대한 기억에 몰두하고 있는 사람은 현재의 삶에 만족하지 못할 확률이 높습니다. 다시 말해 현재 자신이 처한 배치나 환경에 잘 적응하지 못하거나 만족하지 못하는 상태라고 할 수 있습니다. 중요한 것은 현재 자신이 처한 환경에서 잘 적응하고 새로운 것을 만들어내는 일입니다. 그러려면 현재 마주하고 있는 배치와 환경에 맞는 주름을 만들고 새로운 변화와 생성을 이루기 위해 노력해야 합니다. 아장스망을 실현하는 일이 중요합니다.

075

076   살다보면 누구나 한 번씩은 화가 치밀어오르고 분노를 느낄 때가 있습니다. 분노가 심해지면 어떻게 될까요? 조금 속되게 말하면 '뚜껑이 열립니다.' 그렇게 되면 눈에 뵈는 것이 없어지고 물불을 가리지 않게 됩니다. 잘못하면 큰 사달이 나기도 합니다. 그러므로 분노를 잘 다스려야 합니다. 이를 위해서는 분노의 메커니즘을 이해해야 합니다.

분노의 감정은 주로 상대방이 나를 배신했을 때 생깁니다. 믿었던 사람이 그 믿음을 저버렸을 때 배신감을 느끼게 되고, 그 결과 분노에 휩싸입니다. 가령 애인이 자기 몰래 다른 사람과 바람을 피우거나 우리 편이라고 생각했던 사람이 경쟁자 쪽에 붙으면 배신감을 느끼게 됩니다. 그러면서 화가 치밀어오르고 분노하게 되는 것입니다. 이처럼 분노의 감정은 아무 이유도 없이 저절로 생기는 것이 아닙니다. 항상 분노를 일으키게 만든 대상이 존재하기 마련입니다. 주로 자신을 배신한 자가 분노의 대상이 됩니다.

그렇다면 자신을 배신한 사람에게 어떻게 대응해야 할까요? 대개 저주를 퍼붓고 복수의 칼을 갈기 시작합니다. 그래서 누군가에게 분노의 감정을 느끼게 되면 일시적으로 삶의 우선순위가 바뀝니다. 기존에 해오던 일상 활동을 뒤로 하고 복수에 전념하게 됩니다. 이런 배신과 분노, 복수로 이어지는 이야기는 무협영화의 단골 소재이기도 합니다. 이야기는 대략 다음과 같습니다.

부모님의 부하였던 자가 배신하여 부모를 죽이고 권좌에 오릅니다. 자식은 피눈물을 흘리며 복수를 다짐합니다. 그는 부모의 원수를 갚기 위해 생업을 뒤로 한 채 무술 고수를 찾아가 검술을 배웁니다. 그리고 10년의 세월이 흐릅니다. 이제 그는 검술의 고수가 되었고, 마침내 부모의 원수를 찾아가 멋지게 복수에 성공합니다. 이런 이야기의 영화를 한 번쯤은 본 적이 있을 것입니다. 무협영화에서 자주 등장하는 내용이기 때문입니다.

이 이야기처럼 10년간의 검술 수련 끝에 부모의 원수를 갚는 데 성공한 자녀의 이야기는 '해피엔딩'이라고 할 수 있을까요? 일단 부모의 원수를 갚는 데 성공했으니 해피엔딩이라고 여겨집니다. 영화 속에서도 대부분 복수에 성공한 장면에서 엔딩 자막이 올라가고 영화가 끝이 납니다. 그런데 영화가 끝났다고 그의 인생까지 끝나는 것은 아닙니다. 그의 진짜 인생은 지금부터 시작입니다.

077

그동안 복수 때문에 미루어두었던 자기 인생을 살아야 하는 시점입니다. 복수를 위한 영화 같은 인생은 끝났지만 보통 사람으로서의 진짜 인생은 지금부터 시작입니다.

부모의 원수를 갚느라 10년 동안 검술 수련에만 매달린 그는 이제 아무 일 없었다는 듯이 일상으로 돌아갈 수 있을까요? 아마 쉽게 복귀하기는 어려울 것입니다. 10년 동안 복수하겠다는 일념으로 무술 수련에만 매진했기 때문입니다. 이른바 그에게는 심각한 경력 단절이 생겼습니다. 어쩌면 그는 부모의 원수를 갚느라 자기 인생은 10년간 허송세월을 한 것인지도 모릅니다. 이렇게 분노의 감정을 잘 다스리지 못하면 자칫 삶의 우선순위가 뒤바뀔 수 있습니다. 분노와 증오로 인한 삶을 사느라 정작 자기 자신의 삶을 외면하기 때문입니다.

독일의 철학자 프리드리히 니체는 "괴물과 싸우는 사람은 그 과정에서 자신이 괴물이 되지 않도록 조심해야 한다"라고 했습니다. 그는 괴물과 싸우는 사람은 자신도 모르는 사이에 괴물처럼 변할 수 있다고 본 것입니다. 드라큘라와 싸우던 전사가 드라큘라에게 물려 그도 드라큘라가 되는 것처럼 말이죠. 니체가 자신의 주장을 통해 전하고 싶은 핵심은 무엇일까요? 그것은 '괴물과 치열하게 싸우되, 단지 분노와 증오에만 머물러서는 안 된다'는 것입니다. 괴물과 싸우려면 먼저 그것에 대해 분노와 증오심을 가져야 합니다. 이것은 어쩔 수 없습니다. 하지만 거기서 그쳐서는 안 됩니다. 그 단계에만 머무른다면 자신도 괴물처럼 변해갈 가능성이 높습니다. 이유야 어찌되었건 내면에 분노와 증오심만 가득하다면 그가

078

바로 괴물이기 때문입니다.

조선시대 폭군으로 잘 알려진 연산군이 바로 그런 예에 해당합니다. 성종의 뒤를 이어 조선의 10대 왕에 오른 연산군은 생모인 폐비 윤씨의 죽음을 알고 난 뒤 분노에 휩싸입니다. 그는 관련자들을 찾아내 피비린내 나는 복수극을 펼칩니다. 아버지의 후궁을 둘이나 직접 죽인 것으로도 모자라 급기야 할머니까지 죽였습니다. 그야말로 괴물이 되어버린 것입니다. 연산군은 분노의 감정을 선혈이 낭자한 복수극으로 마무리하고 이후 편안하게 살았을까요? 그렇지 않습니다. 결국에는 자신도 왕위에서 쫓겨나고 맙니다. 이처럼 어떤 일로 인해 생긴 분노의 감정을 잘 다스리지 못하면 그 분노가 자신을 괴물로 만들어버리고, 종국에는 큰 화를 불러올 수 있습니다. 그리하여 분노를 잘 다스리는 일은 무엇보다도 중요합니다.

다시 처음의 이야기로 돌아가보겠습니다. 부모의 원수를 갚기 위해 10년간 검술을 연마하고 원수를 갚는 데 성공한 그는 이제 행복하게 살 수 있을까요? 쉽지 않습니다. 그는 이제 먹고살 문제를 걱정해야 할 처지입니다. 일단 취직부터 해야 하지 않을까요? 그에게 '부모의 원수를 갚고야 말겠다'는 목표가 있을 때까지는 그래도 괜찮았습니다. 삶에 대한 뚜렷한 목표가 있으니까요. 그런데 목표를 달성하고 난 뒤가 진짜 문제입니다. 부모의 원수는 갚았고, 이제 그는 무엇을 해야 할까요? 아니 무엇을 할 수 있을까요? 10년 동안 복수에만 매달리느라 할 수 있는 것이 아무것도 없습니다. 정확히 말하면 칼 쓰는 일 말고는 할 줄 아는 것이 아무것도 없습니다. 어쩌면 그는 취직자리를 찾다가 실패한 뒤 결국 강도나 조직폭

079

력배가 될지도 모릅니다.

결과만 놓고 보면 그는 오로지 원수를 갚겠다는 생각에 사로잡혀 정작 자신의 삶을 위한 준비는 도외시하고 말았습니다. 어쩌면 그는 자신도 모르는 사이에 괴물이 되어버린 것일 수도 있습니다. 니체가 말한 것처럼 괴물과 싸우다가 스스로 괴물이 된 것입니다. 이처럼 삶의 전반에 분노가 넓게 자리를 잡고 있으면 자신의 삶을 잃어버릴 수도 있습니다.

그렇다면 원수를 갚지 말아야 할까요? 그렇지 않습니다. 중요한 것은 원수를 갚되, 분노와 증오에 머무르지 않고 새로운 삶을 향해 나아가야 한다는 점입니다. 부하의 배신으로 부모를 잃은 자녀가 부모의 원수를 갚으려는 것도 사실 그 원수가 그의 새로운 삶을 가로막고 있기 때문입니다. 그에게는 원수를 갚는 것이 궁극적인 목적이 아니라 그것을 통해 자신이 원하는 삶을 사는 것이 목적이었습니다. 결국 괴물과 싸우는 이유도 '괴물 자체'에 있는 것이 아니라 '괴물 너머의 새로운 삶'에 있었던 것입니다.

결혼을 약속한 애인이 배신하고 다른 사람에게로 갔다고 합시다. 이때 분노와 증오의 감정이 생기는 것은 당연합니다. 자신을 배신한 상대에게 복수하고 싶은 마음이 드는 것도 이해됩니다. 하지만 복수가 궁극적인 목적이 되어서는 안 됩니다. 중요한 것은 새로운 사랑을 만드는 일입니다. 복수에만 눈이 멀어서는 결코 새로운 사랑을 시작할 수 없습니다. 진짜 중요한 것은 복수가 아니라 자기가 원하는 삶을 사는 것입니다.

혼자 사는 것이 아니라 타인과 더불어 살아가는 관계에서는 다른 사람을 믿고 신뢰하는 것이 무엇보다 중요합니다. 신뢰란 사람과 사람을 이어주는 든든한 연결고리이기 때문입니다. 하지만 신뢰의 바탕에는 배신의 가능성도 함께 깔려 있습니다. "믿는 도끼에 발등 찍힌다"는 말처럼 누군가를 믿는다는 것은 동시에 발등 찍힐 각오까지 했음을 뜻합니다.

사실 배신을 당할 위험성은 곳곳에 널려 있습니다. 또한 현실에서 자주 일어나기도 합니다. 결혼을 약속한 사람이 다른 사람에게 가거나 친한 친구끼리 함께 사업을 시작했다가 중간에 누군가가 배신하여 갈라서거나 빚보증을 섰다가 당사자가 도망을 가는 바람에 덤터기를 쓰기도 합니다. 정도의 차이는 있겠지만 현대인은 늘 배신당할 위험에 노출되어 있습니다. 배신의 위험성이 높다는 것은 그만큼 괴물이 될 가능성도 높다는 것을 의미합니다. 과거에 비해 흉악 범죄가 늘어나는 현상도 알고 보면 배신 때문에 생긴 분노를 통제하지 못해 괴물이 된 사람이 많기 때문입니다.

081

지금까지 철학자 니체의 주장을 통해 분노의 발생과정과 결과에 대해 살펴보았습니다. 삶에서 분노의 감정을 불러일으키는 대상이 있으면 일단은 그것과 싸워야 합니다. 자신의 삶을 가로막고 있는 괴물과는 치열하게 싸워야 합니다. 하지만 잊지 말아야 할 것은 분노와 증오에만 머물러서는 안 된다는 점입니다. 그랬다가는 자신도 모르는 사이에 괴물이 될 수 있습니다. 중요한 것은 그 싸움을 통해 궁극적으로는 자신의 삶을 행복하게 만드는 일입니다. 누군가가 배신하여 분노하게 되었다면 분노와 복수심에만 머물러서는 안 됩니다. 그런 배신에도 자신의 삶을 완성해나가야 합니다.

각자 한 번씩 점검해보면 어떨까 싶습니다. 혹시 내 안에는 무엇인가에 대한 분노가 자리잡고 있지 않은지, 그 분노 때문에 내 안에 괴물이 자라고 있지 않은지 말입니다.

082

마트에 장을 보러 가면 흥미로운 현상을 발견할 수 있습니다. 대부분의 식품이 그러하듯이 우유에도 유통 기한이 있습니다. 소비자는 우유를 살 때 반드시 유통 기한을 확인합니다. 가급적 유통 기한이 길게 남아 있는 우유를 고르기 위해서입니다. 냉장고 안에 유통 기한이 이틀이나 지난 우유가 있다고 했을 때 그 우유는 먹어도 될까요, 아니면 절대 먹으면 안 될까요? 결론부터 말하면 먹어도 됩니다. 보관만 제대로 했다면 유통 기한이 이틀 정도 지난 우유는 먹어도 별문제 없습니다. 유통 기한이란 우유의 실제 가치를 의미하는 것이 아니라 유통의 안정성을 위해 실제 가치보다 훨씬 앞당겨놓은 날짜입니다. 그러므로 유통 기한이 2, 3일 지난 우유는 버

083

리지 않아도 됩니다(물론 이는 절대적인 기준이 아닙니다. 보관조건에 따라 다를 수 있으니 각자 알아서 판단하기 바랍니다).

하지만 마트에서는 유통 기한이 지나면 더이상 판매할 수 없습니다. 유통 기한이 지난 우유를 소비자에게 판매하는 것은 불법입니다. 따라서 마트에서는 유통 기한이 지난 우유는 미련 없이 폐기 처분합니다. 그런데 요즘은 공식적인 유통 기한조차 별 의미가 없는 경우도 있습니다. 마트끼리 신선도 경쟁을 하느라 공식 유통 기한과는 별도로 자체적으로 정한 유통 기한으로 관리합니다. 어떤 마트에서는 내부 방침으로 "우리는 유통 기한이 절반 이상 지난 우유는 판매하지 않습니다"라고 하면서 유통 기한에서 절반 이상 지난 우유는 자체적으로 회수합니다. 예를 들어 공식 유통 기한이 10일이라면 그 가운데 절반인 5일 이상 지난 제품은 아예 진열대에서 치워버립니다. 그리고는 유통 기한이 넉넉하게 남은 새 제품으로 채웁니다. 상황이 이런 터라 실제 마트에서 판매되는 우유의 유통 기한을 확인하면 대부분 하루나 이틀밖에 지나지 않은 신선한 우유만 진열되어 있습니다.

그러면 공식 유통 기한과는 별도로 자체 유통 기한을 설정하여 신선한 우유만을 취급하는 이런 현상은 좋은 일일까요? 사실 여기에 정답이란 존재하지 않습니다. 입장에 따라 평가가 달라지기 때문입니다. 먼저 소비자 입장에서는 좋은 일처럼 보입니다. 아무래도 신선한 우유를 구매할 수 있으니까요. 하지만 우유 입장에서 보면 어떨까요? 우유 입장에서도 좋은 일일까요? 전혀 그렇지 않습니다. 우유 입장에서 보면 너무 야박한 처사입니다. 엄연히 유통 기한이 남아 있는데도 진열대에서 사라져야 하는 우유 입장에서는 억울한 일이 아닐 수 없습니다. 아무리 말 못 하는 우유라고 하지만 사람들이 너무 함부로 대하는 것은 아닌지 반성하게 됩니다.

　그런데 이런 억울함은 우유만 경험하는 문제가 아닙니다. 오늘날 샐러리맨의 모습이 이렇습니다. 우유의 유통 기한처럼 직장인에게도 정년이 있습니다. 직장인은 정년이 지나면 아무런 가치도 없어지나요? 그렇지 않습니다. 물론 개인차는 있겠으나 정년이 지나도 여전히 개개인의 본질적 가치는 유효한 경우가 많습니다. 정년을 넘기고도 젊은 사람보다 더 경쟁력이 있을 수 있고, 스스로도 '나는 아직 충분히 내 몫은 할 수 있어'라고 생각하는 사람이 있을 수 있습니다. 보관이 잘된 우유라면 유통 기한을 넘겨도 마실 수 있는 것처럼 말이지요. 그런데도 현실에서는 엄연히 정년이라는 기준이 존재하고 그 기준을 넘기면 더이상 직장생활을 할 수 없습니다.

　더 큰 문제가 있습니다. 현실에서는 직장인의 정년조차 보장되지 않는 경우가 많다는 사실입니다. 요즘 직장인들이 정년까지 근무하기가 쉬운 일일까요? 절대 그렇지 않습니다. 물론 회사나 업종에 따라 차이가 있겠지만 대개 직장에서 정년까지 버티기란 '하늘의 별 따기'만큼이나 어렵습니다. 어떤 사람은 거의 불가능에 가깝다고도 말합니다. 오늘날 대한민국 직장인의 평균 정년은 몇 살일까요? 규정으로는 예순 살이 넘는 것으로 되어 있지만 이는 규정상의 숫자에 불과합니다. '사오정'이라는 말이 있는데, 이는 '45세 정년'을 줄여 부르는 말입니다. 물론 회사나 업종마다 상황이 달라서 일반화하기는 어렵지만 민간 기업의 경우 대체로 빠르면 45세, 늦어도 50세 전후라고 보면 크게 틀리지 않습니다. 즉 대부분의 사람들이 50세를 전후해 직장을 떠나야 한다는 것을 의미합니다. 특별히 잘못한 일이 없는 사람도 그 나이 즈음하여 마음의 준비를 해야 합니다. 요즘 세상은 마트에 있는 우유에게만 야박한 것이 아니라 직장인에게도 참 야박한 곳이 되었습니다.

현실이 이렇다보니 요즘은 40대 중반을 넘기면 자신의 미래에 대한 걱정이 많아집니다. 구조 조정, 명예퇴직 등의 명목으로 직장을 떠나는 사람이 많아지고 자신도 곧 그런 처지가 되지 않을까 하는 걱정이 엄습해오기 때문입니다. 더불어 미래가 불안해지기 시작합니다. 직장에서 언제 떠나야 할지 몰라 불안하고 퇴직 후에는 먹고살아야 할 일 때문에 불안합니다. 한마디로 세상은 야박해졌고 우리의 미래는 불안해졌습니다.

086   이와 같은 직장인의 불안은 일부 소수의 사람만 느끼는 것일까요? 전혀 그렇지 않습니다. 정도의 차이는 있을지 모르겠지만 대다수 직장인들은 비슷한 불안감을 느낍니다. 조기 퇴직의 공포는 성별이나 직종을 가리지 않습니다. 때가 되면 대부분의 사람에게 어김없이 찾아옵니다. 그래서 한편으로는 나 혼자만 불안한 것이 아니라 '다른 사람도 대부분 불안해하는구나'라고 생각하면 조금은 위안이 되기도 합니다. 매도 혼자 맞을 때보다 여럿이 맞을 때가 덜 아픈 법이니까요. 하지만 불안감이 엄습하는 현실을 마냥 긍정하고 있을 수만은 없습니다. 그러므로 잘 대처해야 합니다. 그러려면 불안감의 실체를 명확히 알아야 합니다. 적을 알아야 효과적으

로 대응할 수 있기 때문입니다. 그렇다면 불안감은 왜 생기는 것일까요? 불안의 개념을 이해하기 위해 '공포'와 '불안'을 비교하여 살펴보겠습니다.

공포와 불안은 두렵고 무섭다는 점에서는 비슷하지만 결정적인 차이가 있습니다. 공포는 두려움의 대상이 '있을 때' 생기지만 불안은 두려움의 대상이 '없을 때' 생기는 감정입니다. 컴컴한 밤에 산길을 혼자 걸어가고 있는데 늑대가 나타났습니다. 이때는 공포스러울까요, 불안할까요? 이때 생기는 감정은 공포입니다. 늑대라는 대상이 있기 때문입니다. 그렇다면 불안은 언제 생길까요? 불안은 어두운 밤길을 가는데 앞에서 뭐가 나타날지 '모를 때' 생깁니다. 즉 불안은 실체가 없고 대상을 모를 때 생기는 감정입니다.

다시 처음으로 돌아가서 이야기하면 우리는 왜 미래에 대해 불안함을 느끼는 것일까요? 그 이유는 미래에 무슨 일이 생길지 모르기 때문입니다. 만약 미래에 벌어질 일을 명확히 안다면, 가령 일흔 살이 되면 암에 걸린다든지, 틀림없이 재산을 탕진하고 파산하게 된다는 사실을 안다면 그 상태는 불안한 것이 아니라 공포스러운 것입니다. 미래에 어떤 일이 벌어질지, 자신이 어떻게 될지 모르기 때문에 불안한 것입니다.

이런 논리로 볼 때 우리가 '미래가 불안하다'고 하소연하는 것은 별 의미 없는 이야기이기도 합니다. 대부분의 사람들은 자신의 미래가 어찌될지 모르거든요. 그래서 미래가 항상 불안한 것입니다. 독일의 실존주의 철학자 마르틴 하이데거는 인간의 근본 감정을 '불안'이라고 보았습니다. 니체가 "신은 죽었다"고 선언한 이래 인간은 아무것도 정해진 바 없이 세상에 내던져진 존재가 되었습니다. 이제 인간 앞에는 아무것도 정해진 바가 없습니다. 이때 인간이 갖게 되는 근본 감정이 '불안'입니다. 결국 미래가 불안한 이유는 아무것도 정해진 바가 없기 때문입니다. 그래서 인간은 원래 불안한 존재입니다. 나 혼자만 불안한 것이 아닙니다. 그러나 이는 약간의 위안이 되겠지만 불안이 근본적으로 사라지는 것은 아닐 것입니다. 불안을 느끼는 사람에게 정말 필요한 것은 어떻게 불안에서 벗어날 수 있는가에 대한 방법일 것입니다. 어떻게 하면 미래가 불안하지 않을 수 있을까요? 여기에 대한 답은 이미 질문에 있습니다. 사람들이 미래를 불안해하는 이유는 '미래를 생각하고 있기' 때문입니다. 그러므로 미래에 대해 불안해하지 않으려면 미래를 생각하지 않으면 됩니다.

말장난 같기도 하고 너무 뻔한 이야기라서 당혹스러울 수 있을 것입니다. 하지만 우리가 미래를 불안해하는 이유는 앞서 말했듯이 지금 미래를 생각하고 있기 때문입니다. 만약 미래를 생각하지 않는다면 어떻게 될까요? 불안하고 말고도 없을 것입니다. 그러므로 미래를 생각하지 않으면 됩니다. 여기서 미래를 생각하지 말라는 의미는 '현재에 충실하라'는 것입니다. 현재에 충실한 사람은 일단 미래를 생각할 겨를이 없습니다. 그러므로 불안해할 틈도 없습니다. 결국 미래에 대한 불안에서 벗어나기 위해서는 현재의 삶에 열중하는 것이 가장 좋은 방법입니다.

"현재의 삶에 충실하라"라는 말은 단순해 보이지만 위대한 철학자의 주장입니다. "카르페 디엠Carpe diem"이란 말을 들어보았습니까? 이는 원래 그리스의 철학자 에피쿠로스가 했던 말인데, 영화 〈죽은 시인의 사회〉에서 키팅 선생님이 했던 말로 더 유명해졌습니다. 카르페 디엠은 '현재를 살아라', '현재를 즐겨라'라는 뜻입니다. 미래가 불안하다고 해서 미래에 대한 걱정만 붙들고 있으면 불안은 사라지지 않습니다. 오히려 더 불안해질 뿐입니다. 미래가 불안하더라도 오히려 현재의 삶을 충실하게 사는 편이 좋습니다. 그렇게 하면 일단 미래를 걱정할 겨를이 없습니다. 그 결과 불안도 덩달아 사라집니다. 한편, 현재에 충실할수록 미래에 대한 불확실성이 조금씩 줄어듭니다. 미래에 대한 불확실성이 없어지면 결국 불안도 줄어들게 됩니다.

요즘처럼 경쟁이 심하고 야박한 세상에서는 대부분의 사람이 불안을 느낍니다. 특히 미래에 대한 불안은 인간이라면 누구나 느끼는 감정입니다. 자신의 미래가 어떻게 될지 아무도 장담할 수 없기 때문입니다. 그럴수록 미래가 아닌 현재 삶에 충실해야 합니다. 그래야만 현재 삶에 대한 만족도가 높아지고 미래에 대한 불안이 줄어들 수 있습니다. '카르페 디엠'을 명심하기 바랍니다.

090 '엄친아'라는 말을 들어본 적 있습니까? 엄친아는 '엄마 친구 아들'을 줄여서 부르는 말입니다. 그런데 그냥 아들이 아니라 얼굴도 잘생기고 공부도 잘하며, 심지어 부모님 말씀까지 잘 듣는, 한마디로 모든 면에서 완벽한 엄마 친구의 아들을 일컫는 말입니다. 당연히 엄친아는 부러움의 대상입니다. 그런데 문제는 엄친아를 향했던 시선이 자기 아이에게로 향하면서 부러움은 어느새 시기猜忌를 넘어 질타叱咤로 바뀐다는 데 있습니다. "내 친구 아들은 모든 면에서 뛰어난데, 너는 왜 이 모양 이 꼴이냐!"라고 하면서 말이죠. 물론 의도하지는 않았겠지만 엄친아는 다른 사람에게 고통을 줄 수도 있다는 면에서 위험한(?) 인물입니다.

그런데 문득 이런 의문이 들기도 합니다. 모든 면에서 뛰어난 '엄친아'는 정말 실제로 존재하는 인물일까? 물론 엄마 친구의 아들이야 당연히 존재하는 실존 인물입니다. 그러나 엄마가 그토록 경탄해 마지않는, 모든 면에서 완벽한 '엄마 친구의 아들'은 존재하지 않을 수도 있습니다. 알고 보면 그 엄친아도 실제로는 공부하기 싫어하고 매사에 투정 부리기 일쑤이며 성격이 모가 나서 매번 부모의 애를 태우는 녀석일지도 모릅니다. 엄마가 그토록 칭찬하던 완벽함과는 거리가 먼, 지극히 평범한 인물일 수도 있습니다. 단지 소문만 그렇게 완벽하다고 났을 수도 있습니다.

어쩌면 엄친아는 옆집 엄마들이 평범한 친구 아들을 '슈퍼스타'처럼 우상화해 만든 가공의 인물일지도 모릅니다. 사람들이 열광하는 TV 속 슈퍼스타를 실생활에서 만나면 의외로 평범한 경우가 많은 것처럼 옆집 엄마가 보고 있는 엄친아도 슈퍼스타의 TV 속 모습과 비슷할 수 있습니다. 일부 좋은 면만 부각해서 보고 있는지도 모릅니다. 옆집 엄마가 극찬하던 엄친아도 알고 보면 평범한 아이와 별반 다르지 않은데 어쩌다보니 부풀려졌을 수 있습니다. 옆집 엄마의 입장에서는 엄친아의 존재가 진짜인지는 별로 중요하지 않을 수 있습니다. 엄친아가 누군가(자기 아이)를 질타하기 위한 목적이라면 그를 완벽하게 포장할수록 유리하니까요. 그러므로 그가 진짜이든 가짜이든 상관없습니다. 어차피 목적은 달성할 수 있으니까요.

현실에서 엄친아가 문제가 되는 것은 실제 그런 인물이 존재하는지 여부와 관계없이 평범한 사람을 열등감에 빠뜨린다는 데 있습니다. 대부분의 평범한 사람은 누구라도 슈퍼스타와 견주면 열등해지기 마련입니다. 평범한 아이도 모든 면에서 완벽한 엄친아와 비교되는 순간 열등해질 수밖에 없습니다. 마치 평범한 남성을 영화배우 원빈이나 장동건과 비교하면 왠지 못생겨 보이는 것과 같은 이치입니다.

자녀만 엄친아 때문에 열등감에 빠지는 것이 아닙니다. 우리 주변에는 엄친아 같은 슈퍼스타가 너무 많습니다. 원래 슈퍼스타는 어쩌다 한 명씩 탄생해야 하는데, 어찌된 영문인지 주변에는 잘난 사람들이 넘쳐납니다. 옆집 남편도 아내 친구의 남편, '아친남'입니다. 그는 돈을 잘 벌면서 자상하고 가정적이기까지 합니다. 그뿐인가요? 옆집 엄마도 딸 친구의 엄마, '딸친엄'입니다. 그녀는 동안童顔인데다 살림까지 잘하고 마음씨 곱고 자녀 교육도 잘 시키고 재테크에도 능합니다. 이처럼 곳곳에 엄친아 같은 비교 대상이 넘쳐나다보니 대부분의 자녀, 남편, 엄마는 옆집에 있는 슈퍼스타와 비교했을 때 턱없이 부족한 열등한 존재가 됩니다.

이처럼 엄친아 현상이 사회문제가 되는 것은 평범한 사람조차 열등감에 빠뜨린다는 데 있습니다. 따라서 원론적인 질문을 하지 않을 수 없습니다. 열등감은 왜 생기는 것일까요? 열등감劣等感이란 '자신이 남보다 못하다고 느끼는 감정'을 말합니다. 자신을 다른 사람과 비교하기 때문에 생기는 것이지요. 비교를 하지 않는다면 열등감을 느낄 이유조차 없습니다. 로빈슨 크루소처럼 무인도에 홀로 사는 사람은 절대 열등감을 느끼지 않습니다. 비교 대상이 없기 때문입니다. 하지만 우리는 로빈슨 크루소처럼 무인도에 혼자 살고 있지 않습니다. 대부분 다른 사람들과 함께 부대끼며 살아가고 있습니다. 그러다보니 다른 사람과 비교하기 싫어도 저절로 비교를 하게 됩니다. 그 과정에서 여러 가지 감정적 동요를 겪을 수밖에 없습니다. 어쩌면 남과 비교되는 현상은 무인도에 홀로 살지 않고 다른 사람과 어울려 살면서 지불해야 할 비용인지도 모릅니다.

사람들은 다른 사람과 비교하는 과정에서 우월감을 더 많이 느낄까요, 열등감을 더 많이 느낄까요? 논리적으로 생각해보면 일반적으로 우월감과 열등감을 느낄 확률은 대략 반반이어야 합니다. 하지만 현실은 이와 다릅니다. 우월감을 느낄 때보다는 열등감에 빠질 때가 더 많습니다. 주로 모든 면에서 뛰어난 '엄친아'와만 비교하기 때문에 평범한 수준의 사람들도 모두 열등하게 느껴지는 것입니다.

그것만이 아닙니다. 더 억울한 것은 비교 대상이 고정되어 있지 않고 매번 달라진다는 사실입니다. 성적은 매번 전교 1등을 하는 철수와 비교하고, 운동회에서는 전교에서 달리기를 가장 잘하는 영수와 비교하며, 글짓기 대회에서는 작문 솜씨가 뛰어난 영희랑 비교합니다. 이렇게 상황에 따라 각 분야의 최고하고만 견주다보니 자신은 항상 비교 열위일 수밖에 없습니다. 특별히 잘하는 것도 없고 잘난 것도 없는 것처럼 느껴지게 됩니다.

"남의 떡이 더 커 보인다"는 속담이 있는데, 이는 요즘 유행하는 엄친아 현상을 잘 설명해줍니다. 우리는 대체로 상대방이 가진 것을 과대평가하고 자신이 가진 것은 폄하하는 습성이 있습니다. 그래서 자신이 가진 것에 대해서는 제대로 된 가치 평가를 하지 못하고 열등하게 생각하는 것입니다. 왜 이런 현상이 생기는 것일까요? 스스로에 대한 믿음이 없기 때문입니다. 자신이나 자기 자녀가 가진 잠재력이나 미래의 가능성을 긍정하지 못하기에 현재의 가치를 더욱 낮게 평가하는 것입니다. 그래서 열등감에 사로잡힐 수밖에 없는 것입니다.

열등감에 빠지지 않으려면 어떻게 해야 할까요? 두 가지 측면에서 생각해볼 수 있습니다. 먼저 스스로에 대한 믿음을 갖는 것이 가장 좋은 방법입니다. 스스로에 대한 믿음은 스스로에 대한 가능성과 잠재력을 긍정하는 것에서 출발합니다. 비록 현재 모습이 만족스럽지 않더라도 자신이나 자녀가 가진 미래의 가능성을 긍정하고 높게 평가하면 됩니다. 스스로의 가치를 높게 평가하면 열등감에 빠지는 것을 미연에 방지할 수 있습니다. 둘째, 타인과 비교를 하지 않는 것입니다. 비교를 하지 않기 때문에 열등감에 대한 생각 자체가 아예 없어지면서 열등감이나 우월감이 생기지 않습니다. 매우 현명한 방법입니다.

하지만 남과 비교하지 않기란 쉬운 일이 아닙니다. "아니! 저절로 비교가 되는데 어떻게 비교하지 말란 말입니까?"라고 반문하는 사람도 있을 것입니다. 맞습니다. 그것은 생각처럼 쉬운 일이 아닙니다. 그러므로 평소 타인과 비교하지 않는 훈련이 필요합니다. 여기서 말하는 훈련이란 신체 단련이 아니라 정신 단련을 말합니다. 다른 사람과 비교하는 습성에서 벗어나도록 정신 훈련을 해야 합니다. 무엇으로 훈련할 수 있을까요? 그것은 바로 인문학입니다. 인문학은 사유의 힘을 길러주는 학문이며 타인의 관점보다는 자신

094

의 관점을 중요하게 생각하도록 도와주는 학문입니다. 따라서 평소 인문학 소양을 많이 쌓으면 타인과 비교하지 않고 자기 자신을 있는 그대로 바라보게 만들어줍니다.

많은 인문학자는 타인과 비교하지 않는 것에 행복의 비밀이 숨겨져 있다고 말합니다. 스토아학파 철학자 에픽테토스는 "나를 부유하게 하는 것은 사회에서 내가 차지하는 자리가 아니라 나의 판단에 달렸다"라고 했습니다. 자신의 부유함도 타인과의 비교가 아니라 스스로를 어떻게 판단하는가에 달렸다는 뜻입니다. 철학자 아르투르 쇼펜하우어도 "다른 사람들의 머리는 진정한 행복이 자리를 잡기에는 너무 초라한 곳이다"라고 했습니다. 그들은 모두 타인의 시선으로 자신을 보지 말라고 가르치고 있습니다. 아무래도 다른 사람의 머리에는 나의 행복이 자리잡을 만한 공간이 없기 때문입니다. 행복해지고 싶다면 타인과 비교하지 말고 스스로에게서 행복을 발견해야 합니다.

095

사람들에게 자주 회자되는 엄친아 현상은 긍정적 면보다는 부정적 면이 더 많습니다. 실존 인물인지조차 확인되지 않은 엄친아 탓에 보통 수준의 평범한 사람도 열등감에 사로잡혀 사는 경우가 많기 때문입니다. 그러므로 검증되지 않은 엄친아로부터 자신과 가족을 보호해야 합니다. 부디 실제 인물도 아닌 가상의 엄친아 때문에 스스로를 열등하게 만드는 일이 없기를 바라겠습니다. 어쩌면 나도, 우리 가족도 다른 누군가에게는 엄친아일지도 모릅니다.

096 인생을 살다보면 원치 않는 고통이 찾아와 불행에 빠지기도 합니다. 흔히 불교에서는 인간이 반드시 겪게 되는 네 가지 고통, 즉 '사고四苦'가 있는데, 이는 태어나고 늙고 병들고 죽는 고통을 말합니다. 흔히 '생로병사生老病死'라고 하는 것이 사고입니다. 인간이라면 누구나 생로병사의 고통을 겪을 수밖에 없습니다. 성인으로 추앙받았던 소크라테스도 이런 고통을 피하지 못했고 천하를 통일했던 진시황도 비켜 가지 못했습니다. 이것은 빈부, 성별, 직업, 출신 성분에 관계없이 누구에게나 찾아오는 필연적인 고통입니다.

하지만 인간이 겪는 고통에는 생로병사 네 가지만 있는 것이 아닙니다. 신체적 고통 이외에도 일이나 인간관계에서 겪는 고통이 수없이 많습니다. 물론 개인마다 정도의 차이는 있지만 사람은 누구나 인생에서 어느 정도의 고통을 겪기 마련입니다. 그런데 자세히 살펴보면 어른과 아이는 고통을 경험하는 빈도에 차이가 있다는 사실을 발견할 수 있습니다. 대체로 어린아이 때보다는 나이가 들고 어른이 되면서 고통을 경험하는 빈도가 높습니다. 왜 그럴까요? 어린아이 때에는 대체로 고민거리가 많지 않습니다. 어느 정도의 생리적 욕구만 충족되면 별걱정이 없기에 고통을 느끼는 경우가 적습니다. 하지만 어른이 되면서 이것저것 고민거리가 많아집니다. 일, 경제적 문제, 인간관계, 자녀문제 등으로 고민을 하게 됩니다. 그러므로 어린아이보다 고통을 경험하는 빈도가 늘어납니다. 이처럼 어른이 되면 어린아이 때에는 생각하지도 않던 일까지 신경을 써야 해서 고통을 느끼는 상황도 잦아집니다. 따라서 인생의 맛은 '단맛'보다는 '쓴맛'에 가깝습니다.

인류 역사상 고통이란 주제로 가장 깊이 고민한 사람이 있습니다. 바로 고타마 싯다르타로 흔히 부처, 붓다, 석가모니라고도 부릅니다. 싯다르타는 기원전 600년경에 석가족 족장의 아들로 태어났는데, 나중에 깨달음을 얻고 부처가 되었습니다. 부처를 뜻하는 '붓다buddha'라는 명칭은 싯다르타가 깨달음을 얻고 난 뒤에 붙여진 이름입니다. 붓다는 '깨달음을 얻은 자'라는 뜻입니다.

싯다르타가 얻은 깨달음은 무엇일까요? 그것은 바로 '인간은 왜 고통에 빠지는가'라는 것에 대한 깨달음, 즉 불교 용어로 번뇌煩惱에 대한 깨달음입니다. 번뇌란 집착 때문에 생겨나는 마음의 갈등을 말하는데, 이것 때문에 고통스러워하는 것입니다. 싯다르타의 가장 큰 관심은 '우리가 어떻게 하면 고통에서 벗어날 수 있는 가' 하는 것이었습니다. 그러고는 드디어 깨달음을 얻게 됩니다. 그가 깨달은 내용은 흔히 사성제四聖諦라 부르는 '고집멸도苦集滅道'로 요약할 수 있습니다. 이 고집멸도는 불교의 핵심이라고 보아도 무방합니다. 고집멸도에서 '고苦'는 고통을 뜻합니다. 부처님은 삶을 "고해苦海"라고 했습니다. 인간의 삶을 고통의 바다에서 허우적거리는 모습으로 본 것입니다. 조금은 과격한 표현처럼 들릴지 모르겠지만 찬찬히 살펴보면 인생은 고통의 연속입니다. 어떤 사람은 돈이 없어서 고통스럽고, 어떤 사람은 돈이 너무 많아서 고통을 받습니다. 누구는 아이가 없어서 고통스럽지만, 또 누구는 그 아이 때문에 고통을 받기도 합니다. 취업 준비생은 직장을 구하지 못해서 고통스럽습니다. 하지만 직장을 구해도 고통이 사라지지는 않습니다. 어렵게 들어간 직장에는 또다른 고통이 기다리고 있습니다.

098

고통은 왜 느끼는 것일까요? 부모는 왜 아이 때문에 고통을 받는 것일까요? 흔히 아이가 부모에게 고통을 주면 아이에게 원인이 있다고 생각합니다. 아이의 성적이 떨어지면 아이가 공부를 하지 않아서 부모가 고통을 받는다고 생각합니다. 하지만 부처님은 그렇게 보지 않았습니다. 부처님이라면 아이의 성적이 떨어져 부모가 고통스러워하면 부모에게 그 원인이 있다고 할 것입니다.

물론 아이의 성적이 떨어진 것은 부모 탓이 아니지만 그것 때문에 부모가 고통을 받는 것은 부모 탓입니다. 사성제에서의 '집集'은 집착을 뜻합니다. 고집멸도에서 '고집'이란 고통의 원인이 집착 때문이라는 뜻입니다. 무언가에 집착하면 그것 때문에 고통이 찾아옵니다. 요즘은 연인끼리 챙겨야 할 기념일이 과거보다 많아졌습니다. 서로의 생일은 기본이고 밸런타인데이, 화이트데이, 로즈데이, 키스데이, 포토데이 등 거의 대부분의 달에 기념일이 들어있습니다. 여기에 만난 지 100일 기념, 200일 기념과 같이 마음만 먹으면 끝도 없이 만들 수 있습니다. 사랑하는 사이에 이렇게 많은 기념일을 모두 챙겨야 할까요? 기념일을 일일이 기억하고 챙기는 연인과 그렇지 않은 연인 가운데 누가 더 행복할까요? 단편적으로 보면 각종 기념일을 빠짐없이 기억하고 챙겨주는 연인이 서로의 관계도 돈독하고 행복해 보입니다. 하지만 길게 보면 이런 연인일수록 결말이 좋지 못한 경우가 많습니다. '반드시 기념일을 챙겨야 한다'는 집착 때문에 고통이 생길 수 있기 때문입니다. 기념일이 되었는데도 상대가 모르고 지나치면 '나에 대한 사랑이 식었나?'라고 생각하면서 고통에 빠질 수 있습니다. 그냥 생각 없이 지나가면, 다시 말해 기념일에 집착하지 않으면 별일 없이 넘어갈 수도 있는데 말입니다.

099

결국 무언가에 집착하면 집착할수록 고통도 비례해 커집니다. 앞서 이야기했듯이 아이 성적이 떨어지면 부모는 고통에 빠집니다. 부모가 아이 성적에 집착하고 있기 때문입니다. 반면 아이는 성적이 떨어져도 고통에 빠지지 않을 수도 있습니다. 성적이 떨어져도 쿨하게 '뭐, 그럴 수도 있지'라며 대수롭지 않게 생각할 수 있습니다. 아이는 왜 성적이 떨어져도 고통을 받지 않는 것일까요? 성적에 집착하지 않기 때문입니다. 하지만 이런 모습을 보면 부모는 더욱 고통에 빠집니다. 성적이 떨어졌는데도 태연해하는 자녀의 태도에 더욱 화가 나기 때문입니다. 그 결과 자녀에게 이렇게 말합니다. "성적이 그렇게 떨어졌는데도 지금 밥이 들어가니!" 재미있지 않습니까? 성적은 아이가 떨어졌는데, 정작 고통은 부모만 당하고 있습니다.

그 차이는 집착 때문입니다. 우리가 무언가에 집착할수록 고통도 커집니다. 부모가 아이 성적에 집착할수록 고통이 커집니다. 외모에 대한 집착이 강하면 나이가 들수록 외모 때문에 고통을 받는 경우가 많아집니다. 젊어서 '한 미모'한 사람일수록 나이가 들면 거울을 볼 때마다 고통스러워합니다. 주름이 늘어나고 피부 탄력이 떨어지는 것을 보며 안타까워하죠. 그래서 의학의 힘을 빌리기도 합니다. 하지만 그런다고 해서 고통이 줄어들지는 않습니다. 늙어가는 외모에 더욱 집착하고 있기 때문입니다. 집착하면 집착할수록 고통은 더욱 커지기 십상입니다.

100　　사람들은 왜 집착하는 것일까요? 불교에서는 "모든 것은 공空하다"고 가르치는데, 사람들은 모든 것을 공한 것으로 보지 않고 '자성自性'이 있는 것으로 보기 때문입니다. 여기서 말하는 자성은 '변하지 않는 실체가 있다'는 뜻입니다. 예를 들어 공부를 잘하던 아이가 성적이 떨어지면 부모는 고통에 빠지죠. 자기 아이는 '항상 공부를 잘하는 아이'라고 규정짓고 있기 때문입니다. 아이 성적을 자성, 불변하는 실체로 보는 것입니다. 나이가 들어 외모 때문에 고통을 받는 사람도 마찬가지입니다. 자신의 외모가 영원히 젊은 상태를 유지할 것이라고 상정해놓으면 늙어가는 모습을 보며 고통스러워합니다. 그런데 세상 만물은 영원히 변하지 않는 것이 아니

라 수시로 변합니다. 공부를 잘하던 사람도 성적이 떨어질 수 있고 나이가 들면 늙어가기 마련입니다. 사람의 외모는 시간이 흘러도 변하지 않아야 정상인가요? 그렇지 않습니다. 나이가 들면 늙는 것은 당연합니다. 물론 대부분의 사람은 이런 사실을 잘 알고 있습니다. 머리로는 이해하지만 실제 마음속에는 '변하지 않는 젊음'이라는 실체로 묶어두는 경우가 적지 않습니다. 그 결과 그것은 집착이 되고 고통에 빠지게 합니다.

고집멸도의 세 번째 단어 '멸滅'은 고통의 소멸을 뜻합니다. 불교에서는 고통이 소멸한 상태를 '열반에 이른다'고 말합니다. 열반은 모든 집착에서 벗어나 해탈의 경지에 이른 상태로 고통이 소멸된 최고의 경지를 뜻합니다. '멸'에 이르려면 어떻게 해야 할까요? 불교 승려처럼 머리를 깎고 절로 들어가야 할까요? 그렇지 않습니다. '고집멸도'의 마지막 단어가 그 방법을 의미합니다. '멸'에 이르기 위해서는 마지막 단어인 '도道'를 실천해야 합니다. 그러므로 '도'는 고통을 없애기 위한 수행법을 말합니다. 다시 말해 집착을 버리는 방법이라고 할 수 있습니다.

그러면 집착을 버리는 방법에는 어떤 것이 있을까요? 불교에서는 크게 두 가지가 있는데, 바로 '철학'과 '수행'입니다. 대표적인 불교 종파 가운데 '교종'과 '선종'이 있는데, 교종은 교리를, 선종은 참선을 강조합니다. 즉 교종은 교리나 철학을 통해 집착에서 벗어나는 사유 훈련을 하고, 선종은 참선이나 수행을 통해 일체의 속박에서 벗어나는 가르침을 전합니다. 굳이 머리를 빡빡 밀고 절에 들어가지 않더라도 집착을 버릴 수 있는 철학과 수행을 제대로만 하

101

면 일체의 고통에서 벗어나 해탈에 이를 수 있습니다. 사성제인 고집멸도를 모두 실천하지는 못하더라도 '고집', 즉 집착이 고통을 불러온다는 사실만 명심한다면 살아가면서 고통을 경험하는 일은 조금 줄어들지 않을까 싶습니다.

요즘은 핵가족 시대의 영향 때문인지 매스컴을 통해 '혼밥족', '혼술 **103**
족'에 대한 이야기를 자주 듣습니다. 이는 전통적인 인간관계의 속
성이 변화하고 있음을 보여주는 사회 현상입니다. 아리스토텔레스
가 "인간은 사회적 동물"이라고 한 바 있듯이 인간은 개인으로 존재
하고 있어도 홀로 독립적으로 사는 경우는 흔하지 않습니다. 대부
분 다른 사람과의 관계 속에서 살아가고 있습니다. 오늘날 혼밥족,
혼술족이 늘어나고 있는 것은 사회적 동물이라는 인간의 본질적 속
성과는 정반대 현상인 개인화가 심화되고 있음을 보여줍니다.

하지만 개인화가 진행된다고 해서 나쁜 것만은 아닙니다. 각자
가 처한 상황이나 개인의 성향에 따라 집단에 속하기보다 혼자 있

는 것이 더 편한 경우가 있습니다. 그런데도 혼밥족, 혼술족이 늘어나는 사회 현상을 마냥 긍정할 수는 없습니다. 혼밥족, 혼술족처럼 개인화가 진행되면 필연적으로 뒤따르는 심리 상태가 있기 때문입니다. 개인이 사회집단과 떨어져 혼자가 되면 고독이나 외로움을 느끼기 쉽습니다. 고독과 외로움은 집단에서 떨어져나온 개인이 홀로 있을 때 가장 먼저 느끼는 감정 상태입니다.

그렇다면 고독과 외로움은 인간이 갖는 정서 가운데 부정적 감정에 속하는 것일까요? 반드시 그렇지만은 않습니다. 이를 이해하려면 먼저 고독과 외로움을 구분해야 합니다. 흔히 사람들은 고독과 외로움을 비슷한 감정으로 생각하는 경우가 많은데, 얼핏 비슷해 보이지만 엄연히 다른 감정 상태입니다. 고독은 '홀로 떨어져 있는 것'을 말하는 반면, 외로움은 '마음이 쓸쓸한 상태'를 뜻합니다. 주로 군중과 떨어져 혼자가 되면, 다시 말해 고독한 상태가 되면 외로움을 느끼는 경우가 많습니다. 이와 같이 고독과 외로움은 관련성이 있지만 똑같은 감정은 아닙니다. 고독은 세상과 떨어져서 홀로 있는 것이고 외로움은 홀로 되어 마음이 쓸쓸한 상태입니다. 고독이 세상과의 단절 때문에 생긴 감정이라면 외로움은 관계가 단절되었을 때 찾아오는 감정입니다. 핵심은 세상과의 단절이냐, 관계와의 단절이냐의 차이입니다. 로빈슨 크루소처럼 무인도에 혼자 있으면 고독한 상태가 되지만 외로움은 느끼지 않을 수 있습니다. 반대로 군중 속에 있으면 고독하지는 않지만 외로움은 느낄 수 있습니다. 다른 사람과 관계가 단절된 경우에는 군중 속에서 외로움을 느끼기도 합니다. 예를 들어 부부가 같은 집에 살아도 하루종

104

일 한 마디도 하지 않으면 외롭습니다. 집단에서 따돌림을 당하는 사람은 홀로 떨어진 고독한 상태는 아니지만 관계의 단절로 인한 외로움을 느낄 수 있습니다.

고독이나 외로움이라는 감정은 좋은 것일까요, 좋지 않은 것일까요? 사람들은 흔히 고독과 외로움을 똑같은 것으로 여겨 둘 다 나쁜 감정으로 생각하는 경향이 있습니다. 이는 잘못된 판단입니다. 먼저 외로움은 부정적 감정이라고 보는 것이 타당합니다. 타인과의 관계 속에 있는 개인이 외롭다는 것은 타인과의 관계가 단절되었음을 의미합니다. 따라서 외로움을 느끼는 상태는 타인과의 관계에 문제가 생겼음을 뜻하므로 부정적 상태라고 해야 합니다. 하지만 고독은 이와 다릅니다. 고독은 단지 세상과 떨어져서 홀로 있는 상태를 말하므로 반드시 나쁘다고는 할 수 없습니다. 사람들 가운데에는 억지로 시간을 내서라도 고독을 즐기는 사람이 있습니다. 혼자 낚시를 가거나 홀로 등산을 다닙니다. 이런 경우는 혼밥족, 혼술족과는 상황이 다릅니다. 어쩔 수 없이 홀로 된 것이 아니라 스스로 잠깐 동안 혼자이기를 선택한 경우입니다. 매우 주체적이고 능동적인 선택입니다. 사람은 가끔씩 세상과 떨어져서 혼자 있을 필요가 있습니다. 그래야만 자신의 삶을 되돌아보고 성찰의 시간을 가질 수 있기 때문입니다. 그러므로 삶에서 어느 정도는 고독의 시간이 필요합니다.

현대인에게 문제가 되는 것은 고독이 아니라 외로움입니다. 현대인이 겪고 있는 '혼자라는 느낌'은 무인도에 홀로 남겨진 로빈슨 크루소의 경우와는 다릅니다. 도시에 사는 현대인은 대체로 고독

105

하지 않습니다. 항상 주변에 사람이 넘쳐납니다. 그러나 외로움을 느낄 때가 많습니다. 이는 주위에 사람이 없어서가 아니라 마음을 나눌 사람이 없기 때문입니다. 다시 말해 세상과 떨어진 것이 아니라 관계의 단절로 인한 외로움 때문에 고통스러운 것입니다. 반면에 고독은 나쁜 것도 아니고 피해야 할 상태도 아닙니다. 독일의 철학자 하이데거는 고독은 인간 존재에게 주어진 근본 감정이라고 보았습니다. 그는 "타인의 지배 아래에 놓여 있는 일상세계로부터 떨어져 나온 유한하고 고독하며 불안으로 가득찬 세계, 그곳이야말로 우리의 본래적인 세계이며, 그곳에서 비로소 우리는 존재의 의미를 밝힐 수 있다"라고 했습니다. 하이데거의 주장에 따르면 타인과 어울리는 일상적인 세계는 '본래적 삶'이 아니며 일상세계로부터 떨어져 나와 고독한 세계가 '진짜 삶'이라는 것입니다. 직장이나 모임에서 다른 사람들과 웃고 떠들 때가 자신의 참모습이 아니라 집에 와서 조용히 혼자 있을 때가 진짜 자신의 모습이라는 것입니다. 그래서 하이데거는 인간 존재의 근본 감정을 고독으로 보았습니다.

또한 하이데거는 인간이 홀로 떨어져 고독을 느낄 때 진정한 자기 자신을 찾을 수 있다고 했습니다. 일상적인 세계와 홀로 떨어져 고독한 시간이 되면 사람들은 자신에 대해 돌아보고 성찰할 시간을 갖는다고 여겼습니다. 예를 들어 일기 쓰기는 자기 자신과 솔직한 대화를 하는 시간입니다. 일기는 주변에 사람이 많거나 다른 사람과 수다를 떨면서 쓰기보다는 주로 혼자 있을 때 씁니다. 이처럼 타인과 어울리는 세계에서는 일기 쓰기처럼 성찰의 시간을 갖기 힘듭니다. 세상과 떨어져 홀로 되어야 비로소 조용히 자신을 돌아볼 수 있습니다. 이를 두고 하이데거는 고독의 시간이 있어야 자기 "존재의 의미를 밝힐 수 있다"라고 했습니다. 폴란드 출신의 사회학자 지그문트 바우만도 고독은 반드시 필요하다고 강조했습니다. 나아가 그는 현대인이 고독의 시간을 잃어버린 것이 문제라고 했습니다. 그는 『고독을 잃어버린 시간 44 Letters from the Liquid Modern World』에서 "결국 외로움으로부터 멀리 도망쳐나가는 바로 그 길 위에서 정작 당신은 스스로 고독을 누릴 수 있는 기회를 놓쳐버린다. 놓쳐버린 그 고독은 바로 사람들로 하여금 생각을 집중해서 신중하게 하고, 반성하게 하며, 더 나아가 인간끼리의 의사소통에 의미와 기반을 마련해줄 수 있는 숭고한 조건이기도 하다"라고 주장했습니다. 바우만에 따르면 고독은 단순히 외로움의 시간이 아닙니다. 고독은 사람들로 하여금 '생각을 집중하게 해서' 타인과 소통할 때 의미와 기반을 만들어주는 숭고한 시간입니다. 즉 고독의 시간을 가져야 타인과의 관계에서 질적 수준을 높일 수 있다는 것입니다. 혼자서 생각하고 성찰할 시간을 가져야 다른 사람과 깊이 있는 대화도 할 수 있습니다.

이런 이유로 바우만은 요즘 늘어나고 있는 소셜네트워크서비스SNS의 소통방식에 대해 부정적입니다. 그는 종달새가 지저귀다라는 뜻의 '트위터Tweeter'로 대표되는 SNS에 빗대어 "어깨에 걸친 '가벼운 외투'를 벗어버리듯 '새들의 지저귐' 속에 자신을 방임하는 동안 우리는 고독을 누릴 수 있는 기회를 놓쳐버린다"라고 했습니다. 그가 SNS의 소통을 부정적으로 보는 이유는 너무 가벼운 말만

107

주고받음으로써 진심을 주고받는 질적 관계가 나빠졌다고 보기 때문입니다. 사람들이 SNS를 자주 사용하면서부터 소통의 횟수나 정보의 양은 늘어났지만 질적인 수준은 오히려 낮아졌습니다. 그러므로 SNS에 집중하면 집중할수록 관계의 질은 높아지지 않고 오히려 고독의 기회만 놓친다는 것입니다.

요즘처럼 하루종일 스마트폰을 몸에 지니고 다니면서 수시로 SNS에 접속하는 사람이라면 바우만의 주장에 동의하지 않을 수 있습니다. 그만큼 SNS는 우리의 일상 깊숙이 스며들어 있습니다. 하지만 현대인 가운데에는 자신의 SNS에 수많은 팔로워follower나 친구들이 있는데도 여전히 외로움을 느끼는 사람이 많은 것을 보면 바우만의 주장이 전혀 일리가 없는 것만은 아닌 듯싶습니다.

요즘 사람들이 SNS에서 주고받는 대화 내용을 살펴보면 진심을 주고받는다는 느낌이 들지 않을 때가 있습니다. SNS 속 세계에서는 사람들이 대부분 멋지고 행복하게 삽니다. 그곳에서는 사람들이 항상 여행을 다니고, 늘 맛있는 음식을 먹고, 대부분 멋진 옷만 걸칩니다. 잠이 덜 깬 부스스한 얼굴을 하거나 무릎이 튀어나온 트레이닝복(일상 용어로는 '츄리닝'이라고 부르죠)을 입은 모습은 거의 찾아볼 수 없습니다. 그곳 세계에서는 일상의 모습을 있는 그대로 보여주기보다 다른 사람에게 보여주고 싶은 모습, 대체로 멋있게 잘 꾸민 모습만 보여줍니다. 그러므로 SNS 속 세상은 진실한 세계가 아닙니다. 그곳에서는 실제 모습이 아니라 연출된 모습을 보여주는 경우가 더 많기 때문입니다. 그렇기 때문에 진심을 주고받는 소통은 더욱 어려워졌습니다.

바우만이 온라인상의 소통을 부정적으로 보는 또다른 이유는 SNS를 통해 스스로 개인의 프라이버시를 지워버리기 때문입니다. 현대인은 별다른 고민 없이 SNS에 자신이 어디에서 무엇을 하고 있는지 익명의 대중에게 실시간으로 생중계합니다. 마치 짐 캐리가 출연했던 영화 〈트루먼쇼〉를 스스로 주인공이 되어 찍고 있는 것이나 마찬가지입니다. 스스로가 자신의 사적 비밀 공간을 없애버리는 셈입니다. 그 결과 더더욱 자신을 성찰하고 되돌아보고 반성할 시간을 갖지 못하는 것입니다. 요컨대 현대인은 SNS 때문에 다른 사람의 시선을 더 많이 의식하게 되면서 자신에게는 덜 솔직하게 되었습니다. 한마디로 고독을 잃어버린 삶을 살고 있습니다.

그러면 SNS는 더이상 하지 말아야 할까요? 글쎄요. 여기에 대해서는 단정적으로 말하기 어렵습니다. 아마도 그렇게 하기는 힘들 듯합니다. 이미 SNS가 우리의 일상 깊숙이 자리잡고 있기 때문입니다. 하지만 지나친 SNS 때문에 고독의 시간마저 잃어버리지는 않았으면 합니다. 바우만의 지적처럼 현대인은 고독의 시간을 즐기지 못하고 SNS를 통해 지저귀는 사이에 자신의 사적인 시간과 공간을 지워버리고 자신만의 삶을 살지 못하고 있는지도 모릅니다. 각자 스스로에게 물어보는 것은 어떨까요? 나는 고독을 즐기고 있는지, 아니면 외로움에 때문에 고독마저 잃어버린 채 살고 있는 것은 아닌지 말입니다.

109

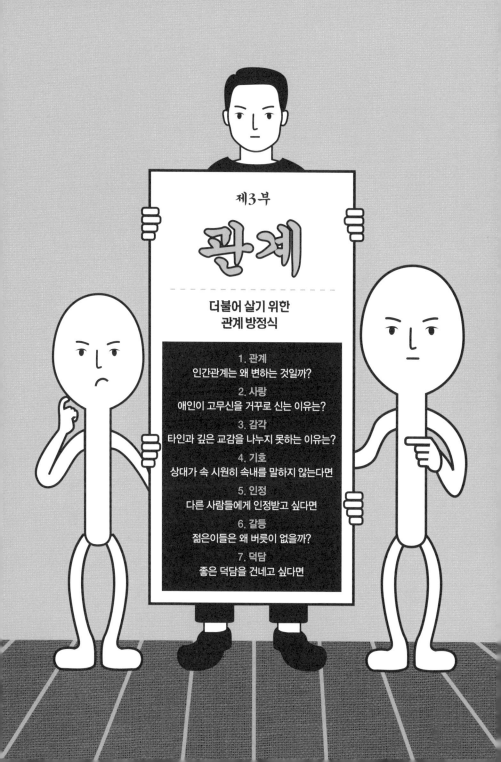

우리는 하루에도 수많은 사람을 만납니다. 그 가운데에는 반갑게 담소를 나누는 이가 있는가 하면 가볍게 인사만 하고 지나치는 이가 있습니다. 심지어는 먼발치에서부터 피하는 사이도 있습니다. 이처럼 가깝고 친밀한 관계, 가벼운 관계 등은 시간이 지나면서 변하기 때문에 인간관계에 질적 차이가 생깁니다. 철학자이자 소설가인 알랭 드 보통의 소설 『나는 왜 너를 사랑하는가 Essays in Love』에는 이런 대목이 나옵니다. "과거의 사랑들에 대한 무관심에는 극히 잔인한 면이 있다. …… 오늘은 이 사람을 위해서 무엇이라도 희생할 수 있을 것 같은데, 몇 달 후에는 그 사람을 피하려고 일부러 길 또는 서점을 지나쳐버린다는 것은 무시무시하지 않은가?" 소설의 남녀 주인공은 자신의 모든 것을 바칠 수 있을 만큼 사랑하는 사이였는데, 관계가 틀어지고 난 뒤부터는 일부러 피할 정도로 무관심한 사이가 되었습니다. 이를 두고 보통은 "잔인한 면이 있다"고 지적했습니다. 연인과 헤어져본 적 있는 사람이라면 공감되는 면이 있을 것입니다. 이처럼 사람들의 관계는 다양하면서도 변화무쌍한 특징이 있습니다. 인간관계에 대해 좀더 자세히 살펴보겠습니다.

김남조의 시 「그대 있음에」는 친밀한 관계를 잘 표현한 시로 가수 송창식의 노래 가사로도 널리 알려져 있습니다. 시에서 가장 유명한 대목은 "그대 있음에 내가 있네"라는 구절입니다. 아마 한 번쯤 들어본 적 있을 것입니다. "그대 있음에 내가 있네"를 찬찬히 살펴보면 시인은 자신의 존재를 그대, 즉 타인에게서 찾고 있습니다. 그대가 있음으로써 자신이 존재한다는 뜻입니다. 다시 말해 그대가 있기 전까지 자신은 존재하지도 않았다는 것입니다. 그러므로 그대는 나에게 매우 소중한 존재입니다. 그대가 나를 존재하게 만들었으니까요.

113

"그대 있음에 내가 있네"라는 표현은 얼핏 시적 표현에 불과해 보이지만 실상은 그렇지 않습니다. 이는 굉장히 철학적이면서 현실을 잘 반영한 표현입니다. 당신에게는 자신을 존재하게 만드는 '그대'가 있나요? '예'라고 대답하는 이는 행복한 사람입니다. 나를 존재하게 만들어주는 타인의 존재는 매우 중요합니다. 말하자면 그는 나에게 신과 같습니다. 만약 그런 사람이 없다면 매우 불행한 일입니다. 나를 존재하게 만드는 '그대'가 없으니 나도 존재하지 않기 때문입니다.

사실 이런 상황은 일상에서도 자주 일어나는 일입니다. 남편이 퇴근 후에 집에 갔을 때 아내가 알은척도 하지 않고 자기가 하던 일만 계속하고 있다면 남편은 존재하는 것일까요? 이 경우 남편은 없는 사람이나 마찬가지입니다. 부부관계에서 아내가 남편의 존재를 확인시켜주지 않으면 남편도 존재하지 않습니다. 거꾸로 남편이 아내를 본체만체한다면 아내도 존재하지 않습니다.

이처럼 인간관계에서 나를 있게 만드는 타인의 존재는 매우 중요합니다. 김남조의 표현처럼 "그대 있음에 내가 있기" 때문입니다. 그런데 이 표현은 이스라엘 출신의 철학자 마르틴 부버가 김남조보다 먼저 썼습니다. 그는 『나와 너$^{\text{Ich und du}}$』에서 "나는 너로 인해 내가 된다"라고 했습니다. 부버의 주장에 따르더라도 '나'는 '너' 때문에 '나'로서 존재하는 것입니다. '나'를 존재하게 만드는 '너'는 매우 특별한 존재입니다. 그러므로 의미적으로 나를 존재하게 만든 너는 부모님이나 창조주라고 해도 틀리지 않습니다.

김남조가 말한 '그대'나 부버가 말한 '너'와 대비되는 개념이 있습니다. 바로 '그것'입니다. 인칭대명사가 많이 나와서 헷갈릴 수 있겠지만 '그대'나 '너'는 '그것'과는 다릅니다. 그대나 너는 2인칭을 가리키는 반면, 그것은 3인칭을 말합니다. 그대(너)와 그것은 2인칭과 3인칭의 대상이라는 차이가 있습니다. 별 차이를 느끼지 못하겠지만 2인칭과 3인칭은 관계에서는 전혀 다른 대상입니다. 프랑스의 실존주의 철학자 가브리엘 마르셀은 "3인칭 대상은 나에게 제3자다. 그는 나에게 존재하지 않는다"라고 했습니다. 마르셀에 따르면 존재의 의미는 3인칭이 아니라 오직 2인칭의 관계에서만 발생합니다. '그대(너)'라고 불리는 2인칭의 대상은 자신에게 존재하는 반면, '그것'이라고 불리는 3인칭의 대상은 자신에게 존재하지 않기 때문입니다. 여기서 '존재하지 않는다'는 말은 실체가 없다는 것이 아니라 '나에게는 무의미하다'는 뜻입니다. 평소 직장 동료로 지내던 여성과 연인 사이로 발전한 남성이 있습니다. 그녀와 사귀기 시작하면서부터 남성에게 그녀는 특별한 존재로 다가옵니다. 사귀기 전과는 달리 그녀의 일거수일투족이 모두 남성의 눈에 들어오기 시작합니다. 그녀의 옷차림, 목소리, 행동 하나하나에 신경이 쓰입니다. 그녀와 사귀기 전까지 남성에게 여성은 3인칭 대상에 불과했습니다. 하지만 그녀와 사귀게 되면서 여성은 2인칭의 존재로 바뀌었습니다. 드디어 여성은 남성 앞에 현존現存하게 된 것입니다. 남성의 눈에는 더이상 다른 여성들이 들어오지 않습니다. 그녀를 제외한 나머지 여성들은 모두 3인칭이며 그 남성에게 존재하지 않는 대상에 불과합니다. 한마디로 나머지 여성들은 그 남성에게는 별 관심이 없는 무의미한 존재가 된 것입니다.

　2인칭과 3인칭의 차이를 이해했습니까? 쉽게 말해 사랑하는 사이끼리는 '그대'라고 부르니까 2인칭의 존재이고 나머지는 3인칭의 대상이 되는 것입니다. 이런 이유 때문에 사랑에 빠지면 눈에 보이는 것이 없어집니다. 2인칭의 대상인 그대를 제외한 나머지는 배경으로 물러나고 맙니다. 사실 2인칭이든 3인칭이든 그 주체는 변하지 않습니다. 하지만 그와 관계하는 사람이 느끼는 의미에는 매우 큰 차이가 있습니다. 특히 사랑이라는 감정에서는 더 그렇습니다. 사랑의 감정은 3인칭의 관계에서는 생길 수 없습니다. 사랑

115

은 오직 2인칭 관계에서만 느낄 수 있는 감정입니다. '그 남자, 그 여자'라고 부르는 3인칭의 관계가 아니라 서로를 '그대'라고 부르는 2인칭 관계에서만 사랑이 싹틀 수 있습니다.

연인 사이가 아니라 가족끼리는 어떨까요? 가족 간에는 항상 2인칭의 관계만 성립하는 것일까요? 부부 간이나 부모와 자식 간의 관계는 항상 2인칭 관계일까요? 연인과 달리 가족끼리는 당연히 2인칭 관계라고 생각하기 쉽습니다. 물론 대다수의 가족은 2인칭 관계로 지낼 것입니다. 하지만 모두가 그런 것은 아닙니다. 가족끼리도 3인칭 관계로 살아가는 경우도 있습니다. 앞에서 이야기했듯이 퇴근해서 돌아온 남편을 아내가 본체만체한다거나 자녀가 무엇을 하든 신경쓰지 않고 마치 남남처럼 지내는 부모가 있다면 이들의 관계는 3인칭 관계입니다. 그런 상황이라면 그들에게 2인칭의 가족관계는 존재하지 않고 서로가 서로에게 3인칭의 관계, 즉 있어도 그만, 없어도 그만인 대상일 뿐입니다.

가까운 사람끼리 2인칭의 관계를 유지하려면 어떻게 해야 할까요? 마르셀은 한 인간을 2인칭으로 대하는 방법으로 "상대를 판단하지 말라"고 했습니다. 그에 따르면 상대를 판단하고 평가하는 것은 3인칭의 관계에서 하는 일이고 2인칭의 관계에서는 절대 해서는 안 됩니다. 상대를 평가하는 순간 2인칭의 관계는 3인칭의 관계로 변질되기 때문입니다. 생각해보면 "판단하지 말라"라는 마르셀의 주장은 일리가 있습니다. 부모는 자식이 태어났을 때 판단하지 않습니다. 부모에게 갓 태어난 아이는 그 자체로 소중하고 사랑스러운 존재입니다. 이런 관계가 바로 사랑이며 2인칭의 관계입니다.

그런데 불행히도 어느 순간 3인칭의 관계로 바뀌어 2인칭의 관계가 계속 이어지지 않는 경우도 있습니다. 언제부터일까요? 부모가 자식을 판단하기 시작하면서부터입니다. 아이가 성장하면 부모는 자기 아이를 옆집 아이와 비교하면서 판단하기 시작합니다. "옆집 아이는 그렇게 공부를 잘하는데, 얘는 누굴 닮아서 그런 거야"라고 판단하는 순간 부모와 자식 사이는 3인칭의 관계로 변질됩니다. 이쯤 되면 자녀를 부르는 호칭도 이름에서 '그 녀석'이나 '그 자식'으로 바뀝니다. 부부 사이도 마찬가지입니다. 신혼 시절에 '그대'는 그 자체로 사랑스러운 존재입니다. 하지만 세월이 흘러 '잘나가는' 옆집 남자(또는 여자)와 비교하고 판단하면서부터 그들 사이는 3인칭의 관계로 변하게 됩니다. 그렇게 되면 당연히 서로의 사랑도 예전만 못해집니다.

결국 우리가 만나는 사람마다 인간관계의 수준은 모두 다릅니다. 대상에 따라 2인칭의 관계, 3인칭의 관계일 수 있습니다. 2인칭의 관계는 사랑의 관계입니다. 그것을 유지하기 위해서는 상대를 판단하지 말아야 합니다. 상대를 판단하기 시작하면서부터 2인칭의 관계는 3인칭의 관계로 변합니다. 그러므로 타인과 어떤 관계를 만들어나갈 것인가에 대한 선택은 단 두 가지, 2인칭의 관계를 맺을 것인가, 3인칭의 관계를 맺을 것인가입니다. 스스로에게 한번 물어보면 어떨까요? 지금 나는 가까운 사람들과 어떤 관계를 맺고 있는지 말입니다.

117

연인끼리 쓰는 표현 가운데 "고무신을 거꾸로 신는다"라는 말이 있습니다. 이는 여성이 군대 간 남자친구를 기다리지 않고 떠났을 때 쓰는 표현입니다. 연인 사이에 고무신에 대한 용례用例가 있다는 것은 그만큼 그런 사례가 적지 않음을 나타냅니다. 이처럼 여성이 군대 간 남자친구를 기다리지 않고 '고무신을 거꾸로 신는' 경우를 주변에서 심심치 않게 볼 수 있습니다. 이때 사람들은 이유를 불문하고 고무신을 거꾸로 신은 여성을 부정적으로 평가하는 경향이 있습니다. 국방의 의무를 다하러 간 남자친구를 위해 겨우 몇 년도 기다리지 못한다면서 말이죠. 왜 여성은 군대 간 남자친구를 기다리지 못하고 고무신을 거꾸로 신는 것일까요? 통상적인 답변은 '애정이 식어서'이거나 '마음이 변해서'라고 생각하기 쉽습니다. 틀린 표현은 아닙니다만 좀더 정확히 말하면 여성이 고무신을 거꾸로 신는 이유는 그녀에게 '자유가 있기 때문'입니다. 여성에게 고무신을 거꾸로 신을 자유가 있기 때문에 주변의 부정적 시선에도 떠날 수 있는 것입니다. 물론 남자 입장에서는 그런 자유가 저주스럽게 느껴질 수 있습니다. 하지만 여성의 입장에서는 그 자유만큼 소중한 것도 없습니다. 군대 간 남자친구를 기다리기로 약속한 여성에게는 어떤 일이 있어도 고무신을 거꾸로 신을 자유가 없다고 했을 때 여성은 행복할 수 있을까요? 그렇지 않을 것입니다. 여성에게 떠날 자유가 없다면 그것은 너무나 가혹한 처사입니다.

물론 자유 때문에 여자친구가 떠나버린 남성의 입장에서는 기분이 좋을 리 없습니다. 하지만 곰곰이 생각해보면 그 자유란 남성에게도 소중한 것입니다. 예를 들어 여자친구가 군대에 있는 동안 자신을 기다려주었다고 칩시다. 그럼 그것 때문에 남성은 여자친구와 결혼까지 해야 하나요? 조금 애매하지만 남성은 그 상황에서 다른 선택을 할 수 있어야 합니다. 결국 고무신을 거꾸로 신을 자유, 즉 상대방을 떠날 자유는 모두에게 주어져야 마땅합니다. 서로에게 고무신을 거꾸로 신거나 군화를 바꿔 신을 자유가 없다면 그것은 진정한 사랑이라고 말하기 어렵습니다. 떠날 자유조차 없는 관계는 사랑이라기보다 구속일 수 있기 때문입니다.

여기에서 우리는 진정한 사랑의 전제조건을 확인할 수 있습니다. 혹시 무엇인지 눈치챘나요? 그것은 바로 상대방을 떠날 자유입니다. '자유'는 진정한 사랑을 위해 꼭 필요한 전제조건입니다.

119

상대방을 떠날 자유를 포함해서, 정확히 말하면 '사랑하는 사람을 선택할 수 있는 자유'가 있어야 합니다. 이는 프랑스의 철학자 장폴 사르트르가 주장한 것으로 그는 『존재와 무L'être et le néant』에서 진정한 사랑이 되기 위한 조건을 이렇게 말했습니다. "내가 타인에게 사랑받아야 한다면, 나는 '사랑받는 상대'로서 자유롭게 선택되어야 한다." 사르트르는 진정한 사랑의 조건으로 상대가 자유로운 상황에서 나를 선택한 것이어야 한다고 보았습니다. 만약 상대방이 자유롭지 못한 상황에서 선택한 사랑이라면 사랑이 주는 설렘과 기대는 반감될 것입니다.

사르트르의 주장을 듣고 "아니, 당연한 것 아닙니까, 대부분 상대방을 자유롭게 선택하지 않습니까?'라고 반문할 수 있습니다. 물론 사람들은 사랑을 할 때 자신이 사랑하는 상대를 자유롭게 선택합니다. 하지만 모두가 그런 것은 아닙니다. 조선시대만 하더라도 배우자의 얼굴을 보지 못한 채 부모가 정해준 사람과 결혼했습니다. 그들에게는 선택의 자유가 없었기 때문에 이를 진정한 사랑이라고 하기는 어렵습니다. 이처럼 정략결혼은 진정한 사랑이 아닌 말 그대로 당사자의 의사와는 상관없이 특정한 이익이나 목적 때문에 하는 결혼입니다. 자유가 전제되지 않았으므로 진정한 사랑이라고 할 수 없습니다. 정략결혼은 사랑이라기보다 거래나 계약이라고 해야 마땅합니다. 어떤 이유에서든 자유가 전제되지 않는다면 이는 진정한 사랑이 아닙니다.

그런데 문제는 사람들이 사랑의 전제조건인 자유에 대해 모호한 입장을 취한다는 데 있습니다. 사람들은 내가 사랑하는 상대방에게 자유가 있다는 사실을 좋아할까요, 싫어할까요? 사람들은 자유를 마냥 긍정할 것 같지만 실제로는 싫어하기도 합니다. 자유가 있다면 상대가 고무신을 거꾸로 신을 수도 있기 때문입니다. 좀더 엄밀히 말하면 자유에 대한 사람들의 반응은 이중적입니다. 상대방이 '나를 선택할 자유'는 긍정합니다. 하지만 '나를 떠날 자유'나 '다른 사람을 사랑할 자유'에 대해서는 부정합니다. 사실 따지고 보면 그 사람과 사랑이 시작된 것도 상대방이 가진 자유 때문입니다. 또 그 사랑이 끝나는 것도 당사자가 가진 자유 때문입니다. 따라서 자유란 진정한 사랑을 위해서는 반드시 필요합니다. 따라서 이렇게 말할 수 있습니다. "자유가 없다면 사랑도 없다."

그럼 자유만 있으면 진정한 사랑이 되는 것일까요? 그렇지 않습니다. 사르트르는 진정한 사랑을 위해서는 한 가지 조건이 더 필요하다고 합니다. 그는 이렇게 말합니다. "사실 사랑하는 사람이 요구하는 것은 그 상대가 자기를 두고 절대적인 선택을 했다는 것이다. 이 선택은 상대적이고 우연적이어서는 안 된다." 사르트르에 따르면 진정한 사랑의 두번째 조건은 '절대적인 선택'이어야 한다는 것입니다. 여기서 절대적이란 말은 '상대적'이거나 '우연적'이어서는 안 된다는 뜻입니다. 절대적·상대적·우연적이란 말이 쉽게 이해되지 않을 수 있기에 예를 들어보겠습니다. 나를 사랑하는 상대가 어느 날 나를 선택한 이유에 대해 "지금까지 만나본 사람 가운데 돈이 가장 많아서"라거나 "하필 그날 비가 와서 감정이 센티멘털해져서 나도 모르게 그만"이라고 한다면 그때 기분은 어떨까요? 당연히 좋지 않을 것입니다. 상대는 지금 나를 선택한 이유가

121

상대적이거나 우연적이라고 실토하고 있기 때문입니다. 다시 말해 나를 선택한 이유가 절대적이지 않다고 고백하고 있는 것입니다. 진정한 사랑의 조건인 '절대적'이란 말에는 나의 조건 때문이 아니라 내가 어떤 상황에 처하더라도 '나이기 때문에' 선택했다는 의미가 포함되어 있습니다. 조건 때문이 아니라 나의 '존재 그 자체'가 좋아서 선택해야 진정한 사랑인 것입니다. 조건 때문이 아니라 상대방의 존재 그 자체가 좋아서 선택했다는 말은 의미야 좋지만 현실에서는 쉽게 이루어지기 힘든 것이라고 생각할 수 있습니다. 외모, 학벌, 경제력, 직업 등 외형적 조건을 전혀 따지지 않고 그 사람이기 때문에 선택한다는 것은 좀처럼 상상하기 힘든 일입니다. 멜로드라마나 영화라면 모를까 현실에서는 실천하기 힘든 조건일 수 있습니다. 그래서 사르트르 자신도 평생 결혼하지 않고 독신으로 살았는지도 모릅니다.

122　　"진정한 사랑은 자유롭고 절대적이어야 한다"는 사르트르의 주장은 어쩌면 현실에서는 쉽게 이루어지기 힘든 바람일 수 있습니다. 그러나 한편으로는 그것이 사랑이 갖는 묘미일 수 있습니다. 독일의 사회학자 게오르크 지멜은 사물의 가치는 바로 그것을 획득하기 위해 요구되는 희생의 정도에 따라 측정된다고 했습니다. 즉 어렵게 얻은 것일수록 더 가치가 있다고 느낍니다. 아무리 좋은 것이라도 쉽게 얻으면 그것을 가치 있게 생각하기 어렵습니다. 사랑도 마찬가지입니다. 어렵고 힘들수록 사랑을 이루었을 때 행복과 희열이 더 커지는 법입니다.

　　사랑하는 사람이 나를 자유롭고 절대적으로 선택했다는 사실은 나를 기쁘고 행복하게 하지만 한편으로는 상대가 가진 자유가 나를 불안하게 만들기도 합니다. 자유를 가진 상대가 언제든지 나를 떠날 수 있기 때문입니다. 사랑하기로 약속한 사람끼리는 절대로 상대를 떠날 수 없다고 가정해봅시다. 이들의 사랑을 진정한 사랑이라고 할 수 있을까요? 그렇지 않습니다. 떠날 자유를 막아버린 관계는 사랑이 아니라 구속일 수 있습니다.

사랑하는 관계에서 상대가 가진 자유는 나를 불안하게 만들지만 달리 생각해보면 그 자유 때문에 더 큰 행복과 희열을 느낄 수 있습니다. 상대방이 나를 떠날 자유를 가졌는데도 그 자유의 가능성을 억누른 채 나를 사랑해주기 때문입니다. 앞에서 이야기했지만 사람들은 사랑에 대해 이중 잣대를 들이대는 경우가 많습니다. 다른 사람 대신 나를 사랑하기로 선택한 상대방의 자유는 긍정하지만, 나를 버리고 다른 사람을 사랑할 자유는 부정합니다. 이것이 바로 사랑과 자유의 역설 관계입니다.

123

우스갯소리 가운데 "잡은 물고기에게는 먹이를 주지 않는다"라는 말이 있습니다. 사람들은 왜 잡은 물고기에게는 먹이를 주지 않아도 된다고 생각하는 것일까요? 잡힌 물고기는 다른 선택을 할 자유가 없다고 생각하기 때문입니다. 하지만 이것은 진정한 사랑의 의미를 모르고 하는 말입니다. 서로 사랑하기로 약속을 해도 상대방에게는 언제든지 새로운 선택을 할 자유가 있습니다. 또 그래야만 열정적인 사랑도 지속할 수 있습니다. 자신을 계속 사랑하도록 관심과 애정을 쏟아야 하기 때문입니다. 어떤 이유에서든 자유를 빼앗긴 상태에서는 열정적인 사랑을 지속할 수 없습니다. 열정적인 사랑을 위해서는 상대방의 자유를 인정해주어야 합니다.

지금까지 진정한 사랑에 대한 사르트르의 주장을 살펴보았습니다. 인간이 할 수 있는 행위 가운데 사랑처럼 무모하면서도 동시에 짜릿한 것도 없습니다. 사르트르에 따르면 진정한 사랑은 자유롭고 절대적인 선택이 전제되어야 합니다. 상대방이 가진 자유 때문에 불안하기도 하지만 한편으로는 그것 때문에 더 큰 행복과 희열을 느낄 수 있습니다. 그만큼 사랑에서 자유란 소중한 것입니다.

124

프랑스의 소설가 마르셀 프루스트의 『잃어버린 시간을 찾아서』 제 **125**
1편 「스완네 집 쪽으로」에는 주인공이 어머니가 준비해준 차와 마
들렌을 입에 넣는 순간 잊고 있었던 과거의 추억을 회상하는 장면
이 나옵니다. "과자 부스러기가 들어간 한 모금의 차가 입천장에
닿는 순간" 과거에 맛본 마들렌에 대한 추억이 떠올랐고 자기도 모
르게 몸이 반응합니다. 이처럼 외부 자극에 대해 신체가 알아차리
는 기능을 감각感覺이라고 합니다. 인간은 눈, 귀, 혀, 코, 살갗 등
신체 부위를 통해 외부 자극을 인식하는데, 이를 다섯 가지 감각이
라는 뜻에서 오감五感이라고 합니다. 오감은 작용하는 신체 부위에
따라 시각, 청각, 미각, 후각, 촉각으로 구분됩니다.

요즘 사람들은 거의 휴대전화를 들고 다닙니다. 아마 대부분 스마트폰을 갖고 있을 것입니다. 하지만 드물게는 아직도 '2G폰'을 쓰는 사람이 있습니다. 요즘도 2G폰을 사용하는 사람을 보면 어떤 생각이 드나요? 자신만의 멋을 간직한 '낭만파'처럼 보이나요, 아니면 그냥 변화를 싫어하고 유행에 뒤처진 고리타분한 사람처럼 보이나요? 물론 대상이 누구냐에 따라 다르겠지만 대체로 후자라고 생각하기 쉽습니다. 평가는 개개인의 주관적인 생각이라 결과에 대해 왈가왈부할 필요는 없지만 바로 이 지점이 인간의 감각에 대해 고찰해야 할 대목입니다.

휴대전화의 사용 패턴을 분석해보면 옛날에는 주로 2G폰을 썼지만 지금은 대부분 스마트폰을 쓰고 있습니다. 휴대전화가 2G폰에서 스마트폰으로 바뀌었다는 것은 우리가 주로 사용하는 감각이 변했음을 뜻합니다. 옛날 휴대전화는 '청각'을 주로 사용하는 도구였다면 스마트폰은 청각보다 시각을 더 많이 사용하는 매체입니다. 스마트폰으로는 통화보다는 문자를 더 많이 쓰고, 또 무언가를 보기 위한 목적으로 사용하는 비율이 높습니다. 과거에는 사람들이 청각을 주로 사용한 반면 지금은 시각을 더 많이 씁니다.

휴대전화만이 아닙니다. 방송도 매체에 따라 주로 쓰는 감각이 다릅니다. 대표적으로 라디오와 TV는 이용자가 사용하는 감각이 다른 매체입니다. 라디오가 청각 위주라면 TV는 시각 위주입니다. 그래서 라디오 이용자를 '청취자聽取者'라 부릅니다. 청취자란 듣는 사람을 뜻합니다. TV 이용자는 '시청자視聽者'라고 부릅니다. 시청자는 보고 듣는 사람을 의미하는데, '시視'가 '청聽'보다 앞에 있는 것을 보면 TV는 청각보다는 시각이 중심인 매체라고 할 수 있습니다.

　휴대전화나 방송 매체를 이용하는 사람은 오감 가운데 시각과 청각을 가장 많이 사용합니다. 그런데 사람들이 사용하는 감각에는 수준 차이가 있습니다. 시각과 청각 가운데 어느 것이 더 수준이 높다고 생각되나요? 흔히 사람들은 청각과 시각 가운데 시각이 더 고급이라고 생각합니다. 아무래도 눈으로 보는 시각적인 것이 더 화려하고 자극적이니까요. 하지만 정답은 청각입니다. 청각이 시각보다 훨씬 수준이 높은 감각입니다.

　불교의 여러 종파 가운데 대승불교 학파에는 '유식불교'가 있습니다. 유식불교에서는 인간의 마음 구조를 상세히 논했는데, 그 가운데에는 '팔식설八識說'이 있습니다. 팔식설이란 '인간의 마음을 구성하는 여덟 가지 의식'을 말합니다. 팔식 가운데 1식이 가장 낮은 의식이고, 8식이 가장 높은 의식입니다. 여기서 '높다'라는 말은 마음과 가깝다는 뜻입니다. 높은 의식일수록 마음에 가깝게 전달됩니다. 이런 유식불교의 팔식설에서 가장 낮은 의식이 바로 '눈의 의식'입니다. 그다음이 귀의 의식, 코의 의식, 혀의 의식, 신체의 의식 순으로 높아집니다. 이를 오감으로 말하면 시각이 가장 낮고 그다음이 청각, 후각, 미각, 촉각의 순입니다.

127

　이처럼 팔식설에서의 인간의 감각은 시각보다는 청각이 높고, 청각보다는 후각, 미각, 촉각의 순으로 수준이 높아집니다. 이는 우리가 일반적으로 생각하는 것과는 조금 다르다고 느낄 수 있습니다. 하지만 곰곰이 생각해보면 일리 있는 주장입니다. 예를 들어 남녀가 맞선을 보기 위해 처음 만났다고 합시다. 이때 오감 가운데 가장 먼저 사용하는 감각은 무엇일까요? 바로 시각입니다. 처음 만나면 일단 상대방을 눈으로 '쓰윽' 훑어보지 않습니까. 이처럼 오감 가운데 시각을 가장 먼저 사용하게 됩니다. 이는 자연스러운 반응입니다. 그다음에는 대화를 시도합니다. 청각을 사용하는 것입니다. 좀더 친해지면 가까이 다가가 상대방의 체취를 맡습니다. 그리고 키스, 포옹 등으로 진도를 나갑니다. 상대와의 친밀도에 따라 시각, 청각, 후각, 미각, 촉각 순으로 오감을 사용합니다. 이처럼 처음에는 낮은 감각부터 시작해서 친밀도가 높아짐에 따라 높은 수준의 감각으로 나아가는 것이 자연스럽고 일반적입니다. 만약 이 순서를 지키지 않고 거꾸로 하면 어떻게 될까요? 처음 만난 남자가 갑자기 후각부터 사용하려고 여성에게 코를 들이밀며 킁킁거리면 어떻게 될까요? 아마 상대 여성은 기겁할 것입니다. 여성은 남성을 이상한 사람으로 생각할 수도 있습니다.

128　　감각의 수준이 다르므로 관계의 정도에 따라 사용하는 순서를 지키는 일이 무엇보다 중요합니다. 아직 서로 친밀한 관계로 발전하지 않았는데 갑자기 고급 감각을 사용하면 상대가 불쾌해할 수 있습니다. 이는 거꾸로 말할 수도 있습니다. 알고 지낸 지 오래되었는데도 시각과 같은 낮은 수준의 감각만 사용한다면 그다지 친밀하지 않은 관계라고 여길 수 있습니다. 사귄 지 수년이 지났는데도 서로 포옹이나 키스 없이 멀찍이 떨어져서 눈빛만 주고받는다면 별로 가까운 사이가 아니라고 할 수 있습니다. 이처럼 두 사람이 사용하는 감각만 보더라도 친밀한 정도를 알 수 있습니다.

　　시각과 청각만 놓고 비교하더라도 시각보다는 청각이 더 고급 감각입니다. 청각이 상대의 마음속 깊은 곳까지 침투할 수 있기 때문입니다. 프랑스의 현대철학자 질 들뢰즈는 "음악은 우리 내면에 침투한다. 색깔로는 대중을 움직일 수 없다"라고 하며 시각보다는 청각을 자극하는 것이 더 효과적이라고 했습니다. 시각을 자극하는 색깔보다는 청각을 자극하는 음악이 사람의 정서를 더 잘 자극한다는 것입니다. 공포영화를 볼 때 음향을 제거하고 보면 별로 무섭지 않습니다. 소리 없이 시각만으로는 관객의 내면 깊숙이 침투할 수 없기 때문입니다. 스피커에서 자극적인 소리가 흘러나와야 공포감이 배가됩니다.

색깔보다는 음악이 내면에 더 잘 침투한다는 들뢰즈의 주장은 자주 관찰할 수 있습니다. 음악회에서 가수가 노래를 부르면 눈을 지그시 감고 음악에 심취하는 청중을 종종 볼 수 있습니다. 심지어는 감명을 받고 눈물을 흘리는 사람도 있습니다. 왜 그럴까요? 음악이 청중의 가슴 깊이 파고들었기 때문입니다. 반면 미술관에서는 명화名畫를 보고 눈물을 흘리며 감상하는 사람은 거의 없습니다. 정신이 이상한 사람이 아니고서는 미술 작품을 보며 눈물을 흘리지 않기 때문입니다. 이것만 보더라도 미술보다는 음악이 사람의 정서를 더 깊이 자극한다는 사실을 알 수 있습니다. 시각보다는 청각이 고급 감각이라는 뜻입니다.

그렇다면 평소 TV만 보는 사람과 라디오를 주로 듣는 사람 가운데 누가 더 수준이 높을까요? 당연히 라디오를 청취하는 사람입니다. 시각 위주로 소비하는 TV 시청자보다는 청각 위주의 라디오 청취자가 보다 높은 감각을 사용하고 있기 때문입니다. 현대에 이

129

르러 과거에 비해 매체 사용 빈도가 훨씬 늘어났습니다. 요즘은 눈만 뜨면 우리의 시각을 사로잡는 매체들이 넘쳐납니다. 거실에는 영화관 같은 대형 TV가 있고 책상마다 컴퓨터 모니터나 노트북이 자리하고 있습니다. 손에는 고화질 스마트폰이 우리의 시선을 앗아가고 있습니다. 이로 인해 현대인들의 눈은 항상 피곤합니다. 원하지 않아도 시각을 사용하라고 강요하는 매체들이 유혹하고 있습니다. 이처럼 오늘날에는 매체의 접촉 빈도도 늘어나고 내용도 화려해졌지만 마음 깊숙이 파고드는 감동을 느끼는 경우는 드뭅니다. 이는 평소 자극적인 매체에 길들여져 있으며, 수준이 낮은 시각 위주로만 우리의 감각을 소비하기 때문입니다.

예전에는 감각의 소비 패턴이 지금과 달랐습니다. 197, 80년대만 하더라도 우리의 감각은 비교적 한가했습니다. 특별히 우리의 감각을 사로잡는 매체가 많지 않았습니다. 그래서 당시 사람들은 감각을 매우 소중하게, 그리고 능동적으로 사용했습니다. 텔레비전이 흔하지 않았던 당시에는 모든 감각을 조그마한 트랜지스터 라디오에 집중시켰습니다. 스피커에서 흘러나오는 음악이나 DJ의 목소리만으로도 감동을 받기에 부족함이 없었습니다. 매체도 적었고 화려하지도 않았지만 청각이라는 고급 감각을 주로 사용했기 때문입니다. 현대로 오면서 매체는 발전했지만 감각의 소비 수준은 퇴보했다고 할 수 있습니다.

우리가 사용하는 감각의 수준이 낮아진 것은 매체의 사용에서만 나타나는 현상이 아닙니다. 인간관계에서도 비슷한 현상이 나타나고 있습니다. 오늘날에는 인간관계에서도 시각 위주의 소비

경향이 강해졌습니다. 다른 사람을 평가할 때도 겉으로 드러나는 것을 중시하고 자신을 드러낼 때에도 화려해 보이도록 겉치레에 신경을 더 많이 씁니다. 명품 옷과 고급 차를 선호하고 성형과 미용에 신경쓰는 사람이 많아진 것이 그 증거입니다. 이는 바람직한 현상이라고 보기 어렵습니다. 시각 위주의 소비에 익숙해진 결과 서로 진심을 전하거나 깊은 정서를 나누는 일이 점점 어려워졌습니다. 낮은 수준의 감각을 사용하면서 생긴 부작용이라고 할 수 있습니다.

지금부터라도 감각의 소비 패턴을 원래 상태로 되돌리려는 노력을 기울여야 합니다. 시각 위주의 감각 패턴에서 벗어나 청각, 후각, 미각, 촉각 등 고급 감각의 사용 빈도를 늘려야 합니다. 이를 위해서는 가끔은 스마트폰을 내려놓고 가까운 사람과 대화를 나누고 신체적 접촉도 하는 등 고급 감각을 사용하는 습관을 들여야 합니다. 우리가 사용하는 감각의 수준이 곧 관계의 수준입니다.

131

기호

상대가 속 시원히
속내를 말하지 않는다면

132 　한 매체에서 미혼 남녀를 대상으로 "이해할 수 없는 이성의 행동"
이란 주제로 설문조사를 한 적이 있습니다. 그 결과 남성의 응답
가운데 "상대가 화가 난 이유를 말해주지 않고 알아맞히길 바란다"
가 가장 많았습니다. 남성이라면 공감하는 사람이 많을 것입니다.
여성은 왜 화가 난 이유에 대해 속 시원히 말해주지 않는 것일까
요? 남성들은 잘 이해되지 않겠지만 여성은 이미 남성에게 자신의
속내를 밝힌 상황입니다. 다만 말이 아니라 기호로 밝혔기 때문에
남성이 알아채지 못했을 뿐입니다.

　　이처럼 우리는 커뮤니케이션 상황에서 꼭 말(언어)로만 자신의
의사를 표현하지 않습니다. 많은 경우 말이 아닌 몸짓, 표정 등의

기호로 자신의 의사를 나타내기도 합니다. 기호는 영어로 'sign'이라고 하는데, 기호란 '어떤 뜻을 나타내기 위한 표시'라고 할 수 있습니다. 커뮤니케이션 상황에서는 이 기호를 잘 해석하는 것이 무엇보다 중요합니다. 프로야구 감독이 작전을 수행할 때 기호, 즉 사인을 보내는데, 이때 선수가 감독이 보낸 사인을 제대로 파악하지 못하면 어떻게 될까요? 선수가 감독의 사인을 알아채지 못하거나 잘못 이해하면 작전은 실패로 끝날 가능성이 높습니다.

인간관계에서도 기호는 매우 중요합니다. 상대가 보내는 기호를 포착하지 못하거나 잘못 해석하면 곤란한 일이 생기기 때문입니다. 사람들은 의외로 상대방과 의사를 주고받을 때 말보다는 기호로 자신의 뜻을 전달하는 경우가 많습니다. 데이트를 끝낸 남성이 여성을 집까지 바래다줄 때를 살펴보겠습니다. 집 앞에서 여성이 남성에게 "출출한데 집에서 라면 먹고 갈래요?"라고 했을 때 남자가 "난 지금 배부른데……"라고 하면 어떻게 될까요? 아마 눈치 없는 사람으로 찍혀 관계가 나빠질 수 있습니다. 이 상황에서 여성이 남성에게 "라면 먹고 갈래요?"라고 한 말은 '당신과 지금 헤어지고 싶지 않다'는 뜻을 돌려서 말한 것입니다. 다시 말해 '당신과 좀더 함께 있고 싶다'는 신호를 보낸 것입니다. 그런데 남성이 그 신호를 알아채지 못한다면 두 사람은 좋은 관계로 발전하기 어렵습니다. 그러므로 사랑도 잘 하려면 상대가 보내는 기호를 잘 파악해야 합니다.

생명체 가운데 언어를 가장 잘 사용하는 종족인 인간도 말보다는 기호를 더 많이 사용한다는 사실이 의외이지만 현실에서는 자

133

주 있는 일입니다. 흔히 사람 사이에 관계가 소원해지면 상대방에게 "뭐가 불만이야. 솔직하게 말 좀 해봐!"라고 물어봅니다. 데이트 도중 애인이 이유도 없이 토라졌습니다. 남성이 물어봅니다. "오늘 자기 기분이 왜 저기압이야? 내가 뭘 잘못했어? 뭐 때문에 그래? 그러지 말고 속 시원히 말 좀 해봐!" 남성의 질문에 여성은 뭐라고 대답할까요? 여성은 "내가 꼭 말로 해야 알겠어?"라며 되묻습니다. 여성은 자기가 이유를 말하기 전에 남성이 먼저 눈치채기를 바라고 있습니다. 다시 말해 상대방은 이미 기호로 표현했다는 것입니다. 상대가 보낸 기호를 알아채지 못한 남성의 입장에서는 미치고 환장할 노릇입니다. 하지만 어쩔 수 없습니다. 상대는 이미 기호로 자신의 뜻을 전했으니까요.

이는 부부나 애인 사이에서만 일어나는 일이 아닙니다. 직장에서 상사가 불만을 가진 듯한 부하 직원을 모아놓고 "오늘 우리 한번 허심탄회하게 이야기해보자" 하고 말해도 부하들은 대개 진심을 털어놓지 않습니다. 가정에서도 마찬가지입니다. 보통 사춘기에 들어선 아이들은 매사 불만이 많고 부모 말을 잘 듣지 않습니다. 그 이유를 물어보아도 속 시원히 대답하는 경우는 거의 없습니다. 하지만 부하 직원이나 아이가 아무런 의사 표시를 하지 않은 것이 아닙니다. 그들은 이미 기호를 보냈을지도 모릅니다. 다만 상사나 부모가 그것을 알아채지 못했을 뿐입니다.

직접 말로 하면 편할 텐데, 왜 기호를 써서 상대방을 당황하게 만드는 것일까요? 사람들이 말보다 기호를 더 많이 쓰는 현상을 이해하려면 프랑스의 철학자 들뢰즈의 도움이 필요합니다. 들뢰즈는『프루스트와 기호들Proust et les Signes』에서 "우리에게 진실 찾기를 강요하고 우리에게서 평화를 빼앗아가기도 하는 기호의 폭력은 늘 도사리고 있다. 진실은 친화성이나 선의지를 통해 찾게 되는 것이 아니다. 진실은 비자발적인 기호로부터 누설되는 것이다"라고 주장하며 사람들이 보내는 기호에 진실이 들어 있다고 했습니다.

철학자의 주장이라 단번에 이해되지 않죠? 이해하기 쉽게 하나하나 풀어서 살펴보겠습니다. 먼저 들뢰즈는 "기호가 진실 찾기를 강요하고, 평화를 빼앗아가기도 한다"고 했습니다. 앞에서도 이야기했지만 일상생활에서 사람들은 주로 기분이 좋지 않을 때 말보다는 기호를 더 많이 씁니다. 애인이 화가 나서 토라져 있는 상황을 생각해봅시다. 화가 난 애인은 입을 다문 채 뽀로통해 있습니다. '나 지금 화났어!'라고 기호를 보내고 있는 것입니다. 이런 상황에서 상대방은 '왜 화가 났을까' 하고 진실 찾기에 급급합니다. 한마디로 애인이 보내는 기호가 상대로 하여금 진실 찾기를 강요하고 있는 셈입니다. 그 결과 기호가 평화를 빼앗아갔습니다. 이때 애인에게 왜 화가 났는지 진실을 말하라고 하면 솔직하게 이야기할까요? 그렇지 않습니다. 대부분 "내가 꼭 말로 해야 알겠어?"라는 말만 할 뿐입니다. 이를 두고 들뢰즈는 "진실은 친화성이나 선의지를 통해 찾게 되는 것이 아니다. 진실은 비자발적인 기호로부터 누설되는 것이다"라고 주장한 것입니다. 그러니까 애인이 화가 난 이유는 친하다고 말해지는 것이 아닙니다. 그냥 애인이 보내는 '비자발적인 기호'를 통해 알아채야 하는 것입니다. 참 힘들죠?

애인이 보내는 기호를 어떻게 하면 알 수 있을까요? 들뢰즈는

135

이렇게 말했습니다. "진리는 어떤 사물과의 마주침에 의존하는데, 이 마주침은 우리에게 사유하도록 강요하고 참된 것을 찾도록 강요한다. …… 사유하도록 강요하는 것은 바로 기호이다. 기호는 우연한 마주침의 대상이다." 들뢰즈는 상대가 보낸 기호가 사람들을 사유하게 만든다고 보았습니다. 애인의 토라진 표정이라는 기호는 상대로 하여금 '왜 화가 났을까'를 생각하게 만듭니다. 그런데 이런 기호는 '우연한 마주침'의 결과입니다. 애인이 평소와 다른 반응을 보이거나 평소와 다른 행동을 하면 대개 '어, 평소와 다르네'라면서 애인이 보내는 기호를 눈치채게 됩니다. 그 결과 '평소와 달리 왜 저렇게 행동하는 거지?'라고 하면서 생각에 빠지게 됩니다. 결국 애인의 행동에서 평소와는 다르게 행동하는 기호를 먼저 파악해야 '왜 그렇지'라는 사유에 빠져들게 됩니다. 기호의 발견이 먼저고 사유가 나중이라는 것입니다. 그러므로 인간관계에서 기호를 발견하는 것이 매우 중요합니다. 기호의 발견이 사유의 선행조건이기 때문입니다.

또 들뢰즈는 이렇게 이야기했습니다. "사유함이란 언제나 해석함이다. 다시 말해 어떤 기호를 설명하고 전개하고 해독하고 번역하는 것이다." 우연한 마주침의 결과로 눈치채게 된 기호로부터 사람들은 사유를 하게 되는데, 여기서 사유함이란 상대가 보내는 기호를 설명하고 해독하는 과정입니다. 애인이 평소와 달리 왜 저런 반응을 보이는지를 해독하는 행위가 사유하는 과정이라는 것입니다. 상대가 보내는 기호를 잘 파악하기 위해서는 '우연한 마주침', 다시 말해 상대방이 평소와는 다른 반응을 보이거나 평소와는 다

136

르게 행동하는 지점을 잘 관찰해야 합니다. 그래야만 기호가 잘 보이고, 그 결과 진실에 더 가까이 다가갈 수 있습니다.

기호에 대한 들뢰즈의 주장에 동의한다 할지라도 현실에서 '그것은 실제 적용 가능한 것인가'라는 의문이 들 수도 있습니다. 기호를 발견하려면 상대가 평소와는 다르게 반응하는 지점을 잘 살펴보아야 하는데, 상대방의 변화를 관찰하는 일이 쉽지 않기 때문입니다. 특히 미세한 표정이나 사소한 몸짓의 변화를 포착하기란 결코 쉬운 일이 아닙니다. 그런 것까지 하나하나 신경써야 한다면 매우 피곤한 일일 수도 있습니다. 하지만 다행스러운 것은 들뢰즈가 이 의문에 대해서도 해답을 제시해두었다는 점입니다. 그는 "사랑에 빠진다는 것은 어떤 사람을 그 사람이 지니고 있거나 방출하는 기호들을 통해 개별화하는 것이다. 즉 사랑에 빠진다는 것은 이 기호에 민감해지는 것이며, 이 기호로부터 배움을 얻는 것이다"라고 했습니다. 상대방이 보내는 기호를 잘 관찰하는 방법은 그와 사랑에 빠지는 것입니다. 사랑에 빠진다는 것은 상대가 보내는 기호에 민감해지는 것을 의미합니다. 사랑을 해본 사람이라면 경험해보았겠지만 누군가를 사랑하게 되면 그 사람을 눈여겨봅니다. 항상 그 사람을 바라보고 생각하며 그 사람의 일거수일투족에 민감해집니다. 그래서 그 사람의 사소한 변화도 알아챌 수 있는 것입니다. 가령 아이를 낳은 엄마는 아이와 사랑에 빠집니다. 엄마는 아이가 보내는 기호에 민감해집니다. 아기가 배고프지 않을까, 어디 아프지 않을까, 어디 불편한 곳은 없을까 하고 항상 집중을 합니다. 그 결과 아이가 보내는 미세한 기호에도 민감하게 반응합니다. 이는 엄

137

마가 아이를 사랑하기 때문에 가능한 것입니다. 그러므로 누군가와 사랑에 빠지면 상대가 보내는 기호에 민감해지고 그 기호를 잘 해석하게 됩니다.

지금까지 인간관계에서 기호의 의미와 그것의 작용방식에 대해 살펴보았습니다. 다시 한번 정리하면 인간관계에서는 말보다는 상대방의 기호를 해석하는 것이 중요합니다. 진실은 말보다는 기호에 의해 누설되는 경우가 많기 때문입니다. 따라서 상대가 보내는 기호를 잘 보고 해석하는 것이 중요합니다. 이런 기호는 누구나 알아챌 수 있는 것이 아닙니다. 상대를 사랑하는 마음이 깊을수록 잘 보이는 법입니다. 결국 인간관계의 수준은 상대를 얼마나 깊이 사랑하고 있는지가 중요합니다. 그래야만 상대방이 보내는 기호를 잘 해석할 수 있습니다. 가까운 사람들과 얼마나 기호를 잘 주고받는지 살펴보면 좋을 것 같습니다.

138

사람은 누구나 다른 사람에게 인정받고 싶어하는 욕구가 있습니다. 초등학생 아이가 아버지에게 "아빠, 나 다음에 커서 훌륭한 과학자가 될래요"라고 했을 때 아버지가 아이에게 "과학자가 되려면 수학을 잘해야 되는데, 넌 수학을 못하잖아. 그래서 과학자가 되기 힘들 텐데"라고 하면 아이의 기분은 어떨까요? 아마도 아이는 아버지로부터 무시당했다는 생각에 기분이 나빠질 것입니다. 게다가 아이는 과학자가 되고 싶은 마음마저 싹 달아날 수도 있습니다. 안타까운 상황입니다. 이와 같이 다른 사람에게 인정받고 싶어하는 욕구를 가진 인간은 현실에서는 이와는 반대되는 경험, 즉 무시를 당하는 경험을 하게 되는 경우가 많습니다. 그럴 경우 기분이 상하면서 관계도 나빠집니다. 그러므로 인간관계에서는 상대방이 나를 인정해주는가, 아닌가는 매우 중요한 문제입니다.

독일의 사회철학자 악셀 호네트는 개인의 자아실현을 가능하게 하는 조건으로 '인정'과 '무시'를 들었습니다. 여기서 인정이란 '개인의 정체성과 관련하여 상대방을 긍정하는 행동'입니다. 예를 들어 "다음에 커서 훌륭한 과학자가 될래요"라고 말하는 아이에게 아버지가 "그래, 넌 충분히 잘할 수 있을 거야"라며 자녀의 정체성을 긍정해주면 아이는 아버지에게 인정받았다는 느낌을 받습니다. 실제 행동도 자신의 생각을 실현하는 쪽으로 바뀝니다. 지금부터 아이는 과학 관련 책도 스스로 찾아서 읽고 과학 과목은 더 집중해서 공부할 것입니다. 이런 과정을 통해 자녀의 자아실현 가능성이 높아집니다. 이처럼 누군가로부터 인정을 받는다는 것은 단순히 기분이 좋아지는 것을 넘어 자아실현에까지 영향을 미칩니다.

140 그런데 앞의 사례는 인정과는 반대되는 상황입니다. 아이에게 "넌 수학을 못해서 과학자가 되기 힘들 거야"라고 말하는 아버지는 아이의 정체성을 긍정하지 않고 있습니다. 아이를 인정하는 것이 아니라 무시하는 것이지요. 이때 아이는 자아를 실현하기 힘듭니다. 앞에서 이야기했듯이 사람들은 기본적으로 다른 사람에게 인정받고 싶어합니다. 다른 사람의 인정을 통해 집단 속에서 자신의 정체성을 확인할 수 있기 때문입니다. 인정과 반대되는 개념은 무시입니다. 무시란 '인정받고 싶어하는 기대가 다른 사람에 의해 무산되는 체험'이라고 할 수 있습니다. 이를테면 노래방에서 열심히 노래를 부르는데 아무도 호응해주지 않고 자기들끼리만 이야기하거

나 생일에 아무도 축하의 말을 건네지 않을 때 느끼는 감정이 바로 무시입니다. 누구나 한 번쯤 다른 사람에게 인정받지 못하고 무시를 당한 경험이 있을 것입니다. 이처럼 인간은 다른 사람과의 관계에서 인정이나 무시의 체험을 통해 자신의 정체성을 확인합니다.

그러나 상대방을 향한 인정이나 무시의 감정은 일방적이지 않습니다. 쌍방향으로 작용합니다. 사람은 누군가에게 인정받았을 때 자신을 인정해준 그 상대방을 긍정하게 됩니다. 반대로 무시당했다는 느낌이 들면 기분이 나빠지고 자신을 무시한 상대를 증오하게 됩니다. 그리하여 자신을 무시하는 대상이나 집단과 관계를 정리하거나 심한 경우에는 아예 관계를 끊어버리기도 합니다. 아버지에게 무시당한 아이는 아버지를 좋아할까요? 당연히 싫어할 것입니다. 인간의 본성상 자신을 무시한 상대를 마냥 긍정할 수는 없습니다.

노래방에서 노래를 부르고 있는데 아무도 들어주지 않으면 마이크를 내던지고 뛰쳐나가고 싶은 심정이 드는 것도 같은 이치입니다. 호네트는 이런 태도를 '사회적 투쟁'이라고 했습니다. 이런 사회적 투쟁의 결과는 자존감 하락과 소속감 파괴를 가져옵니다. 또한 자신에 대한 부정적 정체성으로 이어집니다. 이처럼 사람들은 다른 사람에게 인정받았을 때에는 긍정적 자아가 형성되어 상대에게도 호의를 보이지만 무시를 당하면 부정적 자아가 형성되어 사회적 투쟁을 벌이게 됩니다. 따라서 상대방과 좋은 관계를 유지하려면 먼저 상대방을 인정하는 태도를 갖는 것이 중요합니다.

상대를 인정하려면 어떻게 해야 할까요? 호네트는 상대방을

141

인정하는 방법으로 세 가지 유형을 제시했습니다. 먼저 '사랑'입니다. 인간은 다른 사람과의 관계에서 사랑이라는 인정을 경험하면서 자신감을 얻고 긍정적인 자기의식을 형성합니다. 이를테면 부모에게 사랑을 많이 받은 아이일수록 스스로를 긍정적으로 생각하고 삶에 대해 자신감을 갖습니다. 다른 사람의 사랑을 경험할수록 자신의 욕구와 필요가 충족될 수 있고, 또 언제든지 보살핌을 받을 수 있다는 믿음을 갖게 됩니다. 그 결과 매사에 자신감 있게 행동하게 됩니다.

호네트에 따르면 이런 사랑이라는 인정 경험은 단지 부모-자식처럼 사적 관계에서만 이루어지는 것이 아닙니다. 사회적 관계에서도 사랑을 많이 경험하게 되면 자신감이 생깁니다. 예를 들어 개인적인 어려움에 처한 사람을 주위에서 애정을 갖고 배려하면서 도와주는 풍토가 조성된 사회라면 그 사회 구성원도 스스로를 긍정하고 자신감을 갖는 경향이 커집니다. 사회 전반에 걸쳐 사회적 약자를 배려하고 도와주는 풍토가 조성되면 전체 구성원의 자신감은 올라가게 됩니다. 그러므로 사회 전반에 사랑이 넘치는 환경이나 문화를 조성해야 합니다.

둘째, '권리 부여'입니다. 인간은 권리 부여라는 인정을 경험하면서 자존심이라는 긍정적 자기의식을 형성합니다. 반대로 자신에게 다른 사람과 동등한 권리가 주어지지 않으면 무시당했다는 느낌을 받습니다. 여러 사람이 함께하는 예능 프로그램에 나갔을 때를 생각해봅시다. 다른 사람에게는 이야기할 기회가 많이 주어지는데, 자신에게는 별로 말할 기회가 주어지지 않는다면 기분이 어떨까요? 아마도 '꾸어다놓은 보릿자루' 같아 보이면서 무시당한 기분이 들 것입니다. 이처럼 자신에게 다른 사람과 동등한 권리가 주어지지 않을 때에는 무시당했다는 느낌이 들면서 긍정적인 자기의식을 갖기 힘듭니다.

사랑과 마찬가지로 인정 경험으로서 '권리 부여'는 사회적 관계에서도 매우 중요한 문제입니다. 사회의 정상적인 구성원들이 누리는 제도적 권리가 자기에게도 주어질 때 다른 사람과 마찬가지로 사회로부터 존중받고 있다고 느낍니다. 반대로 보통 사람들이 누리는 사회적 권리가 자기에게는 주어지지 않는다면 사회로부터 인정받지 못했다는 느낌을 갖습니다. 이민을 떠난 사람들은 사회적 권리 부여의 문제를 절감하는 경우가 많습니다. 자국민에게는 당연하게 주어지는 국민으로서의 권리를 이민자들은 누리지 못하는 경우가 많기 때문입니다. 이민자들이 시민권을 얻기 전까지는 동등한 사회 구성원으로 인정받지 못하고 있는 셈입니다. 따라서 긍정적인 자기의식을 갖기가 매우 어려워집니다.

143

사회적 권리 부여의 문제는 이민자의 경우처럼 국가라는 범위를 넘어선 경우에만 생기는 것이 아닙니다. 내 나라에 살면서도 사회의 정상적인 구성원으로서의 권리를 부여받지 못한다는 느낌을 갖는 경우도 많습니다. 예를 들어 취업 준비생이 자신이 원하는 회사에 정규직으로 취업하면 '자신에게 권리가 주어졌구나'라는 생각과 함께 인정받았다는 느낌을 갖습니다. 반면에 취업에 실패했거나 정규직이 아닌 비정규직으로 취업하면 '권리 부여' 면에서는 인정받았다는 느낌을 갖기 힘듭니다. 그 결과 '아, 나는 이 사회가 필요로 하는 사람이 아닌가보다'라고 생각하면서 부정적 자기의식을 갖게 됩니다. 요즘 취업 준비생은 좋은 일자리를 얻기 힘든데, 이는 우리 사회가 청년들에게 권리 부여를 못 해주고 있다고 해석할 수 있습니다. 하루빨리 청년 실업문제가 해소되어 취업 준비생들에게 좋은 일자리가 많이 주어지는 사회를 만들어야겠습니다.

셋째, '사회적 연대'입니다. 인간은 사회적 연대를 경험하면서 자부심이나 자긍심을 느끼고 그것으로 긍정적 자기의식을 형성합니다. 이때 다른 구성원들로부터 공동체에 기여할 수 있는 사람임을 인정받아야 한다는 전제조건이 따릅니다. 다시 말해 공동체의 구성원들로부터 가치 있는 존재로 인정받을 때 개인은 사회적 연대를 경험하게 되고, 이를 통해 긍정적인 자기의식을 형성할 수 있습니다.

사실 이런 사회적 연대는 우리가 일상에서 자주 경험합니다. 부모가 아이를 자랑스럽게 생각하고 "우리 아들 최고! 우리 딸 최고!"라는 평가를 하면 아이는 가족 구성원으로서 연대감을 느끼고 긍지를 갖게 됩니다. 반면 "쟤는 누굴 닮아서 저런 거야. 남들 보기에 창피해죽겠어!"라는 말을 들으면 가족 구성원으로서의 사회적 연대감을 느끼기 어렵고 긍정적인 자기의식도 갖기 힘듭니다. 가족관계만이 아닙니다. 동호회 모임에서도 다른 구성원들이 자신에게 강한 연대감을 표현할 때 그는 자신이 집단의 소중한 구성원으로 평가받고 있다는 자부심을 느끼게 되고 동호회 활동을 열심히 하게 됩니다. 이와는 반대로 집단 구성원들이 개개인을 가치 있게 평가하지 않으면 집단의 일원으로서의 연대감을 갖기 어렵습니다.

144

어떤 개인이나 집단이 사회적 연대에서 배제되면 어떻게 될까요? 대표적인 예로 요즘 우리 사회에 널리 퍼져 있는 '왕따' 현상을 꼽을 수 있습니다. 가정이나 학교, 직장이나 사회에서 따돌림을 당하면 당사자는 해당 공동체에서 소중한 존재로 평가받고 있다는 의식을 가질 수 없습니다. 이로 인해 열등감이나 자기비하 같은 부정적 자기의식을 갖게 되고 집단으로는 소속감과 결속력을 해치는 결과로 이어집니다.

한편, 사회적 연대에서 인정받으려면 자신이 그 집단에서 가치 있는 존재임을 인식해야 합니다. 집단 내 존재 가치의 인식이 높을수록 해당 공동체에 대한 소속감이 커지고 스스로에 대한 자부심도 커집니다. 예를 들어 축구 동호회에서 '에이스'라고 평가받는 사람은 해당 동호회 구성원으로서의 긍지를 더 크게 느끼면서 동호회 활동을 열심히 하게 됩니다. 영화나 드라마를 제작하는 경우에도 주연 배우가 엑스트라보다 해당 영화나 드라마에 더 많은 애착을 갖고 긍지를 느끼는 것도 같은 이치입니다.

지금까지 호네트의 인정 이론에 대해 살펴보았습니다. 인간은 누구나 다른 사람에게 인정을 받고 싶어합니다. 다른 사람에게 인정을 받은 사람은 스스로에 대해 긍정적인 자기의식을 형성하게 되고, 또 자신을 인정해준 사람에게 호의적인 반응을 보입니다. 가까운 사람끼리 좋은 관계를 만들고 싶다면 사랑, 권리 부여, 사회적 연대 등을 통해 먼저 상대방을 인정해주려고 노력해야 합니다.

145

갈등

젊은이들은
왜 버릇이 없을까?

146 핵가족의 영향인지 모르겠지만 요즘은 예전보다 세대 간 갈등이 더 심해진 것 같습니다. 종종 "요즘 젊은이들은 너무 버릇이 없다"라는 말을 하는데, 이는 역사적으로 기원전 1700년경 수메르 시대에 쓰인 점토판에 "요즘 젊은것들은 어른을 공경할 줄 모르고 버르장머리가 없다. 말세다"라는 글귀에서 비롯되었다고 할 수 있습니다. 지금으로부터 무려 3700여 년 전부터 이미 젊은이들은 어른들이 보기에 버릇이 없었나봅니다.

그리스의 철학자 소크라테스도 젊은이들을 향해 "요즘 아이들은 버릇이 없다. 부모에게 대들고, 음식을 게걸스럽게 먹고, 스승에게도 대든다"라고 한탄했습니다. 세계 4대 성인聖人의 한 사람으로 추앙받는 소크라테스조차 당시 젊은이들의 버릇없음이 무척이나 못마땅했나봅니다. 예나 지금이나 젊은이들은 대체로 버릇이 없고, 또 그런 젊은이들을 어른들은 마뜩하지 않게 바라본 것 같습니다. 많은 사람이 걱정하는 세대 간 갈등은 요즘 생겨난 것이 아니라 옛날부터 이어져 내려온 역사적 뿌리가 있는 현상이라고 할 수 있습니다.

예로부터 어른들 눈에는 젊은이들이 하는 행동이 마음에 들지 않을 때가 많았나봅니다. 아닌 게 아니라 요즘 젊은이들은 어른들 상식으로는 이해하기 힘든 기행奇行을 많이 합니다. 취업이 어렵다고 난리를 치는데도 어렵게 들어간 직장을 한 달 만에 관두거나, 명절 연휴에 조상님은 모시지 않고 해외여행을 가거나, 사람들이 뻔히 보는 길거리에서 남녀가 키스를 하거나, "신체발부 수지부모身體髮膚受之父母"임에도 온몸에 문신을 새기는 등 어른들이 이해하기 힘든 행동을 합니다. 이런 모습을 보면 어른들은 어김없이 "요즘 애들 참 버릇이 없다. 말세다, 말세야!" 하며 혀를 찹니다.

147

어른들이 주장하는 말세末世란 말 그대로 '세상의 종말'을 뜻합니다. 사전에는 '정치, 도덕, 풍속 따위가 아주 쇠퇴하여 끝판이 된 세상'이라고 정의되어 있습니다. 어른들 생각에는 요즘 젊은이들의 기이한 행동을 보고 있노라면 이대로 가다 가는 정말 세상의 종말이 찾아올 것처럼 여겨지나봅니다. 정말 젊은이들이 이상한 행동을 많이 하면 어른들 말씀처럼 세상의 종말이 찾아올까요? 실제로는 그렇지 않습니다. 어른들의 우려와 달리 젊은이들이 아무리 해괴망측한 행동을 하더라도 실제로 세상이 끝장나는 일은 없을 것입니다. 하지만 말세라고 주장하는 어른들의 주장은 전혀 틀린 말이 아닙니다.

프랑스의 철학자 미셸 푸코는 르네상스 시대부터 근대에 이르는 서구의 역사를 분석하면서 재미있는 결과를 발견합니다. 흔히 역사는 과거부터 현재를 거쳐 미래까지 계속 이어져나가는 연속적 과정으로 알고 있는데, 푸코의 분석에 따르면 이는 사실이 아닙니다. 그의 주장에 따르면 역사는 과거-현재-미래로 이어지지 않고 중간에 단절되는 불연속 지점이 있습니다. 그는 이런 단절과 불연속을 설명하기 위해 '에피스테메Episteme'라는 개념을 소개합니다.

지식의 고고학자라 불리는 푸코는 어느 시대나 문화에는 그곳에서만 통용되는 지식이나 규칙이 있다고 보았습니다. 이를테면 르네상스 시대에는 그 시대에만 통용되는 인식의 규칙이 있었는데, 이것을 '에피스테메'라고 불렀습니다. 에피스테메는 '특정한 시대에 우리 인식의 지평과 구조를 가능하게 하는 특별한 규칙'인 셈입니다. 예컨대 조선시대에는 남편이 일찍 죽더라도 여성은 재가하지 못한다는, 이른바 '삼종지도三從之道'라는 규범에 따라야 했습니다. 삼종지도란 당시 사람들이 세상을 인식하는 규칙, 에피스테메인 셈입니다. 그 결과 당시 사람들은 대부분 삼종지도라는 규범을 지켰습니다. 요즘은 어떨까요? 지금도 삼종지도라는 에피스테메는 여전히 유효한 규칙일까요?

요즘 우리에게는 조선시대에 존재했던 삼종지도 같은 에피스테메가 없습니다. 삼종지도라는 에피스테메는 조선시대에만 존재했던 것으로 현대에서는 단절된 규칙입니다. 이처럼 문화의 역사에는 사람들의 인식을 규정짓는 규칙인 에피스테메가 존재하는데, 이것은 계속 이어지는 것이 아니라 중간중간 단절된다는 것이 푸코의 주장입니다. 그에 따르면 르네상스 이후 서양 문화의 에피스테메에는 두 차례의 중대한 불연속이 있었습니다. 그 결과 서양 문화는 르네상스 시기-고전주의-근대 시기로 나뉘는데, 각각의 시기는 서로 다른 시대라는 것입니다. 각 시대에 통용되는 인식의 규칙이 서로 달랐기 때문입니다.

결국 에피스테메란 각 시대마다 사람들이 공통적으로 인식하게 만드는 규칙 같은 것입니다. 따라서 에피스테메가 달라지면 세상도 달라진다고 해도 무방합니다. 어른들이 보기에 젊은이들의 기이한 행동이 이해되지 않는 것은 서로 간의 에피스테메가 다르기 때문입니다. 그러므로 어른들이 "말세다, 말세야"라고 한탄하는 것은 터무니없는 말이 아닙니다. 물론 젊은이들이 기행을 많이 한다고 해서 물리적 세상이 끝장나는 것은 아닙니다. 하지만 인식과 문화적 동일성이 유지되는 세상은 끝났다고 보는 것이 맞습니다. 에피스테메가 다른 세상은 전혀 딴 세상이 되는 것입니다. 요즘도 누군가가 삼종지도를 따라야 한다고 강요한다면 어떻게 될까요? 아마 다른 나라나 딴 세상 사람으로 생각할 것입니다. 이처럼 에피스테메가 다르면 세상도 달라짐을 의미합니다.

우리에게 에피스테메에 대한 푸코의 통찰이 중요한 이유는 에피스테메의 차이를 이해하지 못하면 타인과의 갈등이 생길 수 있기 때문입니다. 만약 누군가가 요즘 시대에도 삼종지도의 에피스테메를 요구한다면 다른 사람과 원만한 관계를 유지하기 어려울

149

것입니다. 세대 간 갈등이 생기는 가장 큰 원인도 바로 에피스테메가 다르기 때문입니다. 서로가 공유하는 에피스테메가 다르면 서로 다른 규칙 속에 살고 있다고 할 수 있습니다. 그렇기 때문에 상대를 이해하기 어렵고 소통하기도 힘듭니다. 그 결과 갈등으로 이어지기 쉽습니다.

그런데 요즘은 과거보다 세대 간 갈등이 더 심해지는 추세입니다. 세상이 빨리 변해서 공통으로 적용되는 에피스테메의 유효 기간이 점점 짧아지기 때문입니다. 에피스테메를 주장한 푸코가 살았던 시대만 하더라도 부모와 자식 간에는 똑같은 에피스테메 속에서 사는 경우가 대부분이었습니다. 그래서 세대 간 갈등이 적었습니다. 그런데 지금은 부모와 자식 세대가 서로 다른 에피스테메 속에서 사는 경우가 많습니다. 서로 간의 규칙이 다르기 때문에 공통으로 적용되는 부분이 적어질 수밖에 없습니다. 이로 인해 서로 간의 갈등이 과거보다 커졌습니다. 요컨대 세대 간 갈등이 늘어난 원인은 바로 에피스테메 때문입니다.

세대 간 갈등을 줄일 수 있는 방법은 없을까요? 특정한 원인 때문에 문제가 생겼다면 해결책도 그 원인에서 찾아야 합니다. 먼저 "역사는 계승되지 않고 단절된다", "각 시대마다 적용되는 에피스테메는 서로 다르다"는 푸코의 진단을 이해한다면 세대 간 갈등을 줄이는 데 도움이 될 것입니다. 어른들이 '역사는 이어진다' 또는 '역사를 계승해야 한다'는 인식을 갖고 있으면 젊은이들이 행하는 특이한 행동은 잘못된 행동으로 해석하기 쉽습니다. 그들의 행동은 역사에 반하는 행위가 되거든요. 그리하여 갈등이 생기기 쉽습니다. 반대로 푸코의 주장처럼 역사는 원래 불연속의 과정이며 각 시대마다 에피스테메가 다르다는 사실을 받아들인다면 젊은이들의 독특한 행동을 조금은 이해할 수 있는 여지가 생깁니다. 이는 갈등의 소지를 줄이는 효과가 있습니다. 인식을 조금만 바꾸어도 갈등을 줄일 수 있습니다.

푸코의 에피스테메 개념은 자신도 모르게 무의식적으로 따르거나 강요하는 삶의 규칙이 있다는 사실을 자각하는 데 도움을 줍니다. 사람은 나이가 들수록 고정관념이 많아집니다. 이는 어쩔 수 없는 필연적 과정입니다. 이를 좋게 해석하면 경륜이나 연륜이 쌓인다고 볼 수 있습니다. 하지만 다르게 해석하면 무의식적으로 받아들이는 삶의 규칙이 많다는 의미일 수도 있습니다. 문제는 자신이 가진 에피스테메가 시대에 맞지 않을 때 생깁니다. 그렇게 되면 시대에 맞지 않는 규칙을 다른 사람에게 강요할 수도 있습니다. 그러므로 자신이 받아들인 에피스테메가 시대에 맞는지 살펴보는 자세가 필요합니다.

어떤 사람은 이렇게 반문할 수도 있습니다. 세대 간 갈등이 에피스테메의 차이 때문이라면 젊은이들이 어른들의 규칙을 받아들여 어른들에게 맞춰줄 수도 있지 않겠습니까라고 말이죠. 이는 충분히 논의할 만한 지적입니다. 물론 신세대가 기성세대의 에피스테메를 고려해 그것에 맞추면 갈등이 생기지 않을 수도 있습니다. 상대방과 나와의 다름을 인정하는 노력은 세대에 관계없이 모두에게 필요한 태도입니다. 푸코도 극단적으로 자신의 에피스테메만을 고집하기보다는 '바깥의 사유'를 중요시했습니다. 나와 다른 에

151

피스테메의 관점을 받아들이려는 노력이 필요하다고 본 것입니다. 서로가 상대방의 입장을 이해하려고 노력해야 사회 전체의 갈등이 줄어들 것입니다.

하지만 어른들도 젊은 세대의 에피스테메를 이해하려는 노력이 필요합니다. 역사의 강물은 위에서 아래로 흐르기 때문입니다. 지금까지 세대 간 갈등이 생기는 현상에 대해 이야기했습니다. 세대 간 갈등은 누가 특별히 잘못해서 생기는 것이 아닙니다. 서로가 다른 규칙, 에피스테메 속에서 살아가고 있기 때문입니다. 그러므로 상대방의 규칙, 상대방의 에피스테메를 이해하려고 노력한다면 그만큼 갈등도 줄일 수 있을 것입니다. 지금 세대 간의 갈등을 느끼고 있다면 나에게도 무의식적으로 받아들인 에피스테메가 있는 것은 아닌지 각자 한 번씩 살펴보는 것은 어떨까요?

152

새해가 되면 사람들은 덕담德談을 주고받습니다. 덕담이란 말 그대 **153**
로 '덕이 담긴 말'을 뜻합니다. 덕담을 통해 상대방에게 행운과 축
복을 기원하는 것입니다. 새해 덕담으로는 주로 어떤 말을 나눌까
요? 아마도 "새해 복 많이 받으세요"라는 말일 것입니다. 복을 기
원하는 가장 무난한 표현이라 여겨집니다. 그렇다면 "복 많이 받
으세요"라는 덕담을 많이 받은 사람에게 진짜로 복이 찾아올까요?
반드시 그렇지 않습니다. 그런 덕담을 수없이 들어도 실제로 복이
찾아오는 경우는 거의 없습니다. 복福이란 살면서 누리는 좋고 만
족스러운 것을 이릅니다. 예컨대 넓은 집, 좋은 차, 많은 돈, 높은
명성 등은 복된 것에 속합니다. 그런데 이런 것은 말로 주고받을

수 있는 것이 아닙니다. 우스갯소리처럼 들리겠지만 새해 복 많이 받으라는 덕담과 함께 돈까지 건네야 제대로 복을 주는 것입니다. 그래서 새해에 으레 건네는 덕담은 실제와 아무 상관 없는 인사치레에 불과합니다.

그런 이유 때문인지 몰라도 요즘에는 복 받으라는 상투적인 표현보다는 상대방의 상황에 맞는 덕담을 건네는 경우가 많습니다. 사업을 하는 사람에게는 "대박 나세요", 취업 준비생에게는 "좋은 회사에 취직해라", 미혼 남녀에게는 "좋은 짝 만나 올해는 꼭 결혼해라" 등의 맞춤형 덕담을 하기도 합니다. 그런데 이렇게 상대를 고려해서 건네는 덕담을 상대방은 좋아할까요? 말하는 이가 좋은 의도로 덕담을 건네도 당사자는 싫어하는 경우가 많습니다. 노총각, 노처녀는 명절 때 "올해는 꼭 결혼해라"라는 소리가 가장 듣기 싫다고 합니다. 이렇게 덕담을 해주어도 싫어하는 경우가 있는데, 왜 그런 것일까요? 가장 큰 이유는 그런 덕담을 받는다고 해서 실제로 이루어지는 것이 아니기 때문입니다. 덕담과 실제는 상관없습니다. 덕담은 그냥 덕담일 뿐입니다. 좋은 사람을 만나라고 하면서 실제로 좋은 사람을 소개시켜주지는 않거든요. 그래서 그런 말을 들으면 오히려 더 짜증을 내는 것입니다.

사람들이 자주 하는 덕담에는 공통점이 있습니다. '무엇인가를 얻기 바란다'는 메시지를 담고 있다는 점입니다. 주로 돈, 지위, 명성 등과 같이 '소유'와 관련된 것입니다. 돈 많이 벌어라, 승진해라, 명문대에 합격해라, 출세하라 등 세속적인 욕망을 성취하라는 이야기뿐입니다. 이와 달리 더 많이 베풀어라, 더 많이 사랑해라, 더 깊이 사색하라 등 소유적이지 않은, '존재'적인 덕담을 건네는 경우는 거의 없습니다.

왜 그런 것일까요? 사람들의 의식 속에는 무언가를 더 많이 소유할수록 복된 것이라는 인식이 깔려 있기 때문입니다. 언제부터인지 우리는 사람의 행복과 불행을 평가할 때 그 사람의 '존재'보다는 그가 '무엇을 소유하고 있는지'를 보고 판단하는 경향이 생겼습니다. 많이 가지면 많이 가질수록 더 행복할 것이라는 믿음을 갖게 된 것입니다. 그런데 이런 믿음은 사실일까요? 이에 대해서는 단정지어 말하기보다 좀더 깊이 생각해보아야 합니다.

대체로 사람들은 많이 가질수록 더 행복할 것이라고 믿습니다. 고급 아파트에 살면서 명품 옷을 걸치고 값비싼 외제차를 몰고 다니는 사람이 그렇지 못한 사람보다 행복할 것이라고 막연히 믿습니다. 하지만 실제로는 그렇지 않습니다. 소유물이 우리를 행복하게 만드는 데는 한계가 있기 때문입니다. 심지어 소유물에 집착하면 집착할수록 불행해지는 경우가 많습니다. 독일의 철학자 프리드리히 니체는 소유물과 행복의 관계가 때로는 역전되기도 한다고 보았습니다. 그는 "소유가 소유한다―소유는 단지 어느 한계까지만 인간을 더 독립적이고 자유롭게 만들어줄 수 있다. 그 한계에서 한 단계만 나아가면, 소유는 주인이 되고 소유자는 노예가 된다"라고 했습니다. 니체는 "소유가 소유한다"는 말로 인간의 맹목적인 소유 욕망을 경계했습니다. 그는 소유물이 어느 선까지는 인간을 더 독립적이고 자유롭게 만들지만 그 경계를 넘어서면 관계가 역전된다고 보았습니다. 소유에 집착할수록 소유물이 주인이 되고

155

인간이 노예가 된다는 것입니다.

　독일의 사회학자 에리히 프롬은 『소유냐 존재냐 Haben oder Sein』에서 인간의 존재방식을 '소유 중심의 삶'과 '존재 중심의 삶'으로 구분합니다. '소유 중심의 삶'을 사는 사람은 무엇인가를 소유하는 데 우선순위를 둡니다. 좋은 차를 가지려 하고 많은 돈을 모으는데 몰입합니다. 반면에 '존재 중심의 삶'을 사는 사람은 소유보다는 '존재 그 자체'에 중점을 둡니다. 자신의 자아나 내면의 깊이를 갖추는 데 집중합니다.

　프롬은 소유적 실존 양식에 따라 사는 사람은 행복하기 힘들다고 말합니다. "만약 나의 소유가 곧 나의 존재라면, 나의 소유를 잃을 경우 나는 어떤 존재인가? 패배하고 좌절한, 가엾은 인간에 불과하다." 자신의 존재가 자신이 소유한 것에 근거하고 있다면 그것을 잃을 경우 자신의 존재도 사라지고 만다는 것입니다. 예를 들어 가진 돈이 많아서 스스로 자긍심을 가졌던 사람은 돈을 잃어버리면 자긍심도 사라집니다. 이런 사람들은 소유물이 많고 적음에 따라 자신의 존재가 달라집니다. 이쯤 되면 니체의 주장처럼 소유물이 주인이 되고 자신은 노예가 되는 것입니다.

　소유 중심의 삶을 사는 사람은 소유물로 인해 행복감을 느끼기보다 그것을 잃을까봐 조바심을 내기 쉽습니다. 그러면 행복한 삶을 느끼기 힘듭니다. 돈을 많이 가진 사람은 돈을 잃지 않을까 하고 마음을 졸이며 높은 지위에 있는 사람은 지위를 잃지 않을까 하고 노심초사합니다. 다시 말해 자신의 소유물이 행복을 주기보다는 불안을 가중시킨다는 논리입니다. 프롬의 주장처럼 소유물이 행복보다는 불안감을 줄 때가 많다는 데는 동의하나요? 일부 수긍하는 면은 있지만 대부분 동의하기 힘들 것입니다.

그런데 현실에서는 소유물이 우리를 괴롭히는 경우가 의외로 많습니다. 예를 들어 어떤 사람이 큰마음 먹고 새 차를 구입했다고 합시다. 그 차는 기존에 타던 차와는 비교가 되지 않을 정도로 비싼 고급 차입니다. 값비싼 고급 차를 구입한 차 주인은 그 차 때문에 행복할까요? 그렇지 않습니다. 처음 얼마 동안은 새 차 때문에 행복하겠지만 그런 기분은 잠시뿐입니다. 얼마 지나지 않아서 누가 흠집이라도 내지 않을까, 혹시 주차장에서 옆 차가 상처라도 내지 않을까 하면서 노심초사하게 됩니다. 아마 새 차를 구매해본 적 있는 사람은 대부분 공감할 것입니다. 이처럼 소유적 실존 양식에 따라 사는 사람은 생각처럼 행복해지기가 쉽지 않습니다. 그가 가진 소유물이 행복감을 주기보다는 걱정거리를 만들기 때문입니다. 이와 달리 소유가 아닌 존재적 실존 양식을 가진 사람은 무언가를 잃을 걱정으로부터 자유롭습니다.

157

소유적 실존 양식으로 사는 사람은 아무리 많은 소유물을 가졌어도 그것을 마음대로 사용하지 못하는 경우가 많습니다. 사용과 동시에 소유물이 줄어들기 때문입니다. 마치 구두쇠가 금고에 억만금을 쌓아놓고도 돈이 줄어드는 것이 아까워 궁핍하게 사는 것과 같습니다. 이런 이유 때문에 소유 중심의 삶을 사는 사람은 좀처럼 행복해지기 어렵습니다.

내가 가진 소유물이 나를 행복하게 하지 않는다면 더이상 소유하지 않으려고 노력해야 할까요? 그렇지 않습니다. 소유 중심의 삶이 행복하기 어렵다는 사실을 알아도 현실에서 모든 소유적 욕망을 배제하는 것은 결코 쉬운 일이 아닙니다. 이미 소유적 지배 구조 속에 깊숙이 발을 들여놓았기 때문입니다. 프롬에 따르면 존재적 실존 양식은 우리가 소유적 실존 양식을 얼마나 제거하는지에 달렸다고 주장합니다. 다시 말해 우리가 소유에 집착하는 태도를 줄이려고 얼마나 노력하는지에 따라 존재적 실존 양식이 가능하다는 것입니다. 따라서 존재 중심의 삶은 자신이나 타인을 평가할 때 그 사람이 가진 재산, 직위, 타고 다니는 차, 입고 있는 옷 등 소유적인 것에 집착하기보다는 자신과 타인의 내면적 실재에 몰두하는 태도를 가질 때 비로소 가능해집니다. 한마디로 소유물에 집착하기보다 내면을 가꾸는 데 몰두해야 한다는 것입니다.

새해가 되면 한 해 계획을 세웁니다. 지금부터는 소유적 패러다임에서 벗어나 존재적 실존 양식에 따라 계획을 세워보면 어떨까요? '무엇을 소유하겠다'는 계획보다는 어떻게 하면 자신의 존재적 깊이를 더할 수 있을지를 고민해보라고 권하고 싶습니다. 프롬이 말했듯이 우리가 얻고자 하는 소유물은 설령 그것을 얻게 되더라도 큰 행복을 가져다주지 않을 수 있기 때문입니다.

중세의 신학자 마이스터 요하네스 에크하르트는 이렇게 말했습니다. "인간이 깊이 생각해야 할 것은 내가 무엇을 '행해야 할 것인가'보다는 나는 과연 '어떤 존재인가' 하는 것이다." 인간에게 중요한 것은 소유가 아니라 '나는 어떤 존재인가'를 아는 것, 다시 말해 존재적 실존 양식의 회복 여부입니다. 자신이 진정 원하는 삶을 살고 싶거나 행복해지기를 원한다면 지금부터 자신의 삶을 소유가

158

아닌 존재 중심으로 바꾸어야 합니다. 이를 위해 먼저 새해에 건네는 덕담부터 소유가 아닌 존재적 표현으로 바꾸어보기를 권하겠습니다. "새해에는 대박 나세요"보다는 "새해에는 더 많이 사랑하세요, 새해에는 더 많이 깊어지세요"라고 말입니다.

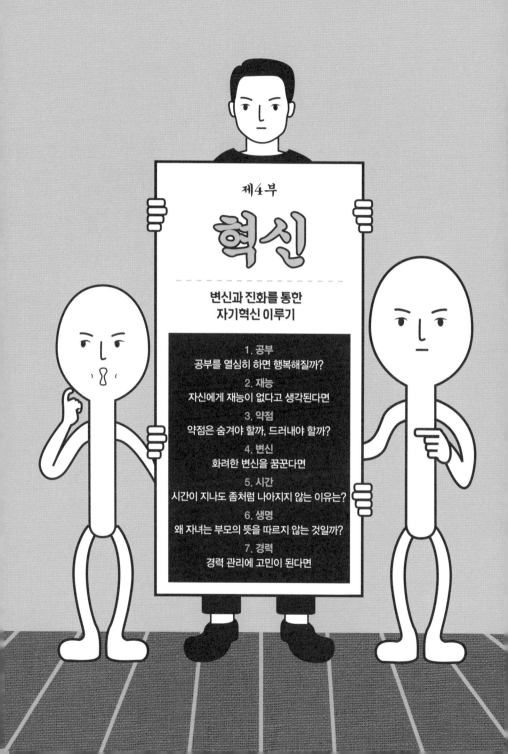

제4부

혁신

변신과 진화를 통한
자기혁신 이루기

공부

공부를 열심히 하면
행복해질까?

162   현대인들은 효율성을 추구하기 위해 노력하지만 옛날 사람들보다
비효율적인 경우가 많습니다. 비효율의 대표적인 분야가 바로 '공
부'가 아닐까 싶습니다. 예전에는 기본적인 교육, 즉 고등학교 교
육만 받아도 먹고사는 데 필요한 지식이나 기술을 습득할 수 있었
습니다. 물론 당시에도 대학교수나 사회 지도층을 꿈꾸는 사람은
더 많은 공부를 해야 했지만 대체로 공부에 그다지 많은 투자를 하
지 않아도 살 수 있었습니다. 하지만 요즘은 웬만한 직장을 얻으려
면 과거에 비해 훨씬 많은 투자를 해야 합니다. 고학력은 물론 전
공 지식, 어학, 각종 스펙 등 준비해야 할 것이 많아졌고 투자 기간
도 길어졌습니다. 그런데도 원하는 직장을 구하기란 하늘의 별 따

기입니다. 심지어 대기업 정규직으로 들어가기가 낙타가 바늘구멍에 들어가기보다 더 어렵다고 할 정도입니다. 이것만 보더라도 공부에 대한 투자 효율성이 예전보다 나빠진 것만은 분명합니다.

그뿐이 아닙니다. 직장에 들어간 뒤에도 공부를 게을리할 수 없습니다. 성과 경쟁에서 밀려나 자칫 힘들게 구한 직장을 잃을 위험이 있기 때문입니다. 그래서 요즘 현대인은 직장에 들어가기 전에도 공부, 직장에 들어가서도 공부를 해야 하는 운명입니다. 오죽하면 '평생 학습'이라는 말이 생겨났겠습니까. 이런 이유로 요즘 직장인들은 자기계발에 열심입니다. 하지만 지금처럼 사회 전반에 공부나 자기계발 열풍이 부는 것이 바람직한 현상일까요?

관점에 따라 해석이 다를 수 있으므로 정답은 없습니다. 하지만 판단조차 못 하는 것은 아닙니다. 자기계발 열풍이 바람직한 현상인가, 아닌가에 대한 판단은 자기계발을 통해 행복에 이를 수 있는지에 따라 달라집니다. 아무리 힘들어도 행복해질 수 있다면 나쁜 일이 아닙니다. 하지만 자기계발을 열심히 해도 행복해지지 않는다면 바람직하다고 할 수 없습니다. 그래서 앞의 질문은 "우리는 자기계발을 열심히 하면 행복해질 수 있을까요?"라고 물어보는 것이 타당합니다.

이 질문의 답변도 그리 간단하지 않습니다. 자기계발을 통해 행복해지는 사람도 있고 아닌 사람도 있기 때문입니다. 하지만 확률로 따지면 자기계발을 통해 행복에 이르는 사람보다는 그렇지 않은 사람이 더 많은 것 같습니다. 주위를 둘러보면 자기계발에 '투자중'인 사람은 많지만 그것 때문에 행복해졌다고 말하는 사람은

163

찾기 힘듭니다. 그러므로 오늘날 벌어지고 있는 자기계발 열풍은 전체적으로 보면 투자 대비 효율성이 매우 낮은 활동이라고 할 수 있습니다.

왜 자기계발을 위한 투자를 많이 하는데도 사람들은 행복에 이르기가 힘든 것일까요? 가장 먼저 떠오르는 답은 '경쟁이 심해서' 입니다. 틀린 말은 아닙니다. 하지만 행복은 다른 사람과 경쟁을 해서 얻는 것이 아닙니다. 그러므로 행복하지 못한 원인을 경쟁 탓으로 돌리는 것은 논리적 비약이라고 생각됩니다. 사람들이 자기계발을 열심히 해도 행복에 이르지 못하는 첫번째 이유는 아마도 목표 수준을 너무 높게 잡기 때문이 아닌가 싶습니다. 자기계발이란 본래 자신의 잠재된 가능성을 스스로 이끌어내는 것입니다. 하지만 오늘날 유행하고 있는 자기계발은 자기 가능성의 범위를 넘어 가능하지 않은 것에까지 도전하는 경우가 많습니다. 처음부터 가능성이 극히 낮은, 또는 심지어 불가능한 영역에 도전하기 때문에 행복하기가 힘든 것입니다.

가능성이 낮거나 불가능한 영역에 도전한다는 말이 언뜻 이해되지 않을 수 있습니다. 오늘날 사람들이 하는 자기계발 행위를 자세히 살펴보면 계발 영역이 다양해졌음을 알 수 있습니다. 요즘의 자기계발 열풍은 개인의 사회적 능력을 개발하는 것뿐 아니라 신체 개발에도 열중인 경우가 많습니다. 몸짱 열풍, 다이어트 열풍, 심지어 성형 열풍까지 도전 영역이 매우 다양해졌습니다. 그런데 몸짱이나 다이어트의 목표 수준을 보면 놀라울 정도입니다.

남성 가운데 몸짱에 도전하려는 사람이 제법 많은데, 이들은 주로 TV에 나오는 몸매 좋은 모델 같은 사람이 목표입니다. 하지만 그들은 다른 일은 하지 않고 몸 만드는 일에만 죽어라 매달리므로 일반인이 모델처럼 되는 것은 거의 불가능에 가깝습니다. 여성이 많이 하는 다이어트도 가히 살인적인 경우가 많습니다. '저렇게 먹고도 살 수 있나' 하는 생각이 들 정도입니다. 날씬해 보이는 여성이 더 날씬한 연예인을 목표로 하는 순간 아무리 노력해도 달성하기 힘듭니다. 이렇게 시작부터 불가능한 목표를 설정하므로 행복에 이르기가 쉽지 않습니다. 한마디로 시작부터 불가능한 목표로 자기계발을 시작하기 때문에 원하는 결과를 얻기 어려울뿐더러 행복해지기도 힘든 것입니다.

지적 능력, 사회적 역량과 관련된 계발도 마찬가지입니다. 이 영역에서는 몸짱이나 다이어트처럼 목표를 지나치게 높게 잡지 않고 달성 가능한 목표를 잡습니다. 하지만 여기에도 문제는 있습니다. 열심히 노력해서 처음 설정한 목표를 달성해도 거기서 끝나는 것이 아니라는 점입니다. 처음 설정했던 목표 지점에 이르면 또다른 목표가 생깁니다. 목표점이 고정되어 있지 않으므로 아무리 노력해도 목표가 완성되는 경우는 드뭅니다. 다가가면 달아나고 다가가면 달아나기를 반복합니다. 그 결과 행복에 이르기 어렵습니다.

165

이야기를 듣다보면 갑자기 공부할 의욕이 싹 달아날지도 모르겠습니다. 사실이 그러하다면 자기계발을 하지 않는 편이 더 나은 것이 아닐까 하는 고민이 생길 수 있습니다. 하지만 자기계발을 하지 않는 것도 현명한 선택은 아닙니다. 자기계발을 해도 행복에 이르기 힘들지만 그렇다고 해서 자기계발을 아예 하지 않으면 더 불행한 일이 벌어집니다. 요즘 같은 경쟁사회에서 공부를 멀리하거나 자기계발을 하지 않는다면 경쟁에서 밀려나 도태되고 맙니다. 현대인에게 자기계발은 선택이 아니라 필수입니다.

중요한 것은 공부를 할 것인가, 말 것인가가 아니라 어떻게 하면 공부를 통해 행복에 이를 수 있는가 하는 점입니다. 그래서 지금부터는 공부를 통해 행복에 이를 수 있는 방법에 대해 살펴보겠습니다. 어떻게 하면 공부를 통해 행복에 이를 수 있을까 하는 물음에 대한 답은 공자가『논어』맨 첫 구절에 언급해두었습니다. "학이시습지 불역열호學而時習之 不亦說乎." 이는 배우고 때때로 익히면 또한 기쁘지 아니한가라는 뜻입니다. 많이 들어보았을 것입니다. 이 글귀는 공자가『논어』의 첫 구절에 둘 만큼 중요하게 강조한 말입니다.

166

그러면 각자 스스로에게 솔직하게 대답해볼까요? 공자의 말처럼 배우고 익히면 정말로 기쁘고 즐거운가요? 모르기는 해도 아마 그런 사람은 많지 않을 것입니다. 공부를 하면 기쁘다고 말하는 사람은 거의 없습니다. 대체로 공부는 괴로운 일입니다. 그렇기 때문에 아무리 공자의 말이라도 조심스럽게 써야 합니다. 무턱대고 "공부할 때가 가장 기쁘지 않니?"라고 하면 사람들은 공감하기보다 '재수 없어'할 확률이 높습니다. 그다음부터 주변에 가깝게 지내는 사람이 점점 줄어들게 됩니다. 주의해야 합니다.

공자의 말과 달리 대부분의 사람들은 공부를 해도 기쁘기보다 괴롭다는 생각이 많이 드는데, 왜 그런 것일까요? 여러 이유가 있겠지만 대부분의 사람들이 공부에 대해 공자의 수준에 미치지 못해서 그렇습니다. 또다른 중요한 이유는 공부를 억지로 하는가, 자발적으로 하는가의 차이입니다. 공자는 공부가 좋아서 '자발적으로' 했기 때문에 공부가 재미있고 즐거울 수 있었습니다. 하지만 대부분의 사람은 공부를 '억지로' 하므로 공부가 재미없고 괴로울 수밖에 없습니다.

이처럼 오늘날 현대인이 하는 자기계발은 대부분 자신의 욕망에 기반한 자발적 행위가 아닌 경우가 많습니다. 대체로 타인의 욕망에 기초한 타율적·수동적 행위입니다. 예를 들어 다이어트를 하는 사람은 그 행위가 자신의 욕망 때문일까요, 타인의 욕망 때문일까요? 흔히 '살을 빼야지'라는 생각은 자신의 욕망처럼 보이지만 사실 그 생각은 타인의 욕망이라고 보아야 합니다. 굶는 것보다는 밥을 먹는 쪽이 인간의 본성에 더 가깝기 때문입니다. 이렇게 생각하면 좀더 분명해집니다. '다이어트를 해야지'라고 생각하는 사람이 무인도에 혼자 살 때도 다이어트를 할 것인지를 생각해보면 그 행위가 자신의 욕망 때문인지, 타인의 욕망 때문인지를 알 수 있습니다. 아마도 대부분의 사람은 무인도에 혼자 산다면 굳이 살을 빼야겠다는 생각은 하지 않을 것입니다.

슬로베니아의 철학자 슬라보예 지젝도 현대인의 자기계발 열풍에 대해 이렇게 '지적(?)'했습니다. "자기계발은 자기 자신의 욕망을 따르는 것이 아니라 사회가 요구하는 것을 따르라는 것이다." 지젝도 자기계발 열풍을 순수하게 보지 않았습니다. 자신이 욕망해서가 아니라 사회가 요구하기 때문에 한다고 보았습니다. 영어 공부를 하는 이유는 영어가 좋아서가 아니라 사회가 영어를 잘하는 사람을 원하기 때문이라는 논리입니다. 사실 곰곰이 생각해보면 지젝의 주장은 그다지 틀린 말이 아닙니다. 이렇게 현대인은 자신의 욕망이 아닌 타인의 욕망, 사회가 요구하는 것을 따르기 위해 공부하고 자기계발을 하기 때문에 재미를 느끼지 못하는 것입니다.

재미있게 공부할 수 있는 방법은 없는 것일까요? 그렇지 않습니다. 다행히도 이 질문에 대해 공자가 남긴 말이 있습니다. 공자는 "위인지학爲人之學이 아니라 위기지학爲己之學을 해야 한다"라고 했습니다. 위인지학이란 '남에게 보여주기 위해 하는 공부'를 말합니다. 위기지학은 '자기 자신을 위한 공부'입니다. 이처럼 공자는 남에게 보여주기 위한 공부, 세상에 나가 써먹기 위한 공부보다는 자기 자신을 위한 공부를 하라고 가르쳤습니다. 이를 요즘식으로 표현하면 다른 사람이나 사회가 요구하는 공부를 하지 말고 자기 자신의 지적 욕구에 따른 공부를 하라는 것입니다. 그래야만 공부도 재미있어지고 행복에 이를 수 있습니다.

'탈학교 교육'으로 유명한 이반 일리치는 『학교 없는 사회』Deschooling Society』에서 "학교는 사람을 체계적으로, 그리고 근본적으로 노예로 만든다"라고 했습니다. 일리치의 관점에서도 학교는 자신의 욕망에 기반해 공부를 '하는' 곳이 아닙니다. 사회가 요구하는 인간을 만들기 위해 공부를 '시키는' 곳입니다. 결국 공부가 자기를 계발하는 수단으로 작용하려면 다른 사람의 요구나 욕망이 아니라 자신의 욕망에 기반해야 합니다. 그럴 때에만 공부가 재미있을 수 있습니다. 자기계발을 위해 공부를 하는 사람은 이 점을 명심해야 합니다. 스스로의 욕망이 무엇인지 잘 생각해보고 그것에 맞는 자기계발 목표를 세우면 어떨까 합니다.

170 살다보면 보통 사람들과 달리 탁월한 재능을 가진 능력자를 만나는 경우가 있습니다. 예를 들어 모차르트는 세 살 때 악기를 연주하고, 다섯 살 때 이미 작곡을 했다고 합니다. 평범한 사람들로서는 도무지 이해되지 않는 능력입니다. 이처럼 태어날 때부터 탁월한 재능을 지닌 사람을 '천재'라고 부릅니다. 천재는 뛰어난 재주를 지닌 '영재英才'나 빼어난 재주를 지닌 '수재秀才'보다 한 단계 위의 재능을 지닌 사람을 말합니다. '하늘이 내려준 재능'을 지닌 천재는 노력한다고 되는 것이 아닙니다. 하늘이 재능을 내려주어야 가능합니다.

　단어가 지닌 뜻처럼 천재는 정말 타고나야 하는 것일까요? 몇

몇 천재를 보면 틀린 말은 아니라는 생각이 듭니다. 모차르트는 태어날 때부터 재능을 갖고 태어났다고 해야 할 것 같습니다. 그런데 모차르트는 재능만 뛰어났던 것이 아닙니다. 음악을 위한 학습 환경도 좋았습니다. 음악가였던 그의 아버지는 어릴 때부터 자식들에게 조기 교육을 시켰습니다. 심지어 모차르트는 여섯 살 때부터 10여 년간 유럽 각지로 음악여행을 다녔습니다. 그는 10년간 다른 공부는 하지 않고 음악 공부에만 전념했습니다. 어릴 때부터 음악 교육을 집중적으로 받으며 혹독한 훈련을 거쳤습니다. 모차르트라는 천재는 타고난 재능만으로 만들어진 것이 아닙니다. 좋은 환경과 후천적인 노력이 있었기에 가능했습니다.

만약 모차르트가 음악가 집안이 아니라 대장장이 아들로 태어났다면 어떻게 되었을까요? 그래도 그가 천재 음악가가 되었을까요? 아마 그랬다면 인류는 역사상 가장 위대한 음악가와 그가 만든 수많은 명곡을 감상할 기회를 놓쳤을지도 모릅니다. 아무리 뛰어난 사람이라 하더라도 타고난 재능만으로는 천재의 반열에 오를 수 없습니다. 타고난 재능과 더불어 후천적인 노력이 따라야 합니다. 좀더 정확히 말하면 타고난 재능보다는 후천적인 노력이 더 중요합니다.

사람들이 뛰어난 성취를 이룬 천재들을 볼 때 오해하는 부분이 있습니다. '천재는 선천적으로 타고난다'라고 생각하는 것입니다. 그런데 위대한 성취를 이룬 천재들에게 "지금의 위치까지 오른 이유가 타고난 재능 때문입니까?"라고 한번 물어보세요. 뭐라고 대답할까요? 일일이 확인해보지는 않았지만 그들은 대부분 절대 그

171

렇지 않다고 대답할 것입니다. 아마도 그들은 지금의 위치까지 오르기 위해 피나는 노력을 했다고 말할 것입니다.

흔히 사람들은 성취를 이룬 사람들을 볼 때 그들이 이룬 성취를 부러워하지만 정작 그런 성취를 이루기 위한 고통의 과정은 외면하는 경향이 있습니다. 사람들은 르네상스 시기의 천재 사상가 미셸 드 몽테뉴의 걸작『수상록Essais』이 그의 천재적 자질로 손쉽게 탄생된 것이라 생각하지만 그 책이 세상에 나오기까지는 뼈를 깎는 작가적 노력이 있었기에 가능했습니다. 어떤 천재의 위대한 작품도 타고난 재능만으로 만들어진 것은 거의 없습니다. 그렇기 때문에 몽테뉴의『수상록』을 감상할 때 그가 쓴 위대한 작품만을 경외의 시선으로 보아서는 안 됩니다. 그 걸작이 탄생하기까지 작가가 치러야 했던 수많은 첨삭과 퇴고의 흔적도 눈여겨보아야 합니다. 결과만 볼 것이 아니라 그 과정에서 쏟아부은 노력에 더 주목을 해야 합니다.

독일의 철학자 프리드리히 니체도 "재능에 대해서는 이야기하지 말라. 그들은 부족한 자질을 일궈가면서 스스로 위대함을 획득하여 '천재'가 되었다"라고 하면서 천재는 타고나는 것이 아니라고 했습니다. 천재의 탁월성은 '타고난 재능'이 아니라 자신의 부족한 자질을 가꾸어서 위대함을 획득하려는 '부단한 노력'에 있습니다. 천재는 선천적 재능보다는 후천적 노력이 좌우한다는 사실에 동의한다면 우리도 노력하면 천재가 될 수 있다는 논리가 성립됩니다. 열심히 노력해서 천재로 진화하면 되거든요.

누구나 노력하면 천재가 될 수 있다는 말이 너무 뻔한 교훈이나 식상한 이야기처럼 들릴지도 모릅니다. 이 주장이 그다지 가슴에 와닿지 않는 사람을 위해 좀더 도움이 될 만한 이야기를 하겠습니다. 어떻게 하면 위대한 천재로 진화할 수 있을까라는 물음에 도움을 얻으려면 찰스 다윈의 『종의 기원』On the Origin of Species by Means of Natural Selection, or the Preser- vation of Favoured Races in the Struggle for Life 』을 살펴보아야 합니다. 알다시피 이는 역사상 최초로 진화의 원리를 밝힌 기념비적인 책입니다. 이 책이 나오기 전까지 사람들은 어떤 설계자에 의해 생명체가 창조되었다고 믿었습니다. 이를 두고 사람들은 '창조론'이라고 부릅니다. 창조론에서는 누구는 호랑이로 태어나고, 누구는 인간으로 태어나도록 사전에 프로그래밍 되었다고 주장합니다. 이런 창조론의 관점으로 보면 천재는 타고난다는 논리가 설득력이 있습니다.

그런데 다윈은 처음으로 창조론을 부정했습니다. 그는 지금의 생명체가 공동 조상에서 출발해 각자의 방향으로 진화된 결과라고 주장했습니다. 이를 사람들은 진화론이라고 부르며, 다윈은 책에 자신의 주장을 기술했습니다. 그는 진화에 대해 "미소 변이의 점진적인 축적"이라고 했습니다. 여기서 말하는 "미소 변이"란 작은 변화를 뜻하고, "점진적인 축적"은 그 결과를 끊임없이 쌓아나간다는 뜻입니다. 이처럼 다윈은 진화하기 위해서는 두 가지, '작은 변화'와 '끊임없는 축적'이 필요하다고 보았습니다. 작은 변화를 끊임없이 쌓아나가야 비로소 진화가 이루어진다는 것입니다.

미소 변이의 점진적 축적이 진화라는 말은 달리 표현하면 작은 변화만으로는 진화가 이루어지지 않는다는 뜻이기도 합니다. 사람

173

들은 자신을 진화시키기 위해 작은 변화를 수시로 시도합니다. 어떤 사람은 회사를 마치고 영어학원을 다니거나 틈틈이 책을 보고 온라인 수업을 듣기도 합니다. 심지어 야간대학원을 다니는 직장인도 있습니다. 이런 변화를 시도하면 그것을 하기 전보다 완전히 달라질까요? 물론 개인마다 결과는 다를 것입니다. 하지만 대부분 변화를 위해 노력한 결과가 시도하기 전과 별 차이가 없는 경우도 많습니다. 어렵게 시간을 내서 영어학원을 다녀도, 심지어 대학원을 다녀보아도 이전과 별반 달라지지 않는 경우가 허다합니다. 그래서 처음에는 큰마음을 먹고 시도했다가 효과가 미미하다는 사실을 확인한 뒤에는 실망하고 노력을 멈추어버립니다. 그 결과 진화는 일어나지 않게 됩니다. 안타까운 일입니다. 이처럼 진화를 위한 인간의 노력은 대체로 결과를 얻기 어렵고 성과도 더디게 나타나는 특징이 있습니다.

174　　하지만 진화를 시도하다가 실망한 뒤 더이상 노력하지 않는 사람이 제대로 알지 못하는 것이 있습니다. 다윈이 말했듯이 진화란 작은 변화만으로는 이루어지지 않는다는 사실입니다. 진화는 작은 변화가 '끊임없이 쌓여야' 비로소 일어납니다. 그렇기 때문에 작은 변화를 시도해서 별다른 성과가 나타나지 않더라도 실망하거나 포기하지 않고 꾸준히 쌓아나가려는 노력이 필요합니다. 진화란 별다른 성과로 이어지지 않는 작은 변화를 포기하지 않고 끝까지 밀고 나간 사람에게만 주어지는 '만기 지급식' 통장과 비슷합니다.

　　이처럼 진화는 생각처럼 쉬운 일이 아닙니다. 끈기가 있어야 합니다. 대체로 작은 성취는 잠깐의 노력으로도 이룰 수 있습니다.

하지만 위대한 성취는 단기간에 이루어지지 않습니다. 오래 묵혀야 장맛이 제대로 나듯이 위대한 성취일수록 오랜 기간 쌓아야 하는 경우가 대부분입니다. 결국 사람들이 부러워하는 위대한 성취는 작은 변화를 오랫동안 쌓아나간 사람의 몫입니다.

퇴계 이황은 작은 변화가 꾸준히 쌓여야 진화가 일어난다는 다윈과 비슷한 주장을 했습니다. 이황이 64세에 도산서원에 머무르고 있을 때 제자 김취려가 찾아와 열심히 노력해도 원하는 것을 이루지 못해 걱정이라고 하자, 이황은 그에게 『자탄自歎』이라는 시 한 수를 지어줍니다.

이미 지난 세월이니 나는 안타깝지만(已失光陰吾所惜)
그대는 이제부터 하면 되니 뭐가 문제인가(當前功力子何傷)
조금씩 흙을 쌓아 산을 이룰 그날까지(但從一簣爲山日)
미적대지도 말고 너무 서둘지도 말게(莫自中途勇氣亡)

175

이황은 제자에게 "조금씩 흙을 쌓으면 산을 이룰 수 있다"고 위로해줍니다. '그대는 아직 젊으니 실망하지 말고 성심껏 노력하라'는 말과 함께. 이를 다윈식으로 표현하면 '당장 성과가 나타나지 않더라도 작은 변화를 꾸준히 쌓아나가라. 그러면 언젠가는 조금씩 흙이 쌓여 산을 이룰 것이다'라고 할 수 있을 것입니다. 이를 보면 이황과 다윈은 진화의 관점이 비슷한 면이 있습니다.

이황이 제자에게 남긴 이 말은 오늘을 살아가는 현대인에게도 의미가 있는 것 같습니다. 이황이나 다윈의 가르침은 오늘을 사는

2. 재능－자신에게 재능이 없다고 생각된다면

우리에게도 여전히 큰 울림으로 다가옵니다. 위대한 성취를 이루기 위해 노력하고 있지만 원하는 결과가 나오지 않아 실망하는 사람에게 이황은 이렇게 말할 것 같습니다. "조금씩 흙이 쌓여 산이 될 때까지 실망하거나 포기하지 말고 꾸준히 밀고 나가라." 자신의 역량을 높이고 싶고, 더 나은 삶을 바라는 사람이라면 다윈과 이황의 가르침을 가슴속에 새겨두면 좋겠습니다.

176

대부분의 여성은 외출할 때 화장을 합니다. 화장을 하지 않으면 아예 집밖에 나가지도 않는 사람도 있습니다. 왜 그럴까요? 다른 사람에게 화장하지 않은 민낯을 보여주는 것이 싫어서입니다. 그런데 화장은 더이상 여성의 전유물이 아닙니다. 요즘은 남성들도 화장을 하는 사람이 많습니다. 남성들도 화장을 했을 때 얼굴에 자신감이 생기고 상대에게 호감 가는 인상을 줄 수 있기 때문입니다. 따라서 이제 화장은 선택이 아니라 필수가 되어가고 있습니다.

화장은 얼굴을 곱게 꾸미는 행위, 이른바 '메이크업^{make-up}'이라고 합니다. 메이크업에는 '목적'이 있습니다. 약점은 감추고 강점을 부각시키기 위한 것입니다. 그러므로 메이크업이란 자신의 약점을 감추고 강점은 돋보이게 꾸미는 행위를 말합니다. 대부분의 사람은 얼굴이 완벽하지 않습니다. 누구에게나 약점이 있기 마련인데, 이 약점을 감추고 강점을 좀더 돋보이게 하기 위해 메이크업을 합니다. 메이크업을 잘하면 평범한 사람도 멋있게 보일 수 있습니다.

인간은 누구나 다른 사람에게 예쁘게 보이고 싶어합니다. 인간은 원래 '진선미眞善美'를 좋아하는데, 진선미를 추구하는 것은 인간의 본성입니다. 그 가운데 미는 다른 사람에게 아름답게 보이고 싶어하는 욕구와 관련이 있습니다. 이와 같이 아름다움을 추구하는 행위는 생존 본능과 관련이 깊습니다. 아름답게 보일수록 배우자 선택에서 유리하기 때문입니다. 알다시피 공작새의 수컷은 꽁지에 있는 깃털을 치장하는 데 많은 정성을 들입니다. 깃털이 화려해야 암컷을 유혹하는 데 성공할 수 있고, 그래야만 자기 유전자를 다음 세대에 전달하여 종족을 보존할 수 있기 때문입니다. 그러므로 공작새 수컷에게 아름다움이란 단지 멋을 부리는 행위에 불과한 것은 아닙니다. 생존을 위해 반드시 필요한 노력입니다. 인간이 화장을 하는 이유도 이와 비슷합니다. 자신을 아름답게 치장해야 이성의 선택을 받을 수 있고, 그래야만 생존에 유리해집니다. 한마디로 아름다움을 추구하는 행동은 인간의 본성에 속하는 매우 자연스러운 행위입니다.

하지만 지나치면 문제가 됩니다. 화장이 너무 심해 본래 얼굴을 알아보기조차 힘들어지면 어떻게 될까요? 이는 화장이 아니라 분장이나 변장이라고 해야 합니다. 이런 상태는 'make-up'이 아니라 'face-off'에 가깝습니다. 이는 단순히 좀더 예뻐 보이려는 것이 아니라 아예 다른 사람이 되는 것입니다. 그래서 이런 우스갯소리가 있습니다. "속지 말자 화장발, 믿지 말자 조명발." 아무튼 화장이든 변장이든 정도의 차이는 있지만 자신의 약점은 숨기고 강점을 부각시키려는 행위임에는 틀림없습니다.

사실 사람들이 화장을 선호하는 이유는 인간의 외모가 완벽하지 않기 때문입니다. 완벽한 외모의 소유자라면 굳이 메이크업을 할 필요가 없습니다. 인간이라면 누구나 한두 가지 약점은 갖고 있기 마련입니다. 그러면 만약 어떤 사람에게 약점이 있다면 그는 그 약점을 숨기는 것이 좋을까요, 드러내는 것이 좋을까요? 대부분의 사람들은 약점은 숨기는 편이 좋다고 생각할 것입니다. 실제 전쟁 상황이나 기업 경영에서는 약점을 숨겨야 한다고 합니다. 경쟁이 심한 경우에는 자신이 약한 분야에서 싸우기보다 자신 있는 분야에서 싸우는 편이 좋습니다. 그래야 경쟁에서 이길 수 있고 생존할 확률도 높아지기 때문입니다.

하지만 진화의 관점에서는 이야기가 다릅니다. 진화를 위해서는 약점을 숨기기보다는 드러내는 편이 유리합니다. '약점을 숨기지 않고 드러내면 위험에 빠지지 않을까'라고 생각할지도 모르겠습니다. 틀린 지적은 아니지만 진화를 위해서는 약점을 드러내는 편이 유리하다는 것은 분명합니다.

고전 가운데 생명체의 진화를 다룬 책이 있는데, 가장 대표적인 것이 다윈이 1859년에 발표한 『종의 기원』입니다. 하지만 여기서 소개할 책은 다윈의 『종의 기원』보다 48년 후인 1907년에 발표된, 프랑스의 철학자 앙리 베르그송이 쓴 『창조적 진화Évolution créatrice』입니다. 이 책은 베르그송이 생명체의 진화과정을 추적한 내용을 쓴 것인데, 여기에는 재미있는 이야기가 나옵니다.

베르그송은 생명체의 진화과정을 추적하면서 동물의 진화과정에서 특이한 점을 발견합니다. 동물들도 약점을 지니고 있는데, 이 약점을 숨기는지, 드러내는지에 따라 진화의 결과가 전혀 다른 양상으로 전개된다는 것입니다. 책에 나오는 사례를 살펴보겠습니다. 동물의 신체는 '살'로 이루어진 부분과 '뼈'로 연결된 부분으로 되어 있습니다. '살'과 '뼈' 가운데 어느 부분이 약할까요? 당연히 뼈보다는 살이 약합니다. 따라서 동물에게는 물렁물렁한 살이 약점이고 단단한 뼈가 강점입니다. 이때 약점인 살을 어떻게 배치하고 활용하는지에 따라 각자의 생존 전략이 달라집니다. 조개류, 게, 가재 같은 갑각류를 생각해봅시다. 이 동물들은 약한 살을 단단한 뼈나 껍질로 감쌌습니다. 즉 약점을 숨기는 선택을 한 것입니다. 이와 달리 인간을 포함해 사자, 호랑이, 사슴 등과 같은 척추동물은 단단한 뼈 위에 약한 살로 감쌌습니다. 즉 척추동물은 약점을 드러내는 선택을 했습니다. 약점을 숨긴 조개류, 갑각류와 약점을 드러낸 척추동물 가운데 누가 더 좋은 결과를 얻었나요? 어느 쪽이 더 잘 진화했습니까? 결과만 놓고 보면 고차원적인 진화를 이룬 쪽은 약점을 드러낸 척추동물입니다. 약점을 숨긴 동물들은 높은 수준으로 진화하는 데 실패했습니다.

조개류나 갑각류는 약점을 숨기는 선택을 함으로써 일시적으로는 안전해졌습니다. 하지만 그 선택으로 인해 이동하는 데 제약을 받았고 궁극적으로는 안전을 얻는 데 실패했습니다. 그 결과 햇빛도 잘 들어오지 않는 컴컴한 갯벌 속에 몸을 숨기며 살게 되었습니다. 하지만 약점을 드러낸 척추동물은 처음에는 위험에 노출되었지만 그로 인해 움직임이 자유로워지고 이동이 가능해졌습니다. 그리고 훨씬 고차원적인 진화를 이룰 수 있었습니다. 이들 사례를 보더라도 진화의 관점에서는 약점을 숨기는 것보다 드러내는 편이 훨씬 유리합니다.

동물들의 진화과정을 추적하다 의미 있는 통찰을 발견한 베르그송은 다음과 같이 결론을 내렸습니다. "생명 전체의 진화에서도 최대의 성공은 최대의 위험을 무릅쓴 것들의 몫이었다." 약점을 드러내는 선택은 자신을 위험에 노출하는 것이기도 합니다. 하지만 위험을 회피해서는 진화를 이루기 힘듭니다. 약점을 숨기면 일시적으로 위험에서 벗어날 수 있지만 그것으로부터 자유로워지지는 않습니다. 민낯에 자신이 없어서 두꺼운 메이크업에만 의존한다면 결코 약점을 극복할 수 없을 것입니다. 화장한 얼굴로는 당당해지겠지만 민낯에 대한 약점이 영원히 없어지지 않는 것과 같은 이치입니다. 진정한 성공은 최대의 위험을 무릅쓰고 그 위험을 넘어서야 이룰 수 있습니다. 결국 고차원적 진화를 위해서는 약점을 숨기기보다 드러내놓고 단련하는 편이 훨씬 유리합니다.

불교 시인 김달진은 『법구경』에서 이런 말을 했습니다. "회피하는 한, 두려움은 영원하다." 김달진도 어떤 약점에 대해 그것을 감추고 회피하기만 하면 그 약점으로 인한 두려움은 사라지지 않고 영원히 남는다고 보았습니다. "회피하는 한, 두려움은 영원하다"

는 주장은 우리가 자주 경험하는 일이기도 합니다. 예를 들어 한국 사람 가운데에는 이른바 '영어 울렁증'이 있는 사람이 많습니다. 영어 울렁증은 영어가 약점인 사람에게 나타나는 증상입니다. 외국인만 보면 긴장되고 괜히 말이라도 걸어올까봐 가슴이 울렁거리는 병입니다. 이런 사람들은 외국인을 보면 일단 피하려고 합니다. 그런데 그렇게 외국인을 피해 다니기만 하면 영어 울렁증이 사라질까요? 그렇지 않습니다. 아무리 시간이 지나도 영어 울렁증은 사라지지 않습니다. 김달진의 주장처럼 회피하는 한 두려움은 영원히 계속됩니다.

영어 울렁증에서 벗어나기 위한 가장 좋은 방법은 무엇일까요? 영어를 잘하는 길밖에 없습니다. 그러려면 약점을 숨기지 말고 적극적으로 드러내놓고 단련해야 합니다. 영어학원도 다니고 외국인과 만날 일이 있으면 피하지 말고 적극적으로 부딪쳐야 합니다. 그래야 영어 실력이 빨리 늡니다. 물론 약점을 드러내는 과정은 쉽지 않습니다. 괜히 외국인과 부딪쳤다가 창피를 당할 수도 있습니다. 하지만 높은 수준으로의 진화를 이루기 위해서는 그런 위험을 기꺼이 감수해야 합니다. 척추동물이 약한 살을 겉으로 드러낸 것처럼 말이죠. 영어도 마찬가지입니다. 자신의 약점을 드러내고 단련해야 영어 실력도 기를 수 있고, 영어 울렁증에서도 벗어날 수 있습니다. 주변에 영어를 잘하는 사람에게 처음부터 영어를 유창하게 잘했는지 물어보세요. 그들도 처음에는 영어가 약점이었을 것입니다. 한국인이 태어나면서부터 영어를 유창하게 할 리는 없거든요. 하지만 그들은 자신의 약점을 숨기지 않고 드러내고 단련하는 과정을 거쳤기 때문에 지금은 유창한 영어 실력을 갖추게 된 것입니다.

결국 생명체의 진화는 강점보다는 약점을 어떻게 다루었는지에 따라 결정되었습니다. 자신의 약점을 숨겼는지, 과감하게 노출했는지에 따라 진화의 수준이 달라졌습니다. 고차원적인 진화는 약점을 드러내고 위험을 감수한 자의 몫이었습니다. 약점이 있다면 감추기보다 드러내놓고 단련해야 높은 수준의 진화를 이룰 수 있습니다. 약점을 감추는 데 급급한 사람은 그 선택으로 인해 약점을 개선할 기회조차 놓치고 맙니다. 그렇게 되면 약점은 영원한 것으로 남습니다. 반면 약점을 드러내놓고 단련하면 나중에는 그것이 오히려 강점이 되기도 합니다. 고차원적인 진화의 비밀은 약점을 숨기기보다 드러내놓고 단련하는 데 있다는 사실을 반드시 기억했으면 합니다.

183

변신

화려한 변신을
꿈꾼다면

184　사람들은 새해가 되면 한 해 동안 이루고 싶은 계획을 세웁니다. 그런데 의외로 한 해 계획을 두 번씩 세우는 사람이 있습니다. 무슨 소리인가 하겠지만 실제로 자주 볼 수 있는 일입니다. 작심삼일 作心三日이란 말도 있듯이 새해 첫날에 야심 찬 계획을 세워도 얼마 지나지 않아 포기하고 맙니다. 그러고는 설날이 되면 "그래, 이제부터가 진짜야" 하면서 다시 계획을 세웁니다. 그 결과 새해 첫날에 한 번, 설날에 또 한번, 총 두 번의 계획을 세웁니다. 심지어 두 번 이상 계획을 세우는 사람도 있습니다.

　　설날에 세운 두번째 계획은 새해 첫날에 세웠던 첫번째 계획과 많이 다를까요? 그렇지 않습니다. 사실 올해뿐 아니라 해마다 세우는 한 해 계획은 대체로 대동소이大同小異합니다. 새해가 되면 자신을 멋지게 변신시키고 싶은 욕망이 있는데, 그 욕망에 대한 내용은 비슷하기 때문입니다. 그래서 매년 똑같은 레퍼토리가 반복되기 일쑤입니다.

사람들이 해마다 세우는 계획표를 보면 '환골탈태換骨奪胎'라는 고사성어가 떠오릅니다. 환골탈태란 '뼈를 바꾸고 태를 빼낸다'는 뜻으로 몸과 얼굴이 몰라볼 만큼 좋게 변해서 딴사람처럼 된다는 것을 말합니다. 쉽게 말해 완전히 다른 사람으로 새롭게 태어남을 의미합니다. 무협소설에서는 주인공이 환골탈태하는 경우가 자주 있습니다. 대부분의 경우 처음에 주인공은 지극히 평범한 사람으로 나옵니다. 그러다가 우연한 계기로 기연奇緣을 얻어 완전히 딴사람이 되어 나타납니다. 그러고는 나쁜 놈들을 멋지게 물리칩니다. 이처럼 기이한 인연으로 완전히 딴사람으로 변신하는 것을 두고 '환골탈태했다'고 합니다. 사람들이 세우는 새해 계획도 알고 보면 이와 별반 다르지 않습니다. 대부분 환골탈태해서 멋진 사람으로 변신하겠다는 야심이 숨겨져 있습니다.

하지만 사람들이 자신의 생각처럼 연초 계획을 실천해서 환골탈태할 수 있을까요? 안타까운 현실이지만 대체로 신년 계획은 실패로 끝나기 일쑤입니다. 야심 차게 세운 계획은 대부분 며칠 못 가서 물거품이 되고 맙니다. 환골탈태하는 것이 말처럼 쉽지 않기 때문입니다. 뼈를 바꾸고 태를 빼내는 것이 얼마나 힘들겠습니까. 그래서 몇 번 시도하다가 대부분 포기하고 맙니다.

그런데 반드시 환골탈태를 해야만 하는 것일까요? 그냥 지금

185

처럼 살면 안 되는 것일까요? 모두가 힘들게 환골탈태를 해야 하는 것은 아니지 않습니까? 환골탈태까지는 아니더라도 조금씩 바꾸어나가도 되지 않을까요? 물론입니다. 환골탈태를 하든 말든 개인의 자유입니다. 또 급격한 변신보다는 조금씩 바꾸어나가는 것도 하나의 방법입니다. 꼭 환골탈태처럼 뼈를 깎는 고통이 따르는 변신을 시도할 필요는 없습니다. 어차피 선택은 개인의 몫이고 인생은 각자의 것이니까요.

그런데 명심해야 할 것이 있습니다. 환골탈태의 길을 포기함으로써 극심한 고통을 회피하는 대신 파멸의 위험을 감수해야 할 수도 있습니다. 이는 독일의 철학자 니체의 주장입니다. 니체는 『아침놀Morgenrot』에서 이렇게 말했습니다. "허물을 벗지 못하는 뱀은 파멸한다." 철학자의 주장이라고 해서 비유적으로만 해석할 필요는 없습니다. 그의 말은 현실에서도 관찰 가능한 주장입니다. 이미 알고 있겠지만 뱀은 성장하면서 수차례 허물을 벗습니다. 몸이 성장함에 따라 피부를 싸고 있는 비늘이 자라나지 않기 때문입니다. 성장 단계에 걸맞게 허물을 벗지 못하면 뱀은 죽고 맙니다. 적당한 시기에 허물을 벗어야만 더욱 크고 튼튼하게 자랄 수 있습니다. 따라서 뱀에게 허물을 벗는 변신과정은 삶의 필연적인 단계이자 성장의 계기입니다.

인간도 마찬가지입니다. 뱀이 허물을 벗듯이 인간도 수많은 변신과정을 통해 성장해나갑니다. 대학생이 되면 중고등학생 때의 허물은 벗어야 합니다. 대학생이 되어서도 부모가 일일이 수업 준비물이나 과제물을 챙겨주어야 한다면 이는 제대로 대학생으로 성장한 것이 아닙니다. 또 직장인이 되면 학생 때의 태는 찾아볼 수 없어야 합니다. 직장인이 되어서도 학생 시절의 생각이나 행동을 되풀이한다면 정상적인 직장생활을 이어가기 어렵습니다. 결국 우리가 얼마나 성장했는지는 과거의 허물을 얼마나 잘 벗었는지에 달려 있습니다. 만약 그렇지 못하면 니체의 주장처럼 파멸하고 맙니다. 요컨대 우리 인간도 성장 단계에 맞추어 과거의 허물은 벗어버려야 합니다.

　니체의 주장에 동의한다면 이제는 '어떻게 하면 환골탈태할 수 있을까' 하는 쪽으로 관심이 모아질 것입니다. 어떻게 하면 환골탈태할 수 있을까요? 환골탈태라는 말처럼 실제로 뼈를 깎아야 하는 것일까요? 그렇지 않습니다. 여기서 다시 니체의 주장으로 돌아가봅시다. 허물을 벗는 뱀의 비유를 통해 니체가 하고 싶었던 말은 신체의 변화가 아니라 정신의 변화였습니다. 그는 이렇게 말합니다. "허물을 벗을 수 없는 뱀은 파멸한다. 의견을 바꾸는 것을 방해받는 정신들도 이와 마찬가지다. 그들은 정신이기를 그친다."

187

　니체의 주장에 따르면 변신의 대상은 몸이 아니라 정신입니다. 정신을 제대로 성장시키려면 기존의 생각을 벗어던지고 새로운 생각으로 바꾸어야 한다는 논리입니다. 어떤 일이 있더라도 바꾸지 못하는 정신은 니체의 주장처럼 "정신이기를 그치"기 때문입니다. 그런 의미에서 보면 절대 바뀌지 않는 생각, 즉 고정관념은 더이상 '정신'이 아닙니다. 정신을 바꾸어야 진정한 변신도 가능한 것입니다.

　정신을 바꾸려면 어떻게 해야 할까요? 책을 읽어야 합니다. 하지만 아무 책이나 읽어서 다 되는 것은 아닙니다. 정신을 환골탈태시켜주는 책을 읽어야 합니다. 책이 어떻게 정신을 환골탈태시켜줄까 하고 의구심이 들겠지만 가능한 일입니다. 정신을 환골탈태시켜주는 책이란 정신을 바꾸어주는, 다시 말해 기존에 갖고 있던 신념체계를 송두리째 바꿀 수 있는 책을 말합니다. 유대계 출신의 독일 작가 프란츠 카프카는 좋은 책에 대해 이렇게 말했습니다. "책은 우리 내면에 얼어 있는 바다를 내려치는 도끼 같은 것이어야 한다." 그에 따르면 자신이 기존에 갖고 있는 생각을 깨뜨려주는 도끼 같은 책이 좋은 책이며 그런 책을 읽어야 정신의 환골탈태가 가능하다는 것입니다.

흔히 사람들은 책을 읽을 때 저자의 주장이 자신의 견해와 일치하거나 공감할 수 있는 책을 선호합니다. 그런 책들은 자신의 가치관과 충돌하는 점이 없기에 심적으로도 편하고 읽는 데도 별 어려움이 없습니다. 술술 잘 읽힙니다. 하지만 그런 책들은 자신의 신념을 강화시켜줄 수 있지만 지적 발전에는 별 도움이 되지 않습니다. 따라서 정신의 환골탈태를 기대하기는 어렵습니다. 프랑스의 소설가 귀스타브 플로베르도 좋은 책에 대해서 카프카와 비슷한 말을 했습니다. "어떤 책이 좋은 책인지를 판단하는 기준은 그 책이 당신에게 얼마나 강한 펀치를 날리는가 하는 점이다." 기존의 신념체계에 강한 펀치를 날리는, 카프카식으로 말하면 도끼 같은 책이 우리의 정신을 환골탈태시키는 좋은 책입니다.

그렇다면 구체적으로 어떤 책이 도끼 같은 책일까요? 딱 잘라 말하기 어렵지만 일반적으로 말하면 인문 고전을 읽으면 좋습니다. 인문 고전은 역사의 검증을 거친 지적 대가들이 자신만의 독특한 생각을 담아둔 책이므로 보통 사람들의 관념을 도끼로 내려치는 경우가 많습니다. 그래서 정신의 환골탈태가 가능합니다. 한마디로 인문 고전을 많이 읽으면 정신의 환골탈태가 가능해지고 그로 인해 자신을 멋지게 변신시킬 수 있습니다.

사람들은 세속적 출세의 수단으로만 독서를 하는 경우가 많습니다. 물론 독서를 제대로 하면 자기 분야의 전문가가 되어 출세를 하는 데 도움이 됩니다. 하지만 독서의 가치는 이것보다 훨씬 큽니다. 앞에서 이야기했듯이 좋은 책은 정신의 환골탈태를 가능하게 해서 인생 전체를 바꾸어주는 계기를 만들어줍니다. 미국의 사상가이자 작가인 헨리 데이비드 소로는 "얼마나 많은 사람이 독서를 통해 인생의 새 장을 열어왔는가!"라고 했습니다. 독서를 통해 새로운 인생을 만든 사람이 매우 많다는 뜻입니다. 아일랜드 출신의 소설가 오스카 와일드도 "내가 어쩔 수 없는 상황에 처했을 때, 내 운명을 결정하는 것은 평소에 읽을 필요가 없을 때 읽었던 책이다"라고 했듯이 좋은 책은 인간의 운명을 바꾸어줍니다.

189

평소 책을 좋아하지 않는 사람조차 좋은 책이 자신의 삶을 긍정적인 방향으로 이끌어줄 것이라고 믿습니다. 그래서 새해에 세우는 신년 구상에는 어김없이 독서와 관련된 계획도 포함시킵니다. 올바른 판단이며 좋은 선택입니다. 독서는 자신의 정신을 환골탈태시키는 가장 좋은 방법입니다. 자신의 삶과 운명을 멋있게 변화시키려는 사람은 그에 걸맞게 환골탈태를 위한 계획을 세워야 합니다. 환골탈태하기 위해서는 뱀이 허물을 벗듯이 과거의 허물을 벗어던져야 합니다. 이때 육체적인 것보다는 정신의 환골탈태가 중요합니다. 우리의 정신은 저절로 변신하거나 깊어지지 않습니다. 지적인 충격을 받아야 하는데, 이런 정신의 환골탈태는 수준 높은 독서를 통해서만 가능합니다. 그러므로 평소에 자신의 편견을 깨주는 도끼 같은 책을 많이 읽었으면 하는 바람입니다.

흔히 사람들은 세상이 공평하지 않다고 말합니다. 누구는 부잣집에 태어나고 누구는 가난한 집에 태어나며, 누구는 다방면에 뛰어난 인재로 태어나고 누구는 평균에도 미치지 못하는 미숙한 채로 태어납니다. 그래서 세상은 불공평하다고 푸념을 합니다. 세상이 공평하지 않다는 말에 동의하나요? 아마 대다수 사람은 동의할 것입니다. 하지만 이처럼 불공평한 세상에서도 모두에게 공평한 것이 있습니다. 그것은 바로 '시간'입니다. 세상이 아무리 불공평해도 시간만큼은 누구에게나 24시간이 공평하게 주어집니다. 부자에게는 25시간이 주어지고 가난한 사람에게는 23시간이 주어지지 않습니다. 그런데 정말 시간은 누구에게나 공평한 것일까요?

191

대부분의 사람은 세상은 불공평한 것으로 넘쳐나지만 시간만큼은 모두에게 공평하게 주어진다고 생각합니다. 딱히 틀린 말은 아닙니다. 하지만 정확히 말하면 반은 맞고 반은 틀렸습니다. 우리가 공평하다고 말하는 시간은 시계라는 도구로 측정되는 시간, 즉 '과학의 시간'을 말합니다. 우리가 실제로 느끼고 인식하는 시간, 다시 말해 '실재實在의 시간'은 모든 사람에게 공평하지 않습니다. 종종 상황에 따라 시간이 매우 느리게 가거나 엄청나게 빠르게 간다고 느낄 때가 있습니다. 남성의 경우 군대에서 느끼는 시간과 휴가 때 애인과 보내는 시간의 속도감은 전혀 다릅니다. 전자의 시간은 거북이걸음처럼 느린 반면 후자의 시간은 쏘아진 화살처럼 빠르게 지나갑니다. 오죽하면 세상에서 가장 느리게 가는 시계가 '국방부 시계'라 하겠습니까. 이처럼 인간이 느끼는 시간 감각은 상황마다 다를 수 있습니다. 요컨대 시계로 측정되는 '과학의 시간'은 모두에게 공평하게 주어졌지만 우리가 느끼는 '실재의 시간'은 공평하지 않습니다.

우리가 시간을 제대로 이해하려면 반드시 살펴보아야 할 철학자가 있습니다. 흔히 '시간의 철학자'라 불리는 프랑스의 철학자 '앙리 베르그송'입니다. 그는 시간을 시계로 표현되는 '공간화된 시간'과 의식의 시간인 '지속의 시간'으로 구분합니다. 공간화된 시간은 과학이 물질을 연구하기 위해 인위적으로 쪼개놓은 시간이고 지속의 시간은 생명체의 진화와 관련된 시간입니다. 그러므로 개개인의 삶에서는 '공간화된 시간'보다는 '지속의 시간'이 더 중요합니다.

철학 용어인 지속의 시간을 선뜻 이해하기 힘들 것 같아 이해하기 쉽게 예를 들어보겠습니다. 평소 성적이 비슷한 학생 두 명이 기말고사를 준비하고 있습니다. 그들은 수업도 같이 듣고 공부도 독서실에서 함께했습니다. 공부가 끝나면 같은 시간에 집으로 돌아갑니다. 그들이 시험 준비를 위해 투자한 시간은 똑같습니다. 그렇다면 시험 결과도 비슷할까요? 그렇지 않습니다. 똑같은 시간을 투자했다고 해서 결과까지 같으리라는 보장은 없습니다. 똑같은 시간을 투자해도 어떤 사람은 성적이 좋고 또 어떤 사람은 성적이 안 좋을 수 있습니다.

그러면 같은 시간을 투자해도 성적 차이가 나는 것은 왜 그럴까요? 아마도 성적이 좋은 친구는 머리가 좋아서 그랬을 테고 성적이 나쁜 친구는 머리가 나빠서 그랬다고 생각할 것입니다. 똑같은 시간을 투자해도 각자의 머리, 즉 지능지수IQ가 다르기 때문에 결과도 달랐을 것이라고 말할지 모릅니다. 하지만 베르그송은 "두 학생의 성적 차이는 '지속의 시간'을 다르게 보냈기 때문이다"라고 말할 것입니다. 그들은 양적으로는 똑같은 시간을 보냈지만 질적인 시간은 서로 달랐습니다. 이를 베르그송의 용어로 말하면 시험 준비를 위해 투자한 물리적 시간, 즉 '공간화된 시간'은 비슷하지만 질적인 정도와 관련된 '지속의 시간'은 달랐다는 것입니다. 결국 시험 성적에 결정적 영향을 주는 것은 양이 아니라 질, '공간화된 시간'이 아니라 '지속의 시간'입니다. 지속의 시간은 의식과 관련된 시간으로 집중하고 몰입해서 질적인 변화를 이루어낸 시간을 말합니다. 요컨대 책상 앞에 얼마나 오랜 시간을 앉아 있었는지가 중요

193

한 것이 아니라 집중하고 몰입한 시간이 얼마인지가 더 중요한 것입니다.

사람마다 지속의 시간이 다르다는 증거는 직장에서도 쉽게 찾아볼 수 있습니다. 어떤 회사에 여러 명의 신입사원이 입사를 해도 그 가운데 소수 인원만 임원으로 승진합니다. 통계적으로 살펴보면 대기업에 신입사원으로 입사해서 임원으로 승진하는 비율은 1퍼센트 정도밖에 되지 않는다고 합니다. 그렇다면 임원으로 승진하지 못한 사람은 열심히 노력하지 않았을까요? 그렇지 않습니다. 사람들은 대체로 열심히 삽니다. 성공하기 위해 노력도 합니다. 하지만 열심히 노력했다고 해서 모두가 성공하는 것은 아닙니다. 각자가 보낸 지속의 시간이 다르기 때문입니다. 지속의 시간에 대한 투자가 다르기 때문에 질적 변화의 수준도 다릅니다. 운좋게 임원으로 승진한 것처럼 보이는 사람이 있을지라도 정말로 '운이 좋아서' 임원으로 승진한 사람은 거의 없습니다. 대부분 질적 변화를 만들어내는 지속의 시간을 많이 보냈기 때문입니다. 그러므로 성공하려면 단지 시간만 보내서는 안 됩니다. 질적인 변화를 가져오는 지속의 시간을 늘려야 합니다.

성공만이 아닙니다. 우리가 사는 인생도 마찬가지입니다. 흔히 사람들은 열심히 살기만 하면 오늘보다 내일이 더 나아질 것이라고 막연히 믿습니다. 그런데 애석하게도 열심히 살아도 현실은 좀처럼 나아지지 않는 경우가 많습니다. 베르그송식으로 말하면 지속의 시간에 대한 투자가 부족했기 때문입니다. 나름 물리적인 시간 투자는 많이 했지만 그것만으로는 질적 변화를 이루어내기 어렵습니다. 질적 변화는 지속의 시간을 통해서만 이루어지기 때문입니다. 그러므로 집중하고 몰입하는 지속의 시간을 늘리기 위해 노력해야 합니다.

지속의 시간을 실증적으로 증명한 최근 이론이 있습니다. '1만 시간의 법칙'이라고 들어보았을 것입니다. 이는 맬컴 글래드웰의 『아웃라이어Outliers: The Story of Success』에 나오는 이론입니다. 한 학자가 각 분야의 최고 권위자들을 조사한 결과 최고 수준에 이르기까지 최소 1만 시간 이상을 투자했다는 공통점을 발견했습니다. 이를 바탕으로 그는 최고가 되기 위한 필요조건으로 1만 시간의 투자가 필요하다는 주장을 하게 되었고 이것이 바로 '1만 시간의 법칙'입니다.

그런데 누구나 1만 시간만 투자하면 자신의 분야에서 최고가 될 수 있을까요? 그렇지 않습니다. 사람들은 흔히 시간이 흐르면 누구나 실력이 향상되고 내공이 쌓여 진화한다고 생각하는데, 반은 맞고 반은 틀린 생각입니다. 양적인 시간도 필요하지만 질적인 부분도 중요하기 때문입니다. 물론 내공을 쌓아 최고가 되려면 누구에게나 어느 정도의 시간 투자는 반드시 필요합니다. 하지만 시간이 흘렀다고 해서 무조건 내공이 쌓이고 진화가 이루어지는 것은 아닙니다. 그 시간의 흐름 속에서 얼마나 질적 변화를 이루고 새로움을 창조했는가에 따라서 진화의 정도가 달라집니다. 매일같이 독서실에서 살아도 성적이 제자리걸음인 사람이 있는가 하면 얼마 투자하지 않아도 성적이 쑥쑥 오르는 사람이 있습니다. 이는 IQ 차이나 공부방식의 차이 때문일 수 있지만 가장 중요한 핵심은

195

'얼마나 몰입해서 집중하는가'입니다. 즉 '지속의 시간'에 대한 차이입니다. 지속의 시간만이 질적 변화를 가져와서 성적을 올려줍니다. 결국 얼마나 집중하고 몰입했는지가 관건입니다.

시간의 흐름이 질적 변화를 가져오는 것은 사람만이 아닙니다. 술을 좋아하는 사람이라면 '밸런타인'이라는 브랜드의 위스키를 잘 알고 있을 것입니다. 밸런타인은 스코틀랜드 지방에서 생산되는 블렌디드 위스키를 말하는데, 우리나라에서도 가장 널리 알려진 브랜드입니다. 밸런타인 위스키는 원액의 숙성 기간에 따라 17년산, 21년산, 30년산 등으로 분류하고, 위스키의 이름에 붙어 상품명이 됩니다. 이를테면 'Ballantine Aged 17 Years'는 밸런타인 17년산을 뜻하는데, 이는 위스키 원액이 최소 17년 이상 되었음을 나타냅니다. 밸런타인 위스키는 뒤에 붙은 숫자에 따라 등급이 매겨지며 숫자가 높을수록 가격도 비싸집니다.

196 밸런타인 위스키는 왜 숫자가 높을수록 가격이 비싸질까요? 숙성 기간 만큼 고급 술이라고 믿기 때문입니다. 그래서 그 가치를 인정하고 기꺼이 비싼 값을 지불하는 것입니다. 그런데 한국인이 자주 마시는 소주를 30년 동안 묵혀서 시장에 내놓으면 사람들은 비싼 값에 살까요? 음용을 목적으로 하는 사람이라면 절대 비싼 가격에 사지 않을 것입니다. 그 소주는 유리병 속에서 30년을 있었지만 가치가 높아지지 않았기 때문입니다. 차이는 무엇일까요? 전문가들은 '숙성의 차이'라고 말합니다. 30년산 위스키는 무려 30년 이상 오크통 속에서 숙성과정을 거쳤습니다. 오크통을 통해 외부와 호흡하면서 숙성이 되어 진한 향과 맛으로 변했습니다. 질적인

변화가 일어난 것입니다. 하지만 30년 된 소주는 30년 동안 유리병 안에서 아무런 질적 변화를 거치지 못하고 단지 시간만 보냈을 뿐입니다. 다시 말해 30년산 위스키는 지속의 시간을 보낸 반면, 30년 된 소주는 공간화된 시간을 보냈을 뿐입니다. 양적인 시간은 같았지만 질적 시간은 전혀 달랐던 것입니다. 결국 양적 시간이 아니라 질적 시간을 얼마나 보냈는지에 따라 물질의 가치가 달라집니다.

사람은 누구나 세월의 흐름과 함께 자신의 내공과 질적 수준이 높아지기를 기대합니다. 그러려면 질적 변화를 만들어내는 '지속의 시간'에 더 많은 투자를 해야 합니다. 자신이 원하는 분야에 더 집중하고 몰입하는 시간을 늘려야 합니다. 베르그송도 진화를 이루려는 생명체에게 이런 말을 남겼습니다. "지속의 시간을 발명하지 않으면 아무것도 아니다." 자신이 성장하고 진화하기를 원한다면 지속의 시간에 투자해야 합니다. 지속의 시간을 통해 연속적인 질적 변화를 이루고 새로움을 창조해나가는 과정을 반드시 거쳐야 합니다.

197

생명

왜 자녀는 부모의 뜻을
따르지 않는 것일까?

198 재벌가를 배경으로 한 TV 드라마나 영화를 보면 재벌가에는 꼭 골
첫거리 자녀가 한 명씩 있습니다. 그들은 사업체를 물려받을 생각
은 하지 않고 자기가 좋아하는 음악을 하겠다고 우깁니다. 이때 아
버지의 심정은 어떨까요? 아마 답답해서 미칠 노릇일 것입니다.
아버지는 이런 자식의 선택이 이해되지 않습니다. 편한 길을 두고
굳이 힘든 '딴따라'의 길을 가겠다고 하니 말이죠. 아버지가 보기에
아들이 음악에 탁월한 재능이 있는 것 같지도 않고 성공할 가능성
도 없다고 생각할 수 있습니다. 아무튼 아버지는 아들의 선택이 매
우 못마땅할 것입니다. 이런 상황이라면 아버지는 아들에 대해 "왜
저렇게 되었을까", 즉 진화론적으로 "도대체 왜 저런 돌연변이가

생겨났을까"라는 원초적 질문을 던질 수 있습니다. 아들은 왜 그런 선택을 한 것일까요? 가장 일반적인 답변은 '그냥 음악이 좋아서' 일 것입니다. "평안감사도 저 싫으면 그만"이라는 속담도 있듯이 음악이 너무 좋은 자녀는 남들이 부러워할 만한 사업체를 물려받는 일에는 도통 관심이 없습니다.

상황이야 조금씩 다르겠지만 이는 의외로 부모가 자주 경험하는 일이기도 합니다. 많은 부모가 공감하겠지만 대체로 자녀들은 부모의 뜻대로 살지 않는 경우가 많습니다. 대부분의 집에서 부모들은 자녀들에게 "공부 좀 열심히 해라, 공부해서 남 주니"라고 말합니다. 하지만 이런 말을 수없이 들어도 놀기만 하는 자녀들이 있습니다. 이렇게 자녀들이 부모의 뜻에 따르지 않으면 부모는 "아니 저 녀석은 도대체 왜 저런 거야"라고 하면서 생명 근원에 대한 근본적인 질문을 하게 됩니다. 자녀들은 왜 부모의 말을 듣지 않는 것일까요?

199

베르그송이 쓴 『창조적 진화』는 이런 부모들의 의문에 답을 제시해줍니다. 이 책에 나오는 이야기를 통해 자식이 왜 부모 뜻대로 되지 않는지를 살펴보겠습니다. 알다시피 생명 진화에 관한 최초의 책은 다윈이 1859년에 펴낸 『종의 기원』입니다. 다윈은 처음으로 기존의 창조론을 부정하고 생명체가 공동 조상에서 출발해 각자 다르게 진화해왔다는 진화론을 주장했습니다. 당시에는 매우 혁명적인 주장이었습니다. 그 이후부터 다윈의 주장에 동조하는 사람이 많아졌습니다. 그 결과 다윈을 이어받은 신다윈주의자는 여러 연구 결과를 바탕으로 다윈의 이론을 더욱 발전시켜나갔습니다.

그들의 주장을 종합하면 지금의 생명체는 공동 조상에서 시작하여 여러 갈래로 가지가 뻗어 나왔으며 변이와 자연선택을 통해 '점진적으로' 진화해왔습니다. 여기서 핵심은 진화가 '점진적으로' 이루어졌다는 점입니다. 진화가 한꺼번에 확 이루어진 것이 아니라 조금씩 바뀌면서 지금에 이르렀다는 주장입니다. 신다윈주의자들의 주장이 그럴듯하게 들리지 않습니까?

1907년에 『창조적 진화』를 발표한 베르그송은 신다윈주의자들의 주장에 반박했습니다. 베르그송은 진화에 관한 그들의 기계론적 설명에 만족하지 못했습니다. 그는 나름의 가설을 세워 신다윈주의자들과는 전혀 다른 주장을 했습니다. 베르그송의 주장을 요약하면 이렇습니다. "공동 조상에서 시작해서 지금처럼 무수히 많은 가지가 뻗어 나온 것은 '폭발'이라고밖에 주장할 수 없다. 물질과는 달리 생명 안에 내재하는 폭발적인 힘이 있었기에 지금과 같은 진화가 가능했다." 베르그송은 진화가 '점진적으로' 이루어진 것이 아니라 '폭발적으로' 이루어졌다고 주장한 것입니다. 진화가 점진적으로 이루어졌다는 신다윈주의자들의 주장과 폭발적으로 일어났다는 베르그송의 주장 가운데 어느 쪽이 맞다고 생각됩니까?

어느 쪽이 맞는지는 차치하고 베르그송은 조금 막무가내식입니다. 그는 자신의 주장을 실험을 통해 증명한 뒤에 말한 것이 아니라 그냥 '가설'로 주장했습니다. 베르그송은 생명 진화의 근원에 '엘랑 비탈élan vitale'이라는 힘이 있다고 보았습니다. '생명 안에 내재하는 폭발적인 힘', 엘랑 비탈이 진화에 결정적인 작용을 한 것이라고 주장했습니다. 즉 엘랑 비탈이라는 그 약동의 힘 때문에 마치 포탄에서 화약이 폭발해 무수히 퍼지는 많은 파편처럼 개체들이 순식간에 가지를 뻗어 나왔다는 것입니다. 마치 포탄에서 화약이 터지듯이 폭발적으로 진화가 일어났다는 베르그송의 주장은 조금 어렵게 느껴질 수 있을 것입니다. 좀더 자세히 살펴보겠습니다.

베르그송은 폭발의 원인을 '생명의 힘'과 '물질의 저항'의 만남에서 시작되었다고 보았습니다. 이해를 위해 각자 머릿속으로 포탄을 하나 떠올려봅시다. 일반적으로 포탄은 내부에 화약이 들어 있고 외부는 쇠로 된 외피, 즉 탄피로 구성되어 있습니다. 내부에 있는 화약은 자유롭게 밖으로 뻗어 나가려는 성질을 가졌습니다. 이는 생명의 성질과 비슷합니다. 반면 외부를 둘러싸고 있는 탄피는 밖으로 나가려는 화약을 안에 가두려는 힘입니다. 물질의 성질이 그렇습니다. 이처럼 포탄은 밖으로 나가려는 생명의 힘과 그것을 가두려는 물질의 저항으로 구성되어 있습니다. 생명은 밖으로 나가려는 자유를, 물질은 그 자유를 가두려는 저항을 상징합니다.

201

폭발은 언제 일어날까요? 자유를 원하는 생명의 힘이 물질의 저항을 넘어서는 순간 폭발이 일어나면서 무수히 많은 개체로 나뉘는 것입니다. 여기서 잠깐 앞으로 돌아가보겠습니다. 처음 사례에서 자식은 왜 아버지의 뜻과는 달리 음악의 길로 들어섰을까요? 그것은 바로 자식의 내부에 내재한 '생명의 원초적 힘', 엘랑 비탈 때문입니다. 좀더 구체적으로 말하면 사업을 물려받기를 원하는 아버지의 기대―물질적 저항, 즉 탄피에 해당합니다―와 자식 안에 잠재되어 있는 음악에 대한 힘—생명의 자유, 즉 화약에 해당합니다—이 대립하고 있는 상태입니다. 물론 지금은 아직 폭발하기 전이라고 여겨집니다. 폭발이 일어나기 시작하면 자녀는 아버지 몰래 오디션 프로그램에 나가면서 자유를 향한 질주를 시작할 것입니다. 요컨대 자식이 아버지 뜻을 따르지 않는 이유는 생명 안에 들어 있는 엘랑 비탈 때문입니다.

진화의 바탕에 엘랑 비탈이 있다는 베르그송의 주장에서 우리가 알아야 할 것은 진화의 본질이 '우연성이나 불확실성'에 기초하고 있다는 사실입니다. 이는 신다윈주의자들이 진화의 속성이 어떤 목적이나 필연성을 갖고 있다고 본 것과는 다른 관점입니다. 베르그송은 생명의 진화 방향은 정해져 있지 않다고 보았습니다. 앞에서 이야기한 생명의 본성과 물질의 본성이 서로 갈등하고 투쟁한 결과에 따라 진화의 방향이 정해진다고 보았습니다. 그래서 베르그송은 "생명은 자유"라고 표현했습니다.

202

"생명은 자유다"라는 표현이 왠지 멋있어 보이는 면도 있습니다. 얼핏 듣기에 매우 민주적이고 자유로워 보이는 베르그송의 주장은 사실 부모 입장에서는 난감할 수 있습니다. 왜냐하면 생명의 본성이 우연성이나 불확실성, 자유에 기인한다는 말은 자식의 인생이 부모 뜻대로만 되지 않는다는 의미이기도 하기 때문입니다. 자녀는 왜 부모 뜻에 따르지 않고 자기 마음대로 하는 것일까요? 그것은 자녀가 '생명'이기 때문입니다. 만약 자식이 물질이라면 부모 뜻대로 되기도 하겠죠. 주변을 둘러보면 자녀를 부모의 뜻대로만 키우려는 경우가 있는데, 이는 자녀의 생명성을 질식시키고 물질성을 극대화한 결과라고 해석할 수 있습니다. 한마디로 말하면 자녀를 생명이 아니라 물질처럼 다루고 있다는 뜻입니다.

베르그송의 관점에서 보았을 때 자녀에게 부모의 생각만 강요하면 이는 자녀를 살아 있는 생명으로 대하는 것이 아니라 죽어 있는 물질처럼 대하는 것입니다. 부모 입장에서는 베르그송의 주장이 조금 억울할 수도 있습니다. 자녀에 대한 사랑을 강요나 억압이라고 폄하하니까요. 하지만 자녀가 부모 뜻대로 되지 않는다고 해서 마냥 억울해할 필요는 없습니다. 우연성이나 불확실성 속에는 '잠재성'이 포함되어 있다는 뜻이기도 합니다. 부모 뜻대로 살지 않는다고 해서 꼭 나쁜 결과로 이어지는 것은 아닙니다. 앞일은 어찌될지 아무도 모릅니다. 혹시 압니까. 음악의 길로 나섰다가 양현석이나 싸이처럼 대박을 안겨줄지. 그렇게만 된다면 그야말로 로또 복권에 맞은 듯한 행운이겠지만 원래 대박은 생각지도 못한 곳에서 터집니다. 진화의 속성인 우연성과 불확실성이 꼭 나쁜 것만은 아니라는 뜻입니다.

203

베르그송은 진화를 "잠재성의 현실화"라고 표현했습니다. 생명에 내재된 잠재성이 수많은 요소와 상호 침투하면서 그전과는 전혀 다른 창조를 이루어낸다는 것입니다. 그래서 그의 책 제목이 『창조적 진화』입니다. 무한한 잠재성을 가진 생명은 자유를 통해 새로움을 창조하고 그 과정에서 진화가 이루어진다는 것입니다. 이를 두고 베르그송은 "생명의 진화 앞에서 미래의 문은 크게 열려 있다"라고 했습니다. 개개인에게는 미래의 문이 활짝 열려 있습니다. 결국 개개인에게 열려 있는 미래의 문을 얼마나 창조적으로 활짝 열 것인지가 진화에서 중요한 과제입니다.

지금까지 생명의 진화에 대해 살펴보았는데, 생명의 진화 방향은 정해져 있지 않으며 물질의 저항과 생명의 자유가 상호 침투하면서 창조적으로 진화한다는 것이 베르그송의 핵심 주장이었습니다. 혹시 자녀가 부모 뜻대로 되지 않더라도 너무 슬퍼하거나 노하는 일이 없기를 바랍니다. 그냥 '아, 우리 아이에게 생명의 자유가 충만하구나'라고 생각하면 더 좋지 않을까 싶습니다.

204

직장인이라면 누구나 자신의 경력을 잘 관리하는 것이 무엇보다 **205**
중요합니다. 사람들은 누군가를 평가할 때 그 사람이 걸어온 과거
의 경험과 발자취를 통해 현재 수준을 가늠하기 때문입니다. 그러
므로 자신의 경력을 잘 관리하는 것은 성공과 롱런long-run을 위해
중요하고 필요합니다. 직장인이 경력을 관리하는 방법에는 크게
두 가지가 있습니다. 특정 분야의 전문성을 기르는 것과 두루두루
다방면의 소양을 넓히는 것입니다. 사람들은 첫번째를 '스페셜리
스트specialist', 두번째를 '제너럴리스트generalist'라고 부릅니다.

　　경력 관리를 위해서는 스페셜리스트와 제너럴리스 가운데 어
느 쪽을 선택하는 것이 좋을까요? 이 질문에 정답은 없습니다. 개

인의 적성과 보유 역량에 따라 평가가 달라지기 때문입니다. 하지만 일반적인 관점에서 보면 요즘은 스페셜리스트가 대세라고 하는 사람이 더 많습니다. 고등학교에서 학생들이 진로를 선택할 때에도 문과보다는 이과를 선호하는 경향이 높은 것도 같은 이유라고 할 수 있습니다.

흔히 현대사회를 '전문가의 시대'라고 합니다. 실제로도 제너럴리스트의 시대는 저물고 스페셜리스트가 득세하는 시대가 된 것 같습니다. 사람들은 "아무리 경제가 어려워도 자기만의 주특기 하나만 갖고 있으면 먹고사는 데 별문제가 없다. 반면 이것저것 조금씩 하는 제너럴리스트는 죽도 밥도 아니어서 먹고살기 힘들다"라고 말합니다. 크게 틀린 말은 아닌 것 같습니다. 그래서인지 요즘은 '어릴 때부터 자신의 방향을 명확히 정한 후 그것에 죽기 살기로 매달려야 한다'고 생각합니다. 스페셜리스트가 되어야 살아남을 확률이 높다고 믿기 때문입니다.

그런데 인문학을 하는 사람은 모든 사람이 옳다고 말해도 "진짜 옳은가" 하고 반문할 줄 알아야 합니다. 그래서 다시 한번 질문해보겠습니다. 스페셜리스트가 좋은가, 제너럴리스트가 좋은가에 대해 4대 성인 가운데 한 사람인 공자에게 물어보면 뭐라고 대답할까요? 다행히도 공자는 무려 2500여 년 전에 이미 여기에 대한 답을 했습니다. 공자는 『논어』에서 "군자불기君子不器 즉 '군자는 그릇이 되어서는 안 된다'라는 말을 통해 스페셜리스트가 되어서는 안 된다고 했습니다.

공자가 말한 "군자불기"에서 그릇器은 각기 그 용도가 정해져 있어서 서로 바꾸어 사용할 수 없는 물건을 가리킵니다. 밥그릇에는 밥을 담고 국그릇에는 국을 담아야 합니다. 그러나 "밥그릇에 국을 담아도 별문제 없지 않나요"라며 반문하는 사람이 있을지도 모르겠습니다. 물론 밥그릇에 국을 담을 수도 있습니다. 하지만 폼도 나지 않고 격식에도 맞지 않습니다. 비유하면 값비싼 와인을 막사발에 따라 마시는 것과 비슷합니다. 한 병에 수백만 원하는 와인을 막사발에 부어 마시면 와인맛이 어떨까요? 뭐 안 될 것은 없지만 아무래도 풍미가 떨어질 것입니다. 이렇게 그릇은 용도에 맞게 사용할 때 제대로 된 진가를 느낄 수 있습니다.

군자불기에서 그릇의 의미를 사람에게 적용하면 '특정한 기능의 소유자'로 해석할 수 있습니다. 결국 '군자는 그릇이 되어서는 안 된다'는 의미는 자신의 쓰임새가 특정한 용도로 고정되어서는 안 된다는 것입니다. 요즘 식으로 말하면 군자는 그 쓰임새가 정해진 스페셜리스트가 되어서는 좋지 않다는 뜻입니다.

207

아무리 공자의 말이라도 요즘 시대에는 잘 맞지 않는 것 아닌가 하는 의문이 들 수 있습니다. 전혀 틀린 관점은 아닙니다. 요즘같이 전문성이 강조되는 시대에 "군자불기"라고 주장하는 공자의 말은 왠지 세상 물정 잘 모르는 옛사람의 고리타분한 주장처럼 들리기도 합니다. 하지만 좀더 깊이 생각하면 공자의 주장이 전혀 틀린 말이 아니라는 사실을 알게 될 것입니다. 사람들이 괜히 공자를 성인이라고 부르겠습니까. 다 그럴 만한 이유가 있기 때문이겠지요.

오늘날의 자본주의 경제는 경쟁과 효율성을 중요시하는 체제입니다. 전문성은 이런 경쟁과 효율성이 강조되는 상황에서 생존하는 데 필수적인 선택으로 여겨집니다. 하지만 가만히 살펴보면 요즘에도 모든 사람이 전문성만을 추구하지는 않습니다. 요즘 시대에 전문성을 추구하는 사람들은 누구일까요? 자본가, 경영자, 일반 샐러리맨 가운데 누가 더 전문성에 집착할까요? 따져보면 요즘도 전문성을 추구하는 사람은 보통의 샐러리맨입니다. 그렇지 않습니까?

대체로 자본가나 경영자는 전문성을 추구하지 않습니다. 자본가나 경영자에게 고용된 사람들만 전문성에 집착합니다. 오히려 전문성을 거부하는 것이야말로 성공한 자본가들의 공통적인 특징입니다. 빌 게이츠가 그랬고 스티브 잡스가 그랬습니다. 자본가는 어느 한 분야에 스스로 고립되기를 철저히 거부해온 사람입니다. 물론 자본가도 전문성을 중요하게 생각했을지 모르지만 그것은 언제나 피고용인들의 전문성을 의미할 뿐이었습니다.

208

역사적으로도 전문성은 하층민의 몫이었습니다. 봉건시대로 거슬러올라가면 칼이나 활을 만드는 사람, 도자기를 빚는 사람, 베를 짜는 사람 등 전문성은 대체로 하층민 신분에게 요구되는 직업윤리였습니다. 기득권 계층의 귀족이나 양반 들은 특정 분야의 전문가는 아니었습니다. 그들은 하나의 전문성에 고착되기보다 다양한 방면의 소양을 넓히는 데 주력했습니다. 그들은 문사철文史哲을 두루 익히고 시서화詩書畵에도 관심이 많았던 '제너럴리스트'였습니다.

귀족이나 양반 들은 왜 전문성을 추구하지 않았을까요? 이유 없이 그러지는 않았을 것입니다. 사람들은 흔히 전문성을 갖추는 것이 항상 좋은 일이라고 생각합니다. 하지만 전문성만을 추구하는 것에도 위험이 따릅니다. 전문성만을 추구하면 환경 변화에 효과적으로 대처하지 못하는 경우가 생깁니다. 일반인들은 왜 전문성에 매달릴까요? 앞에서도 이야기했지만 특정 분야에 전문성을 갖추면 먹고사는 데 문제가 없을 것이라는 믿음 때문입니다. 하지만 이런 믿음은 자신이 속한 분야가 시장에서 지배적 위치에 있을 때나 통용되는 논리입니다. 만약 자신의 분야가 시장에서 지배적 지위를 상실하게 되면 그때는 개인의 전문성도 별 쓸모가 없어지고 맙니다.

예를 들어 한 사람이 가솔린 자동차의 엔진에 대한 전문성을 가졌다고 합시다. 그런데 이제 가솔린 자동차 시대는 가고 전기 자동차를 타는 시대가 되었습니다. 그러면 가솔린 자동차 엔진을 만들던 전문가는 어떻게 될까요? 그는 여전히 자신의 전문성으로 먹고사는 데 지장이 없을까요? 그렇지 않을 것입니다. 시대가 바뀌면 자신이 신봉하던 전문성도 쓸모가 없어질 수 있습니다. 이처럼 개인의 전문성은 그가 속한 분야의 시장 지위에 종속된 입장이어서 깊이와 상관없이 그 분야의 시장 지위와 운명을 같이할 수밖에 없습니다.

또한 전문적일수록 용도가 한정적이어서 다양한 분야에 활용하는 데 한계가 있습니다. 옛날에는 목재를 잘 다루는 전문가는 자신의 재능을 여러 분야에 활용할 수 있었습니다. 목수의 재능은 배, 집, 수레 등을 만드는 데 두루 활용되었습니다. 이 때문에 한 곳에서 일하다가 직장을 잃으면 다른 곳에 취직하기 쉬웠습니다.

209

자신의 전문성이 다방면에 걸쳐 활용 가능했기 때문입니다. 지금은 산업 전반에 분업과 전문화가 진행되면서 개인의 전문성은 과거보다 확실히 높아졌습니다. 하지만 개인의 전문성이 특정 분야에 한정됨으로써 다방면에 활용될 수 있는 가능성은 오히려 감소되었습니다. 특정 분야의 전문성이 깊을수록 다른 분야로 전용轉用할 수 있는 여지가 줄어들었습니다. 그래서 한 곳에서 일하다가 직장을 잃으면 다른 곳에서 활용되지 못하고 사장되는 경우도 많습니다. 한마디로 과거에는 각 분야의 전문성은 재활용이 활발했던 반면, 요즘의 전문성은 재활용이 좀처럼 이루어지지 않습니다. 이런 이유로 전문성만을 추구하는 것은 현명하다고 하기 어렵습니다.

전문성만을 추구하는 것이 위험하다면 모두가 제너럴리스트가 되어야 할까요? 이 또한 현실적인 대안이 되지 못합니다. 보통의 샐러리맨은 당장 먹고사는 문제 때문에 전문성을 추구하지 않을 수 없기 때문입니다. 자본가나 경영자가 아닌 이상 대다수의 평범한 샐러리맨은 기본적으로 자신만의 주특기, 즉 전문성을 가져야 합니다. 하지만 전문성만을 추구하는 것은 현명한 태도가 아닙니다. 일반 샐러리맨이라 할지라도 전문성을 갖추면서 동시에 제너럴한 역량을 함께 갖추는 것이 좋습니다. 자기 분야에 대한 깊이 있는 전문성과 지식을 갖추는 동시에 범용적으로 통용될 수 있는 제너럴한 역량을 함께 갖춰야 합니다.

제너럴한 역량이란 구체적으로 어떤 것이 있을까요? 앞에서도 잠시 이야기했지만 예로부터 귀족이나 양반 들은 특정 분야를 고집하지 않고 다양한 분야의 인문적 소양을 기르는 데 투자를 많이 했습니다. '문사철'을 통해 이성적 능력을 높이고 '시서화'를 통해 감성적 소양을 길렀습니다. 한마디로 다양한 분야의 인문적 소양을 함양하여 환경 변화에 효과적으로 대처할 수 있는 유연성을 길렀습니다. 이런 대처방법은 일반인도 따라 하지 못할 이유가 없습니다. 우리도 이제 공자가 말한 "군자불기"의 정신을 통해 자기 분야의 전문성과 함께 인문적 소양을 기르는 데 관심을 가져야 합니다. 그래야만 환경 변화에 효과적으로 대처할 수 있고 오랫동안 생존하는 데도 유리합니다.

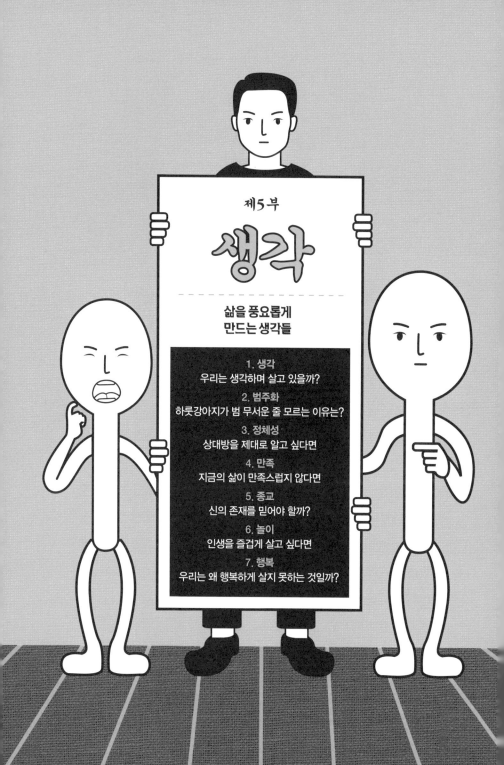

214 인간과 동물을 구분하는 가장 큰 특징은 무엇일까요? 아마도 '생각한다'는 점 아닐까 싶습니다. 프랑스의 철학자 블레즈 파스칼은 『팡세Pensées』에서 "인간은 생각하는 갈대다"라고 했습니다. 이 말은 인간은 생각하는 존재, 인간은 갈대처럼 연약한 존재 등으로 해석이 분분합니다. 그런데 『팡세』에 나오는 전문을 읽어보면 파스칼이 왜 그런 말을 했는지 명확하게 드러납니다. "인간은 자연에서 가장 연약한 한 줄기 갈대일 뿐이다. 그러나 그는 생각하는 갈대이다." 이는 인간은 광대한 대자연 가운데 '한 줄기 갈대'와 같이 가냘픈 존재에 불과하지만 생각을 함으로써 우주 전체를 파악할 수도 있는 위대성을 지니고 있다는 뜻입니다. 파스칼은 '생각'이라는 특유

의 작용 능력을 지닌 인간의 위대성을 강조하고 있는 것입니다. 프랑스의 철학자 르네 데카르트도 생각에 대해 유명한 말을 남겼습니다. "나는 생각한다. 고로 나는 존재한다." 이처럼 많은 철학자는 인간의 위대함을 '생각하는 능력'에서 찾았습니다.

그런데 철학자의 주장이라고 해서 무작정 믿을 것이 아니라 인간 고유의 특성인 생각의 실체를 좀더 명확히 확인해야 합니다. 이를 위해 스스로에게 인간은 정말 '생각하는 존재'일까, 인간은 항상 생각하며 사는 것일까라는 질문을 던져야 합니다. 하지만 이 질문에 대해 단정적으로 '그렇다', '아니다'라고 말하기 어렵습니다. 언뜻 보면 사람은 모두 생각하며 사는 것 같지만 '별생각 없이' 사는 경우도 많기 때문입니다. 사람들은 아침에 눈을 뜨면 별생각 없이 스마트폰을 집어들고, 별생각 없이 TV를 켜고, 별생각 없이 밥을 먹고, 별생각 없이 학교를 가고, 별생각 없이 회사를 다닙니다. 이처럼 사람들은 하루 24시간 가운데 '별생각 없이' 기계적으로 반응하며 사는 경우가 많습니다.

물론 개인차는 있겠지만 사람들이 별생각 없이 삶을 살아가는 경우가 많다는 점만은 부정할 수 없는 사실인 것 같습니다. 프랑스의 소설가 폴 부르제는 별생각 없이 사는 사람들을 꼬집어 "생각하는 대로 살지 않으면, 사는 대로 생각하게 된다"라고 했습니다. 이 말은 사람은 '어쨌든 생각하는 존재'라고도 해석할 수 있습니다. 하지만 그것은 잘못된 해석입니다. '생각대로 사는 것'과 '사는 대로 생각하는 것'에는 큰 차이가 있습니다. 자신이 생각한 대로 사는 사람은 '생각하며' 사는 것이 맞습니다. 하지만 사는 대로 생각하는

215

사람은 '생각 없이' 산다고 하는 것이 옳습니다. 정확히 말하면 자신이 살고 있는 모습에 대해 당위성을 부여하기 위해 '생각'이라는 것을 하고 있을 뿐입니다. 흔히 사람들은 자신이 원하지 않는 삶을 살고 있어도 "원래 인생은 그런 거야", "남들도 다 그렇게 살고 있는데 뭐!"라고 하면서 자신이 처한 현실에 정당성을 부여하는 경우가 있습니다. 이런 태도는 '생각하지 않는 것'에 해당됩니다. 사는 대로 생각하고 있는 것입니다. 자신이 원하는 삶을 살지 못한다면 왜 현실이 그러한지, 어떻게 해야 자신이 원하는 삶을 살 수 있을지를 고민하고 따져 물어야 비로소 '생각하며 사는' 것이 됩니다.

파스칼의 언명처럼 인간은 생각하는 존재이지만 실제로 생각하며 사는 것은 쉬운 일이 아닙니다. 흔히 사람들은 자신이 가진 생각이나 가치관이 스스로 생각한 결과라고 믿습니다. 하지만 진실이 아닌 경우가 많습니다. 대개 개인의 생각이나 가치관은 주로 누군가에게 영향을 받거나 자신이 속한 집단의 논리를 내재적으로 수용한 결과일 수 있습니다. 예를 들어 한국과 일본의 축구 국가대항전을 살펴보겠습니다. 사람들은 다른 나라에는 질 수도 있지만 유독 일본한테는 반드시 이겨야 된다고 생각합니다. 일본에게 진 날에는 하늘이 무너진 것처럼 탄식을 하고 그날 저녁은 화풀이 술판이 벌어지기도 합니다. 일본한테는 기필코 축구를 이겨야 한다는 논리는 우리가 '생각'한 결과일까요? 그렇지 않습니다. 그 이유는 이해되지만 곰곰이 생각해보면 그 주장은 논리적·이성적 논거가 있는 것이 아닙니다. 축구 경기를 하다보면 이길 수도, 질 수도 있습니다. 어떤 나라도 항상 이기기만 하는 나라는 없습니다. 그런

216

데도 우리는 일본과의 축구 시합만큼은 져서는 안 된다고 생각합니다. 일본이 우리나라와 경기할 때 일부러 대충대충 할 리도 없는데 말이죠. 이런 주장은 깊은 생각 끝에 내려진 결론이 아닙니다. 자신도 모르는 사이에 누군가에 의해 형성된 집단의 지배 논리를 받아들인 결과일 뿐입니다.

이처럼 특별한 노력을 기울여 생각하지 않는 한 우리는 집단이 생산해내는 논리에 매몰되기 쉽습니다. 받아들이지 않으면 되지 않느냐고 반문할 수 있지만 쉬운 일이 아닙니다. 의식적으로 노력하지 않으면 '저절로' 그렇게 됩니다. 또한 생각하지 않으면 하루하루 살아가는 생활의 압박, 자기 집단의 이익 논리, 사회의 지배 이데올로기에 굴복하게 됩니다. 평소에는 남자는 군대를 가야 된다고 생각하지만 자기 아이가 군대를 갈 시기가 되면 모병제를 주장하는 논리에 끌리게 됩니다. 자신이 처한 상황에 따라 생각이 왔다 갔다하는 것입니다. 이처럼 우리는 자신이 처한 상황이나 현실조건, 지배 논리에 따라 자기도 모르는 사이에 영향을 받습니다. 그 결과 우리는 깊은 생각 없이 하루하루를 살게 되고, 결국 '사는 대로 생각하게' 되는 것입니다. 요컨대 우리가 매번 깊이 생각하지 않으면 남들이 만들어놓은 방식대로 생각하게 되는 것입니다.

요즘 현대인이 살아가는 생활 공간 속에는 우리의 생각을 조작하려는 것들로 넘쳐납니다. 수많은 매체에서 쏟아내는 정보들은 대부분 우리의 '생각을 깊게' 만드는 것이 아니라 '생각이 없게' 만듭니다. 대표적인 것이 광고입니다. 길을 가는데 어딘가에서 "열심히 일한 당신, 떠나라!"라는 여행사 광고를 보면 괜히 '나도 여행을

217

떠나야 할 것 같다'는 생각이 듭니다. 실제로는 그다지 열심히 일하지 않은 사람도 그렇게 생각하게 만듭니다. 심지어 백수조차 '아, 나도 여행 가고 싶다'라는 생각을 하게 만들 정도입니다.

"당신의 품격을 높여드립니다"라고 선전하는 자동차 광고를 보면 자기도 그 차를 타면 품격이 높아질 것이라고 생각합니다. 그 결과 무리를 해서라도 차를 구입하는 사람이 생깁니다. 그런데 좋은 차를 타기만 하면 품격이 높아질까요? 그렇지 않지만 자기도 모르게 그런 생각에 동조하는 경우가 많습니다. 이런 현상을 보면 '생각하며' 살기보다는 '별생각 없이' 산다고 보아야 할 것입니다. 이처럼 주변에 넘쳐나는 정보들을 비판 없이 받아들이면 생각 없이 살게 됩니다.

주변 정보에 휘둘리지 않고 '생각하면서' 살려면 어떻게 해야 할까요? 평소에 생각하는 연습을 해야 합니다. 독일의 철학자 이마누엘 칸트는 매 학기 철학 수업을 시작하면서 학생들에게 "여러분은 저에게서 결코 '철학'을 배울 수 없습니다. 다만 여러분과 똑같은 어떤 한 사람이 '철학하는 것'만을 볼 수 있을 뿐입니다"라고 했다고 합니다. 칸트의 수업 목표는 학생들에게 '철학'이 아니라 '철학하는 것'을 배우게 하는 것이었습니다. 그가 말하는 '철학하는 것'이란 한마디로 말하면 '생각하는 것'입니다. 칸트에 따르면 철학이란 특정 사상가의 주장을 배우는 것이 아니라 그 사상가의 생각하는 방법을 배우는 학문입니다. 따라서 철학이란 어렵고 거창한 학문이 아닙니다. 생각하는 학문일 뿐입니다. 자신에게 주어진 삶의 조건을 무작정 받아들이는 것이 아니라 생각하면서, 다시 말해 이성적으로 사유하면서 사는 것이 철학입니다. 결국 철학의 핵심은 인간을 생각하게 만든다는 데 있습니다.

철학에서 생각을 깊게 하는 방법에는 '방법적 회의'가 있는데, 이는 확실한 것을 알기 위해 불확실해 보이는 모든 것을 의심하는 것을 말합니다. 쉽게 말해 모두가 옳다고 생각하는 것에 대해서도 의심하고 질문하는 것입니다. 자명해 보이는 것에 대해서도 의심하고 질문하는 과정이 철학이며 그 과정을 통해 생각하는 능력이 길러집니다. 모두가 "예"라고 할 때 혼자 "아니요"라고 말하는 것과 비슷합니다. 모두가 옳다고 믿을 때에는 더이상 생각하지 않는 경우가 많습니다. 미국의 유명한 저널리스트이자 작가인 월터 리프먼은 "모두가 비슷하게 생각할 때 아무도 깊이 생각하지 않는다"라고 했습니다. 모두가 옳다고 생각할 때에는 굳이 따로 시간을 내어 달리 생각할 필요조차 없기 때문입니다. 이런 경우에는 여론을 믿는 편이 현명하다고 생각하는 것입니다. 하지만 이 역시 생각하지 않는 것에 해당합니다. 이는 철학하지 않는 것이며 생각하지 않는 것입니다. 생각은 모두가 옳다고 해도 의심하고 질문하고 사유하는 과정에서 작동되는 것입니다.

그 밖에도 생각하는 능력을 길러주는 좋은 방법은 독서입니다. 책을 많이 읽으면 저자의 깊고 다양한 생각을 접하게 되는데, 그 과정에서 자연스럽게 생각하는 연습을 하게 됩니다. 평소에 책을 많이 읽는 사람은 정보의 홍수 속에서도 잘 흔들리지 않습니다. 자기가 중심이 되어서 생각하기 때문입니다. 반면 책을 전혀 읽지 않는 사람은 자기 의지와 상관없이 다른 사람의 생각에 휘둘리거나 지배 이데올로기의 포로가 되기 쉽습니다. 신문, 방송, 광고 등 우리가 접하는 매체뿐 아니라 우리가 만나는 사회적 관계에서 자주 접하게 되는 지배 관념에 자신도 모르게 빠져들기 때문입니다. 평소 책을 많이 읽는 사람은 생각도 많이 하게 되고 다른 사람의 생각에도 휘둘리지 않습니다.

그런데도 간혹 "먹고사는 게 너무 바빠서 책 읽을 시간조차 없다"라고 하는 사람이 있습니다. 물론 상황이 이해되지 않는 것은 아닙니다. 하지만 현실이 아무리 바쁘고 힘들어도 무지나 무사고가 해결책을 마련해주지는 않습니다. 오히려 삶의 새로운 돌파구는 새로운 생각 속에 있습니다. 그러므로 평소 책을 읽어서 생각을 깊게 해야 합니다. 그래야만 다른 사람의 생각에 휘둘리지 않고 자신의 생각대로 살아갈 수 있습니다. 그렇게 해야만 사는 대로 생각하지 않고 자신이 생각한 대로 살아갈 수 있습니다.

220

범주화

하룻강아지가
범 무서운 줄 모르는 이유는?

무협영화를 보면 등장인물들은 길거리에서 만나는 상대를 유심히
관찰합니다. 상대방이 적군인지 아군인지 파악해야 하고, 적이라
면 자기보다 싸움을 잘하는지 못하는지 가늠해야 하기 때문입니
다. 상대가 적군인데 같은 편이라 생각하고 무심코 다가가거나 고
수에게 싸움을 걸었다가는 자칫 생명이 위험할 수 있습니다. 그러
므로 상대를 구분하는 것은 생존을 위해 무엇보다 중요합니다. 강
호 무림의 세계에서만 그런 것이 아닙니다. 살아 있는 모든 생명체
는 자기 앞에 나타나는 대상을 구분하는데, 이런 행위를 '범주화範
疇化'라고 합니다. 범주라는 단어를 사전에서 찾아보면 '동일한 성질
을 가진 부류나 범위'라고 정의되어 있습니다. 따라서 범주화란 그

냥 쉬운 말로 '같은 부류끼리 그룹 짓는 행위'를 말합니다.

인간은 일상생활을 하면서 매일 범주화를 합니다. 아이들은 만화영화에 나오는 등장인물들을 범주화합니다. 아이들은 등장인물이 착한 사람인지, 나쁜 사람인지 정도로만 구분해 분류합니다. 아이들의 범주화 기준은 매우 단순합니다. 그래서 아이들은 등장인물을 세세히 구분하지 못합니다. 적군인데도 나쁜 일 때문에 심적 갈등을 일으켜 아군을 도와주는 인물, 아군에 속해 있지만 개인의 사리사욕 때문에 아군에게 해를 끼치는 인물 등 쉽게 범주화하기 힘든 인물도 단순히 자신의 기준으로 분류합니다. 이런 이유로 아이들이 보는 만화영화는 등장인물의 다양성 면에서는 흑백영화나 다름없습니다. 아군, 아니면 적군만 나오는 단순한 구조입니다.

아이들은 왜 등장인물을 단순하게 구분할까요? 아직 대상을 지각하고 판단하는 감각 능력이 충분히 발달되지 못했기 때문입니다. 이처럼 감각을 통해 외부 대상을 구분하는 일을 인지과학에서는 '지각적 범주화'라고 부릅니다. 인간뿐 아니라 동물들도 지각적 범주화 능력을 갖고 있는데, 그런 능력이 없으면 생존하기 어렵습니다. 강아지가 길을 가다 호랑이를 만났을 때 도망가지 않고 다가가면 어떻게 될까요? 큰일날 일입니다. 아마도 강아지는 목숨을 부지하기 어려울 것입니다. 그래서 이런 속담도 있잖아요. "하룻강아지 범 무서운 줄 모른다!" 이 속담을 인지과학적으로 해석하면 하룻강아지에게는 지각적 범주화 능력이 없는 상태라고 할 수 있습니다. 인지언어학자 조지 레이코프와 철학 교수 마크 존슨은 『몸의 철학Philosophy in the flesh: the embodied mind and its challenge to weste』에서 모든 생물을 범주화해야 한다고 주장합니다. 아메바도 자기와 마주치는 것들을 먹을 수 있는 것과 먹을 수 없는 것으로, 다가가야 할 대상과 멀리 떨어져야 할 대상으로 범주화해야 합니다. 그래야만 약육강식의 세계에서 생존할 확률이 높습니다. 레이코프와 존슨은 범주화를 "동물들이 생존을 위해 자신이 마주하는 환경을 구분하는 작업"이라고 정의했습니다. 즉 자신이 마주하는 환경을 잘 구분해야 생존에 유리하다는 것입니다.

보통 범주화 능력은 동물보다는 인간이 더 뛰어납니다. 동물은 기껏해야 먹을 수 있는 것인지 아닌지, 다가가도 되는 대상인지 피해야 할 대상인지 정도로만 구분합니다. 갓 태어난 아기들의 범주화 능력도 거의 동물 수준에 가깝습니다. 자신에게 먹을 것을 주면 좋은 사람, 그렇지 않으면 나쁜 사람이라고 인식합니다. 하지만 시간이 지나면서 감각 능력이 섬세해지고 언어를 배우면서 그 능력은 급격히 향상됩니다. 따라서 이런 범주화 능력은 진화의 산물이라고 할 수 있습니다. 생명체는 진화를 거듭하면서 범주화 능력이 향상되었고, 그 결과 생존에 유리한 위치를 차지하게 되었습니다.

한편, 범주화 능력은 생존을 위한 방편으로만 활용되지 않습니다. 더 고차원적인 의미가 있습니다. 우리가 어떤 대상이나 환경을 마주하면 자연스럽게 그것을 구분하는 범주화가 이루어집니다. 그런 범주화를 통해 세계는 비로소 우리에게 모습을 드러냅니다. 즉 범주화는 세상이 우리에게 모습을 드러내는 과정인 것입니다. 범주화는 생존 능력뿐 아니라 우리가 만나는 세계를 창조하는 능력이기도 합니다.

세계를 창조하는 범주화가 너무 거창하게 느껴질 수 있는데, 이해를 돕기 위해 예를 들어보겠습니다. 프랑스 파리에 있는 루브르박물관을 가면 유명한 명화 가운데 하나인 레오나르도 다빈치의 〈모나리자〉를 감상할 수 있습니다. 별로 크지 않은 유화 작품을 보기 위해 사람들이 몰려 있는 것을 보면 명화임에는 틀림이 없는 것 같습니다. 그런데 이번에는 모기가 루브르박물관을 방문했다고 합시다. 모기도 그곳에서 〈모나리자〉를 명화라고 지각할까요? 아마 그렇지 않을 것입니다. 모기에게는 〈모나리자〉라는 명화도 단순한 벽에 불과합니다. 모기에게는 벽과 명화를 구분할 수 있는 범주화 능력이 없기 때문입니다. 이처럼 범주화 능력이 없는 생명체에게는 세계적인 명화도 그냥 벽지에 불과할 수 있습니다.

이처럼 범주화 능력의 수준에 따라 자신이 만나는 세계가 달라질 수 있습니다. 내 딸은 가끔 나에게 "아빠는 왜 만날 재미없는 철학책 같은 것만 보는지 도무지 이해가 안 돼!"라고 말합니다. 내 딸의 범주화 기준에서 철학책은 '재미없는 책'에 불과합니다. 물론 내 딸이 철학책의 진정한 가치를 모르고 있기 때문에 그렇습니다. 대개 사람들은 어떤 사물이나 대상에 대한 진가를 모르면 자기 편한 방식대로 범주화시킵니다. 클래식 음악의 진가를 모르는 사람은 클래식이 자장가에 불과할 수 있습니다. 이렇듯 범주화는 생명체가 각자 살아갈 세계를 창조해내는 작업입니다. 바꾸어 말하면 인간을 포함해 동물들은 범주화를 통해 스스로 만든 세계 안에서 살아가고 있는 셈입니다.

독일의 생물학자 야코프 폰 윅스퀼은 『동물들의 세계와 인간의 세계Streifzuge durch die/Umwelten von Tieren und Menschen/Bedeutungslehre』에서 동물들도 범주화에 따라 세계를 서로 다르게 지각한다고 주장했습니다. 흥미로운 점은 각자의 '행동 능력'에 따라 범주화 수준이 달라진다고 본 것입니다. 파리는 벽과 문을 따로 구분하지 못합니다. 파리에게는 벽과 문 모두 장애물로 범주화됩니다. 파리에게는 문을 열고 나갈 행동 능력이 없기 때문입니다. 반면에 개는 벽과 문을 다르게 범주화합니다. 즉 벽과 문을 다른 것으로 구분한다는 뜻입니다. 개는 머리나 발로 문을 밀치고 나가는 행동이 가능하기 때문입니다. 이처럼 범주화 수준은 각자의 행동 능력과 관련이 있습니다. 하지만 그런 개조차도 벽과 다빈치의 〈모나리자〉는 구분하지 못합니다. 개에게는 미술 작품을 감상할 능력이 없기 때문입니다. 요컨대 각자의 능력에 따라 범주화 수준이 달라집니다.

수많은 실험과 연구를 한 결과 윅스퀼이 내린 결론은 이렇습니다. "동물들은 각기 자신이 지닌 행동 능력에 따라 서로 다른 인지 능력을 갖고 있으며 그것에 따라 서로 다르게 범주화한 자신만의 세계를 구성해 그 안에 산다." 그러니까 우리는 각자의 능력에 따라 세상을 다르게 범주화하고, 또 그렇게 범주화한 세계에서 살아가고 있습니다. 결국 우리는 모두 똑같은 세계가 아니라 자신이 구성한 세계 안에서 각자 살아가고 있는 셈입니다. 어린아이들처럼 세상을 좋은 사람, 나쁜 사람으로만 구분하면 세계는 흑백 TV처럼 보일 것입니다. 흑백 논리에 갇혀 사는 사람도 마찬가지입니다. 반면 세상을 좀더 다양하고 세밀하게, 보다 다채롭게 구분하며 사는 사람에게 세계는 총천연색 컬러 TV처럼 보일 것입니다.

그러면 세계를 컬러 TV처럼 다채롭게 보려면 어떻게 해야 할까요? '동물들은 각자의 능력에 따라 범주화 수준이 달라진다'는 윅스퀼의 주장처럼 내 앞의 세계를 다채롭게 만들려면 범주화를 다양하게 할 수 있어야 합니다. 그러기 위해서는 행동 능력과 인지 능력을 향상해야 합니다. 특히 동물이 아닌 인간에게는 행동 능력보다는 인지 능력이 더 중요합니다. 그러므로 인지 능력을 높여야 합니다.

인간의 인지 능력은 크게 이성 능력과 감성 능력 두 가지로 나눌 수 있습니다. 우리 조상들은 예로부터 문사철과 시서화를 즐겼습니다. 문학, 역사, 철학 등에 관한 책을 통해 이성적으로 사고하는 능력을 키우고, 시를 짓고 그림을 감상하면서 감성 능력을 길렀습니다. 요즘 식으로 말하면 인문학을 통해 이성 능력을 높이고 음악, 미술 등 예술을 통해 감성 능력을 기른 것입니다. 그렇게 하면 세상과 사물에 대한 인지 능력이 높아져 자기 앞에 놓인 환경을 다양하게 범주화할 수 있습니다. 그 결과 눈앞에 다채로운 세계가 펼쳐지게 됩니다.

독일 시인 하인리히 하이네는 이렇게 말했습니다. "선한 사람은 세상에서 자신의 천국을 경험하고, 악한 사람은 세상에서 자신의 지옥을 경험한다." 자기 앞에 펼쳐지는 세상은 자기가 창조한 것입니다. 자기가 마주하는 현실을 어떻게 바라보고 범주화하느냐에 따라 세상은 천국이 될 수도, 지옥이 될 수도 있습니다. 평소 이성 능력과 감성 능력을 높여 자기 앞에 놓인 세상을 다양하게 범주화함으로써 세상을 다채로운 천국으로 경험할 수 있기를 바랍니다.

TV 드라마를 보다보면 재벌가에서는 전화를 받을 때 특이하게 응대를 하는 경우가 있습니다. "네, 성북동입니다"와 같이 주로 살고 있는 동네를 말하는데, 이는 일반적인 응대방법이 아닙니다. 재미있는 점은 성북동, 평창동 등과 같이 주로 부촌으로 알려진 동네 몇몇 군데로 한정되어 있다는 사실입니다. 부촌이 아닌 동네에서는 그렇게 말하는 사람이 거의 없습니다. 이른바 '조금 사는 동네'에 사는 사람만 할 수 있는 독특한 멘트입니다.

이처럼 전화기에 동네 이름을 말하는 것을 '정체성 행위'라고 합니다. 흔히 아이덴티티^{identity}라고 하는 정체성 행위란 '나는 이러이러한 사람입니다'라고 자신을 표현하는 행동을 말합니다. 모르는 사람에게 자신을 소개해야 할 때 "나는 누구입니다. 나는 이런 사람입니다"라고 하는데, 이때 자신의 정체성을 드러내게 됩니다.

정체성을 표현하는 방식에는 '개인 정체성personal identity'과 '사회적 정체성social identity'이 있습니다. 개인 정체성은 개인이 갖는 본질적 특성을 말합니다. 개인의 성격, 성품, 가치관 등이 여기에 해당합니다. 사회적 정체성은 개인이 속한 집단의 구성원으로서 갖는 정체감을 이릅니다. 집안, 회사, 출신 학교, 국가 등 개인이 속해 있는 집단을 통해 자신을 나타내는 것을 말합니다. 개인 정체성이 주로 내면과 관련이 있다면 사회적 정체성은 겉으로 보이는 외형적인 요소와 관련이 있습니다.

인간은 대부분 자기가 속한 집단이 많아서 여러 개의 사회적 정체성을 갖고 있습니다. 나는 남성이면서 대한민국 국민이고, 이씨 가문의 몇 대손입니다. 또한 박사학위를 받은 사람이고, 모 대기업 출신이며, 프로야구 모 구단의 팬입니다. 나뿐 아니라 대부분의 사람은 단 하나의 정체성만 갖고 있는 것이 아니라 여러 개의 사회적 정체성을 동시에 갖고 있습니다. 그런데 흥미로운 점은 사람들이 자신의 정체성을 나타낼 때 대개 자기가 가진 여러 사회적 정체성 가운데 가장 좋은 것 위주로 드러낸다는 것입니다. 예를 들어 최동훈 감독의 영화 〈타짜〉(2006)에서 정마담으로 분한 김혜수씨는 도박장을 급습한 경찰에게 끌려가면서 이렇게 외칩니다. "놔, 이것들아. 나 이대 나온 여자야." 이때 그녀가 외치는 '이대 나온 여자'가 바로 사회적 정체성을 나타내는 것입니다. 그녀는 왜 그 상황에서 자신의 출신학교를 밝혔을까요? 자신을 드러내는 여러 사회적 정체성 가운데 이대 출신이라는 것이 가장 긍정적인 정체성이기 때문입니다. 재벌가에서 전화기에 "네, 성북동입니다"라고 말하는 것도 자기가 사는 동네가 다른 사람에게 보여주기에 충분히 자랑스럽다는 사실을 은연중에 드러내고 있는 것입니다.

　사회적 정체성은 자신을 드러낼 때뿐 아니라 다른 사람을 판단할 때도 사용됩니다. 맞선을 보러 나가면 먼저 상대가 어떤 사람인지를 판단해야 합니다. 이때 '저 사람은 어떤 사람일까'를 판단하는 것도 일종의 정체성 행위입니다. 사람들은 다른 사람을 판단할 때 개인 정체성과 사회적 정체성 가운데 어느 것을 더 많이 볼까요? 대부분 사회적 정체성을 더 많이 봅니다. 상대방이 다니고 있는 직장은 어딘지, 직장에서의 직급은 무엇인지, 대학은 어디를 나왔는지, 집안은 어떠한지, 어떤 종류의 차를 타고 다니는지 등을 확인합니다. 상대방의 사회적 정체성을 통해 그(그녀)가 괜찮은 사람인지 아닌지를 판단합니다.

229

　맞선에서 직업, 연봉, 학벌, 집안 등 사회적 정체성을 보는 것은 당연한 것이 아니냐고 반문할 수 있을 것입니다. 물론 그런 것들은 당연히 확인해야 할 사항입니다. 하지만 지나치게 사회적 정체성 위주로만 파악하려는 것은 문제입니다. 사회적 정체성과 더불어 개인 정체성도 확인해야 하는데 이를 도외시하는 것이 문제입니다. 그 결과 사회적 정체성만 좋으면—좋은 대학 나오고 돈 많이 주는 회사에 다니고 집안만 좋으면—더이상 묻지도 따지지도 않고 '괜찮은 사람'이라고 판단합니다. 이런 식의 접근은 결코 옳지 않습니다. 어떤 사람을 제대로 파악하기 위해서는 사회적 정체성과 더불어 개인 정체성도 확인해야 합니다. 그 사람의 성품, 꿈, 가치관, 철학 등을 확인해야 그 사람을 제대로 보는 것입니다.

성품, 가치, 철학 등 개인 정체성은 쉽게 파악하기 힘듭니다. 하지만 상대방에 대한 판단이 매우 중요한 상황—예를 들어 배우자를 고르는 일—에서는 파악하기 힘들다는 이유로 개인 정체성을 도외시한 채 사회적 정체성으로만 판단하는 것은 결코 올바른 태도가 아닙니다. 이는 백화점에서 옷을 고를 때 디자인이 예쁘다는 이유로 입어보지도 않고 구매하는 것과 같습니다. 아무리 디자인이 좋아도 자신에게 잘 어울리는지 입어보고 사야 합니다. 그래야만 진짜 만족할 수 있는 상품을 고를 수 있습니다.

대개 어른들은 사회적 정체성을 기초로 다른 사람을 판단하는 경향이 있습니다. 하지만 원래부터 그랬던 것은 아닙니다. 아이들은 전혀 그렇지 않습니다. 아이들은 주로 개인 정체성을 기초로 인간관계를 맺습니다. 어른이 되면서 변한 것입니다. 생텍쥐페리의 소설 『어린 왕자』에는 다음과 같은 대목이 나옵니다.

230

어른들은 숫자를 좋아한다. 어른들에게 새로 사귄 친구 이야기를 하면 어른들은 제일 중요한 것은 도무지 묻지 않는다. 어른들은 "그 친구의 목소리가 어떠냐? 무슨 장난을 좋아하느냐? 나비를 수집하느냐" 이렇게 묻는 일은 절대로 없다. "나이가 몇이냐? 형제가 몇이냐? …… 그애 아버지가 얼마나 버느냐" 하는 것이 어른들이 묻는 말이다.

생텍쥐페리의 소설에서도 어른들은 친구의 개인 정체성에 대해서는 별로 관심을 보이지 않습니다. 친구에 대해 기껏 물어보는 것이 "아버지는 뭐하시니?", "걔는 몇 평짜리 아파트에 사니" 등의 사회적 정체성 위주의 질문들뿐입니다. 어른들은 친구에 대해 진짜 중요한 것은 물어보지 않습니다.

그렇다면 사회적 정체성과 개인 정체성 가운데 개인을 더 잘 나타내는 것은 무엇일까요? 결론부터 말하면 개인 정체성입니다. 개인 정체성은 시간이 지나도 잘 변하지 않는 반면, 사회적 정체성은 상황에 따라 수시로 바뀔 수 있습니다. 또한 집단의 지위가 개인의 지위와 일치하지 않을 수도 있습니다. 그 사람이 속한 집단은 멋져 보여도 그 집단에 속한 개인 모두가 멋진 것은 아닙니다. 예를 들어 사람들은 뉴욕에 사는 사람을 '뉴요커'라 부르며 대체로 부유하게 잘산다고 생각합니다. 파리에 사는 사람은 '파리지앵'이라 부르며 멋있다고 여깁니다. 하지만 뉴요커나 파리지앵이라고 해서 모두가 잘살거나 멋있는 것은 절대 아닙니다. 가난한 뉴요커도 의외로 많습니다. 뉴욕의 빈민가를 생각하면 알 것입니다. 특정 집단에 대한 일반적 평가가 그 집단에 소속된 개개인 모두에게 똑같이 적용되는 것은 아닙니다. 그러므로 자신을 뉴요커나 파리지앵이라고 소개하며 거들먹거리는 사람이 있다면 조심해야 합니다.

한편, 사회적 정체성에만 신경쓰는 사람 가운데에는 의외로 별로인 사람이 많습니다. 이런 부류의 사람들은 외형적인 요소에만 지나치게 신경쓰느라 내면을 가꾸는 데 소홀하기 때문입니다. 이들에게는 자기 눈에 중요한 것에는 별로 관심이 없습니다. 오로지 다른 사람에게 어떻게 보이는지가 중요할 따름입니다. 그래서 겉치레는 그럴듯해 보일지 몰라도 정작 내면은 부실할 가능성이 높습니다. 이런 이유 때문에 당사자를 더 잘 나타내는 것은 개인 정체성입니다. 따라서 사회적 정체성만으로 상대를 판단하는 것은 위험합니다.

사회적 정체성보다 개인 정체성이 더 중요하다고 한다면 어떻게 상대방의 개인 정체성을 확인할 수 있을까요? 맞선 자리에서 상대방의 개인 정체성을 확인하고 싶을 때에는 무슨 질문을 해야 할까요? 앞에서 이야기했듯이 개인 정체성은 내면적 요소라 겉으로 잘 드러나지 않습니다. 그러므로 질문을 잘 하는 것이 무엇보다 중요합니다. 여러 질문이 있겠지만 개인 정체성을 파악하려면 "요즘 어떤 책을 읽고 있습니까?"라고 물어보는 것이 좋습니다. 이 질문은 상대방의 성품과 습관, 학식의 수준을 동시에 확인할 수 있는 좋은 질문이기 때문입니다.

영국의 작가 새뮤얼 스마일스는 상대방의 품격을 확인하는 데는 책만한 것이 없다고 했습니다. "읽은 책으로 그 사람의 품격을 알 수 있다." 그러니까 그 사람이 지금껏 읽은 책, 또는 지금 읽고 있는 책이 무엇인지를 보면 그 사람 내면의 수준을 알 수 있다는 것입니다. 상대가 전혀 책을 읽지 않는다면 높은 수준의 품격을 갖추고 있다고 보기 어렵습니다. 반대로 평소 책을 즐겨 읽고 있다면 일단 '품격이 있는 사람이구나'라고 판단해도 크게 틀리지 않을 것입니다. 지혜와 통찰을 담은 인문 고전을 즐겨 읽는다면 더할 나위 없이 좋을 것입니다. 평소 고전을 즐겨 읽는 사람이라면 고매한 성

232

품과 높은 품격을 지녔을 확률이 높습니다. 앞으로 맞선을 보거나 누군가를 판단해야 한다면 상대방의 사회적 정체성만 보지 말고 개인 정체성까지 함께 고려하는 자세를 가졌으면 합니다.

4
만족
지금의 삶이
만족스럽지 않다면

흔히 인생을 새옹지마塞翁之馬라고 합니다. 새옹지마란 인생에서는 좋은 일과 나쁜 일의 변화가 많아서 예측하기 어렵다는 뜻입니다. 길한 일 뒤에 흉한 일이 생기고, 재앙 뒤에 복이 오듯이 인생이란 어떻게 될지 알 수 없음을 뜻합니다. 아무리 인생사가 새옹지마처럼 길흉화복이 교차한다지만 반드시 좋은 일과 나쁜 일이 동일한 비율로 찾아오는 것은 아닙니다. 대부분 사람들의 인생에는 길보다는 화가, 복보다는 흉이 더 많이 찾아옵니다. 그러므로 나쁜 일이 생겼을 때 어떻게 대처하는지가 훨씬 중요하며, 나쁜 일에 잘 대처하는 사람이 현명한 사람입니다. 그러면 지금부터 '인생을 현명하게 사는 법'에 대해 살펴보겠습니다.

인생을 살다보면 누구나 한 번쯤은 좌절을 경험합니다. 사업을 하다가 망해서 가세가 기울 수 있고 시험을 망쳐 원하는 대학을 가지 못할 수 있습니다. 사실 이런 좌절은 누구에게나 찾아오는 불가피한 일일 수 있습니다. 그러므로 우리가 살면서 느끼는 필연적인 좌절에 대해 어떻게 대처하느냐에 따라 삶의 만족도가 달라질 수 있습니다. 좌절에 부딪혔을 때 포기하고 지금의 상태에 만족하는지, 아니면 그것을 뛰어넘기 위해 더 많이 노력하는지에 따라 삶의 전반적인 행복과 불행이 좌우됩니다.

예를 들어 마음에 드는 여성에게 프러포즈를 했다가 거절당한 남성이 있다고 칩시다. 이 상황에서 남성은 구애를 포기하는 쪽이 현명할까요, 아니면 여성의 마음을 얻을 때까지 계속 도전하는 것이 좋을까요? 서로의 생각과 각자가 처한 상황에 따라 대처하는 방법이 다르기 때문에 정답은 없습니다. 하지만 어떤 이는 상황 여부와 관계없이 상대 여성이 자신의 이상형이라면 끝까지 도전하는 것이 좋다고 말합니다. 틀린 주장은 아닙니다. 성공한 사람들의 이야기를 들어보면 좌절을 경험하더라도 포기하지 않고 끝까지 부딪치는 편이 더 나은 방법이라고 합니다. 그들은 "어떤 어려움이 닥치더라도 절대 포기하지 말고 맞서라!"라고 말합니다. "열 번 찍어 안 넘어가는 나무 없다"라는 속담처럼 끝까지 도전하다보면 언젠가는 성공할 수도 있습니다.

그런데 문득 '어떤 상황에서도 절대 포기하지 말라'는 주장은 모든 상황에 통용되는 것일까 하는 의문이 듭니다. 다시 말해 이 주장은 언제나 옳으면서 현명한 삶의 태도일까 하는 것입니다. 정

235

말 모든 상황에서도 포기하지 않고 끈질기게 부딪치는 것이 현명한 자세일까요? 세계 최고의 스프린터를 꿈꾸는 육상선수를 예로 들어보겠습니다. 불행히도 그는 교통사고가 나서 한쪽 다리를 잃었습니다. 그는 커다란 좌절이 닥친 상황에서도 최고의 스프린터가 되겠다는 꿈을 포기하지 않고 밀어붙여야 할까요? 아마도 이런 상황이라면 최고의 스프린터가 되겠다는 꿈은 포기하고 실현 가능한 새로운 목표를 찾는 편이 보다 현명한 태도일 것입니다. 때로는 도전보다는 포기가 현명한 결정일 수도 있습니다.

바로 이 대목에서 고대 로마의 스토아 철학자 루시우스 세네카의 주장을 살펴볼 필요가 있습니다. 세네카는 사람들에게 좌절감을 안겨주는 불행이 언제든지 찾아올 수 있다고 경고합니다. 그는 "우리는 모든 것에 기대를 가지면서도 한편으로는 어떤 일이든 다 닥칠 수 있다고 예측해야 한다"고 했습니다. 앞에서 예로 들었던 육상선수처럼 모든 사람에게는 언제든 나쁜 일이 일어날 가능성이 있으므로 그것을 고려해야 한다는 뜻입니다. 생각해보면 세네카의 주장은 현실적으로는 매우 타당하면서도 옳은 이야기입니다. 어느 누구도 자신에게 교통사고가 일어나기를 바라지는 않지만 교통사고는 매일 일어나고 있습니다. 자신에게도 언제든 불행이 찾아올 수 있습니다.

세네카는 불행이 찾아올 위험에 대한 경고뿐 아니라 사람들에게 나쁜 일이 일어날 가능성에 대해서도 고려하라고 했습니다. 그러면서 한편으로는 나쁜 일의 결과가 두려워하는 것만큼 끔찍하지 않을 수도 있다고 덧붙였습니다. "하늘이 무너져도 솟아날 구멍은 있"는 법입니다. 사람들이 좌절감을 느낄 만한 현실에 부딪혔을 때 세네카는 어떤 조언을 해줄까요? 사고로 한쪽 다리를 잃은 육상선수에게 무슨 말을 해줄까요? 아마도 세네카라면 '현재 상태에 만족하라'고 했을 것입니다.

"아니, 사고로 다리를 잃은 사람에게 현재 상태에 만족하라니 말이 됩니까?"라고 반문하고 싶을지도 모릅니다. 세네카의 조언은 왠지 실제 사고를 당한 사람에게는 그다지 위로가 되지 않을 것 같습니다. 그가 불행한 사고를 당한 사람에게 너무 무책임한 말을 하는 것은 아닌가라는 생각이 들기도 합니다. 하지만 곰곰이 생각해보면 그의 주장은 일리가 있습니다. 세네카는 갑작스러운 좌절이나 불행이 닥쳤을 때 그 상황에 어떻게 대처하는지가 중요하다고 생각했습니다. 그는 "현명한 사람은 모든 것을 잘못 해석하지 않는다"라는 말로 상황에 대한 해석의 중요성을 강조했습니다. 사고로 한쪽 다리를 잃은 사람에게도 그는 '해석'을 잘 하는 것이 중요하다고 했습니다. 이어서 그는 "현명한 사람은 자족할 것이다. 만약 질병이나 전쟁으로 한쪽 손을 잃게 되거나 사고로 한쪽 다리 혹은 두 다리를 모두 잃는다고 해도 현명한 사람은 남은 것에 자족할 것이다"라고 했습니다. 그가 말하는 자족自足이란 '스스로 족하다, 넉넉하다'고 믿는 것을 말합니다. 세네카의 논지는 사고로 한쪽 다리를 잃어도 남은 한쪽으로 넉넉하다고 생각해야 한다는 것입니다. 선뜻 받아들이기 어렵겠지만 이성적으로 생각하면 전혀 터무니없는 것은 아닙니다. 불편하겠지만 한쪽 다리로도 충분히 살아갈 수 있습니다. 다만 그가 말하고자 하는 것은 현명한 사람들의 삶에 대한

237

태도입니다. 물론 사고가 나지 않는 것이 중요하겠지만 불행히도 사고를 당했다면 그 결과를 어떻게 해석하는 것이 현명한 태도인 지를 말하고 있는 것입니다. 왜 자신에게만 이런 불행이 찾아왔느 냐고 원망만 하면 이는 결코 현명한 태도가 아닙니다.

"현명한 사람은 자족한다"는 세네카의 말에는 행복에 대한 스 토아학파의 중심 철학이 녹아 있습니다. 행복한 삶을 살기 위해서 는 어느 정도의 돈이 필요합니다. 그래서 대부분의 사람들은 행복 의 수단으로 돈을 벌려고 노력합니다. 그렇다면 돈이 얼마만큼 있 으면 행복할까요? 10억, 아니면 100억? 다다익선多多益善이라는 말 처럼 돈은 많으면 많을수록 좋지 않을까요?

흔히 사람들은 돈이 많으면 많을수록 좋다고 생각합니다. 하지 만 그렇게 생각하는 사람은 행복해지기 어렵습니다. 돈을 많이 가 져도 만족감을 느끼기 어렵기 때문입니다. 1000억을 가져도 더 많 았으면 좋겠다고 생각한다면 그는 현재 상태에 만족하지 못하고 있는 것입니다. 행복에서 중요한 것은 스스로 '이 정도면 넉넉하다' 고 느끼는 마음입니다. 1000억을 가져도 만족하지 못하는 사람이 있는가 하면 1000만 원만 가져도 만족하는 사람이 있습니다. 행복 의 척도는 많고 적음의 객관적인 양量이 아니라 그것을 해석하는 질質이 결정하기 때문입니다.

오해하지 말아야 할 것은 세네카도 물질적인 측면을 부정하지 않았다는 점입니다. 그도 살아생전에는 매우 부유했습니다. 세네 카는 철학자이기도 하지만 정치가이기도 했습니다. 그는 제정 로 마 시대의 네로 황제의 스승이었습니다. 물론 나중에는 네로 황제에 의해 죽임을 당했지만 생애 대부분은 부족함 없이 살았습니다. 그랬던 그가 현재 가진 것에 만족하라고 하는 주장은 모순처럼 들리기도 합니다. 그러나 그는 부유함 자체를 부정한 것이 아니라 가난을 두려워하거나 경멸할 대상이 아니라고 생각했을 뿐입니다. 세네카가 현명하다고 인정받는 이유는 불행에 대처하는 그의 태도 때문입니다. 그는 갑작스러운 불행이나 빈곤이 닥쳐도 분노하거나 낙담하지 않았고 있는 그대로의 현실을 받아들였습니다. "현명한 사람은 자족한다"고 하면서 말입니다.

세네카의 주장이 현명하게 들릴 수도 있지만 한편으로는 지나치게 현실에 안주하라고 부추기는 것처럼 생각될 수도 있습니다. 불행과 좌절에 빠진 사람에게 체념하고 받아들이라고 하는 것 같습니다. 하지만 세네카의 의도는 그것보다 훨씬 더 심오합니다. 우리가 마음먹은 대로 만들어갈 수 있는 현실이 있는가 하면, 그와는 반대로 아무리 노력해도 절대 변화시킬 수 없기에 평온한 마음으로 받아들여야 할 현실도 있습니다. 세네카는 그 두 가지를 구분할 줄 알아야 한다고 생각했고, 그 두 가지를 구분하는 능력을 '지혜'라고 여겼습니다. 그러므로 지혜로운 사람은 좌절이나 불행에 맞서 부딪쳐야 하는 상황과 자족하면서 평온하게 받아들여야 하는 경우를 잘 구분할 수 있습니다.

세네카는 불행이나 좌절에 대해 모든 것을 포기하고 받아들이라고만 권하지 않았습니다. 오히려 현명하게 대처할 것을 요구했습니다. 우리가 아무리 노력해도 변화시킬 수 없는 상황이라면 그때는 남아 있는 것에 자족할 수 있어야 합니다. 우리에게는 갑작스

239

러운 사건이나 불행을 바꿀 만한 힘이 없습니다. 하지만 그 상황을 대하는 관점과 태도를 선택할 자유는 있습니다. 그 자유를 지혜롭게 활용할 줄 아는 이가 현명한 사람입니다. 혹시 살면서 불행이나 좌절을 겪게 되더라도 현명하게 해석하고 지혜롭게 대처하기를 바랍니다.

혹시 〈부시맨〉이라는 영화를 알고 있습니까? 제이미 유이스 감독 **241**
이 1980년에 제작한 코미디영화로 아프리카 원주민이 콜라병 때
문에 벌이는 해프닝을 다룬 작품입니다. 한 비행기 조종사가 아프
리카를 비행하다 별생각 없이 빈 콜라병을 공중에 버렸고 부시맨
은 하늘에서 떨어지는 신기한 병을 보고 신의 물건이라고 생각하
여 그것을 신에게 돌려주기 위해 길을 떠난다는 이야기가 영화의
주된 내용입니다.

이와 같이 특정한 물건을 성스럽게 생각하는 것을 '하물 숭배
Cargo Cult'라고 합니다. '배에서 내려진 물건을 숭배한다'는 뜻의 하
물 숭배는 1890년경에 영국과 프랑스가 남태평양의 뉴기니 등지

에서 식민 지배를 시작하면서 생겨난 현상에서 유래되었습니다. 원주민들은 유럽인들이 통조림, 라디오 등과 같이 생전 처음 보는 하물을 화물선에서 내려 꺼내 쓰는 것을 보고 그 신기한 물건들이 신으로부터 왔다고 믿게 되었습니다. 〈부시맨〉 영화 속 원주민이 콜라병을 신의 물건이라고 생각해 조심스럽게 다루는 것도 일종의 하물 숭배라 할 수 있습니다. 하물 숭배처럼 인간세계에 존재하지 않는 초월적 존재를 믿고 그것을 숭배하는 것은 종교를 믿는 행위와 비슷합니다. 인간세계에서는 존재하지 않는 초인간적 존재를 '신神'이라 부릅니다.

유신론자와 무신론자는 이런 신의 존재에 대한 믿음 여부에 따라 구분할 수 있습니다. 사람들이 종교에 대해 논쟁할 때 가장 많이 다루는 주제가 바로 '신은 존재하는가'입니다. 이 논쟁은 과거부터 지금까지 계속 이어져왔고 지금까지 진행중입니다. 왜 신의 존재에 대한 논쟁은 아직도 계속되는 것일까요? 일차적으로는 사람마다 신에 대한 믿음이 다르기 때문입니다. 그런데 보다 근원적인 이유는 신의 존재 여부, 다시 말해 '신은 존재한다. 또는 존재하지 않는다'는 명제의 증명이 불가능하기 때문입니다. 각자 믿음의 근거가 되는 존재 자체가 증명이 불가능하여 지금까지도 계속 논쟁이 이어지는 것입니다.

그렇다면 신의 존재는 왜 증명이 불가능한 것일까요? 신은 이론의 영역이 아니라 체험의 영역이기 때문입니다. 신을 체험한 사람은 신의 존재를 믿는 반면, 그렇지 못한 사람은 믿지 않는 것입니다. 따라서 신의 존재에 대해 생각이 다른 사람과 논쟁을 벌이는 것은 결코 현명한 태도가 아닙니다. 증명이 불가능한 것을 두고 논쟁을 벌일 필요가 없기 때문입니다.

신의 존재에 대해 깊이 고민하고 연구했던 수많은 신학자나 철학자들은 신에 대해 다양한 정의를 내렸습니다. 신학자 폴 틸리히는 신을 "존재의 바탕"이라 했고, 철학자 카를 야스퍼스는 "포괄자"라 했으며, 노자나 장자는 "도道"라고 했습니다. 또한 힌두교에서는 "브라만", 불교에서는 "사물의 본성"이나 "공空"이라고 했습니다. 종교마다 신에 대한 표현은 다르지만 신이란 인간이 현상세계에서 경험할 수 없는 '궁극적 실재'를 가리킵니다. 이처럼 신은 한마디로 정의하기 어렵고 이론의 영역이 아닌 체험의 영역이므로 존재에 대한 증명이 불가능합니다. 따라서 믿고 안 믿고는 개인의 자유입니다.

그런데도 우리에게는 신의 존재를 믿는 것이 유리한지, 아니면 믿지 않는 것이 유리한지에 대한 현실적 고민이 남아 있습니다. 신이 실제로 존재하는지 여부와는 별개로 완전하지 못한 인간은 신의 존재를 믿는 편이 좋을까요, 믿지 않는 편이 바람직할까요? 수학자이자 철학자인 파스칼은 신의 존재를 믿을지 말지에 대해 재미있는 논증을 했습니다. 결론부터 말하면 그는 신의 존재를 믿는 편이 확률적으로 유리하다는 사실을 수학적으로 증명했습니다. 그의 증명을 '신에 대한 내기 논증'이라고 부르는데, 내용은 다음과 같습니다.

신의 존재를 믿는 사람과 믿지 않는 사람이 내기를 했습니다. 실제로 신이 존재한다면 신을 믿는 사람은 천국을 가고 믿지 않는

243

사람은 지옥을 가게 됩니다. 반대로 신이 존재하지 않는다면 신을 믿는 사람은 내기에서 지게 되고 믿지 않는 사람은 내기에서 이기게 됩니다. 그러므로 신을 믿는 사람은 잘되면 천국을 가고 잘못되더라도 내기에서 질 뿐입니다. 하지만 신을 믿지 않는 사람은 잘되면 내기에서 이기고 잘못되면 지옥으로 떨어지게 됩니다. 이런 논증의 결과로 파스칼은 "신이 존재할 확률이 매우 낮다 할지라도 신의 존재를 믿는 것이 합리적이다"라는 결론을 내립니다. 신을 믿는 사람이 피해가 훨씬 적기 때문입니다. 신을 믿을지 말지에 대한 파스칼의 주장을 듣고 지금부터 신을 믿어야겠다고 마음이 바뀌었나요? 파스칼의 논증에도 불구하고 신의 존재를 믿을지 말지는 개인의 자유입니다.

신의 존재 유무에 대한 논쟁에 앞서 고민해야 할 것이 있습니다. 바로 '신이란 무엇인가'라는 신의 존재 자체에 대한 질문입니다. 앞에서도 많은 신학자나 철학자들이 신에 대해 다양하게 정의를 내린 것만 보더라도 신은 사람들에게 서로 다른 모습과 의미로 이해되고 있습니다. 그 가운데 많은 사람이 공감할 수 있는 정의는 캔터베리 대주교 출신의 안셀무스가 말한 "신이란 인간이 추구하는 가치들의 정점이다"입니다.

안셀무스의 정의처럼 "인간이 추구하는 가치들의 정점"이 신이라면 대부분의 사람은 신을 믿고 있다고 할 수 있습니다. 어떤 사람에게는 '돈'이 신이 될 수 있고, 어떤 사람에게는 '국가'가 신일 수 있고, 어떤 사람에게는 '자식'이 신일 수 있습니다. 각자가 가장 중요하게 추구하는 가치가 바로 신이 되는 것입니다. 안셀무스의 정의를 받아들이는 사람은 모두가 유신론자인 셈입니다. 각자가 추구하는 가치의 정점이 신이므로 그 신(가치)을 따르는 사람은 누구나 유신론자인 것입니다. 하지만 유일신이 아니라 서로 다른 신을 믿는다는 차이는 있습니다.

신의 정의, 존재에 대한 논의와 별개로 사람들이 신을 믿고 종교를 갖는 이유는 자신의 삶에 유의미한 가치를 제공하기 때문입니다. 신학자나 종교학자 가운데에는 신이나 종교의 의미를 논쟁의 수단이 아니라 자기 삶을 변화시키는 수단으로 삼아야 한다고 주장하는 사람이 많습니다. 미국의 종교학자 프레더릭 스트렝은 종교를 "궁극 변화를 위한 수단"이라 주장했고 문명비평가인 아널드 조지프 토인비는 "종교란 자기중심주의를 극복하는 것"이라고 했습니다. 즉 종교란 단순히 초월적 존재를 믿고 의지하는 것이 아니라 자신이 완전한 존재가 아니라는 사실을 깨닫고 궁극의 실재에 다가가려는 노력, 자신을 변화시키려는 노력이라고 본 것입니다. 결국 종교의 본질이란 신에 대한 믿음 그 자체에 있는 것이 아니라 그 과정을 통해 자기를 변화시키는 체험, 또 그 체험에서 얻게 되는 자유를 말하는 것입니다. 자기 자신을 변화시키는 것이 종교라고 하니까 좀더 경건한 마음이 들지 않습니까?

우리나라의 종교학 연구자 오강남은 『종교란 무엇인가』에서 종교를 표층 종교와 심층 종교 두 가지로 구분했습니다. 표층 종교란 '지금의 나를 위해 총력을 다하는 종교'를 말합니다. 내가 가진 욕심과 욕망을 충족시키기 위한 수단으로서의 종교를 말합니다. "사업 대박 나게 해주세요!", "우리 애가 명문대에 합격하게 해주세

245

요!" 등의 기도 유형이 여기에 해당됩니다. 반면 심층 종교란 지금의 나에서 벗어나 새로운 나, 변화된 나로 거듭나는 것을 목표로 합니다. 밝음과 깨달음을 얻기 위해 기도하고 정신을 수양하는 단계를 이릅니다.

앞에서 종교의 본질을 이야기할 때 신에 대한 믿음 여부가 아니라 그 과정을 통해 자기를 얼마나 변화시키는지가 중요하다고 했습니다. 자기 변화를 기준으로 하면 표층 종교로는 자기 내면의 깨달음이나 진정한 변화에 이르기 쉽지 않습니다. 개인적 욕심이나 욕망의 충족이 진정한 변화가 아니기도 하거니와 종교를 가져야만 사업이 대박나고 자녀가 명문대에 들어가는 것이 아니기 때문입니다. 욕심, 욕망과는 아무 상관 없는 깨달음과 밝음을 추구하는 심층 종교라야 진정한 자기 자신에 대한 변화를 이끌 수 있습니다.

나는 무신론자이기는 하지만 기본적으로는 종교를 갖는 것이 좋다고 생각합니다. 완전하지 못한 인간이 신과 같이 절대적이고 근원적인 무언가가 있다고 믿고 그것에 다가가려고 노력하는 것은 무엇보다 마음의 평화와 정신 수양에 좋다고 생각하기 때문입니다. 하지만 종교가 유신론자와 무신론자를 구분하고 나와 다른 신을 믿는 사람을 배척하는 수단으로만 악용되어서는 곤란합니다. 중요한 것은 종교를 통해 '자기 자신이 새롭게 변화되는가', '스스로가 더욱 밝음과 깨달음의 단계로 나아가는가' 하는 점입니다. 각자 스스로에게 질문을 했으면 좋겠습니다. 나는 어떤 신을 믿고 있는지, 또 그 믿음을 통해 어떤 변화를 겪고 있는지 말입니다.

주말이면 가족끼리 놀이공원에 놀러가는 경우가 있는데, 종종 재미있는 장면을 보게 됩니다. 즐거워하는 아이들과 달리 함께 온 아버지들은 얼굴에 피곤함이 가득한 경우가 있습니다. 이처럼 누구는 즐거워하고 누구는 피곤해하는 모습은 의외로 자주 볼 수 있습니다. 주말에 백화점을 가도 연인이나 부부가 함께 쇼핑을 하는 것을 볼 수 있는데, 이때도 상황은 비슷합니다. 즐거워하는 여성들에 비해 남성들은 매우 피곤해합니다. 남성들은 원래 모든 활동에 피곤함을 느끼는 것일까요? 그렇지 않을 것입니다.

그렇다면 그 이유는 무엇일까요? 하기 싫은 일을 억지로 하기 때문입니다. 주말에 쉬고 싶고 쇼핑하기 싫은데 아이들이나 애인,

247

아내 때문에 어쩔 수 없이 끌려다녀서 피곤한 것입니다. 이를 좀더 명료하게 표현하면 놀이로 즐기느냐, 노동하고 있느냐의 차이입니다. 놀이공원이나 백화점 나들이를 아이들과 여성들은 '놀이'로 생각하는 반면, 남성들은 '노동'이라고 여기고 있기 때문입니다. 그래서 고달픈 것입니다.

노동과 놀이는 어떻게 구분할 수 있을까요? 구분방법은 다양하지만 참여하는 사람의 목적과 수단에 따라 구분하는 것이 보다 확실합니다. 참여하는 사람의 목적과 수단이 같으면 '놀이'가 되고 목적과 수단이 다르면 '노동'이 됩니다. 놀이동산에서 아이들은 놀이기구를 타는 것이 즐겁기 때문에 놀이기구를 탑니다. 목적과 수단이 같습니다. 놀이로 즐기고 있는 것이지요. 아버지는 아이들의 즐거움을 위해 마지못해 놀이공원에 갑니다. 목적과 수단이 다릅니다. 그래서 노동인 것입니다. 쇼핑도 마찬가지입니다. 쇼핑이 좋아서 쇼핑을 하는 여성은 그 행위를 놀이로 즐기지만 남성은 쇼핑이 목적이 아닌 다른 목적 때문에, 가령 여자친구에게 환심을 사기 위한 목적으로 쇼핑을 합니다. 목적과 수단이 다르므로 놀이가 아닌 노동이 되는 것입니다.

여기서 핵심 포인트는 노동과 놀이를 구분하는 기준이 '활동'이 아니라 참여하는 '사람'에게 있다는 사실입니다. 직장인들은 가끔씩 회사에서 회식을 합니다. 회식은 노동일까요, 놀이일까요? 직장에서 하는 회식은 놀이로 즐기는 것 같지만 사실 노동인 경우가 많습니다. 회식 문화는 주로 상사의 취향에 따라 좌우됩니다. 폭탄주를 즐기는 상사가 주최한 회식 자리에서는 대개 첫 잔은 단체로

'폭탄주 원샷'으로 시작합니다. 이때 폭탄주가 좋아서 폭탄주를 마시는 상사는 그 행위를 놀이로 즐기고 있습니다. 하지만 부하 직원 가운데에는 폭탄주가 싫은 사람도 있습니다. 하지만 그것을 마시지 않으면 상사한테 밉보이지 않을까 하여 어쩔 수 없이 억지로 마시기도 합니다. 그 직원은 노동을 하고 있는 것입니다.

퇴근 시간 이후에 갖는 회식에서도 노동을 해야 한다면 이는 피곤하고 괴로운 일입니다. 실제로도 그런 직장인들이 의외로 많습니다. 직장인의 비애라고 할 수 있지요. 그런데 일주일 가운데 노동과 놀이의 비율이 어떠한지에 따라 행복과 불행이 결정된다는 사실을 알고 있습니까? 대부분 직장인은 일주일을 이렇게 보냅니다. 월요일에서 금요일까지 노동을 합니다. 그리고 토요일과 일요일에는 놀이를 즐깁니다. 이와 같은 생활 패턴은 다음주, 그 다음주에도 계속 이어집니다. 이런 사람은 일주일 가운데 가장 행복한 때가 언제일까요? 금요일 저녁입니다. 왜냐하면 노동에서 놀이로 바뀌기 때문입니다. 가장 불행한 시간은 언제일까요? 일요일 저녁입니다. 정확히는 일요일 저녁에 방송되는 코미디 프로그램이 끝나면 불행해집니다. 코미디 프로그램을 보면서 실컷 웃다가 끝나고 나면 갑자기 우울해집니다. 그 순간부터 '놀이 끝, 노동 시작'이기 때문입니다.

그래도 앞의 사례는 그나마 참을 만합니다. 어떤 사람들은 월요일에서 금요일까지 노동을 하고 남들 쉬는 주말까지도 노동을 합니다. 계속 노동만 반복하므로 매우 불행한 사람이라고 할 수 있습니다. 흔한 경우는 아니지만 주말에 놀이를 즐기다가 주중에도 놀이를 즐기는 사람들이 있습니다. 그들은 계속 놀이를 즐기므로 매우 행복한 사람들이라고 할 수 있습니다. 이런 사람들은 직장인의 고질병인 '월요병'에 걸리는 법이 없습니다. 월요일에 출근해도 계속 놀이로 즐길 텐데 병이 생길 리 없지 않겠습니까. 결국 사람들의 행복은 일상에서 놀이의 시간을 얼마나 많이 보내는가에 달려 있습니다.

노동과 놀이를 구분짓는 가장 결정적인 요소는 무엇일까요? 그것은 참여자의 '자발성'에 달렸습니다. 어떤 놀이도 자발적으로 하지 않으면 노동이 됩니다. 학생들이 공부를 억지로 하면 그것은 노동에 불과합니다. 자발성이 결여된 상황에서 어쩔 수 없이 하는 공부에서 재미를 찾기란 매우 힘듭니다. 놀이가 아니라 노동이기 때문에 그렇습니다. 공부만이 아닙니다. 앞에서 사례로 들었던 것처럼 아이와 함께 억지로 간 놀이동산 투어는 노동에 불과합니다. 어쩔 수 없이 따라간 백화점 쇼핑도 마찬가지입니다.

250

이처럼 억지로 참여한 놀이는 거짓 놀이이고 놀이를 흉내내는 것에 불과합니다. 회식 때 노래방에 가서 상사의 노래에 맞추어 억지로 탬버린을 치고 있다면 그것은 거짓 놀이이며 놀이를 흉내내는 것일 뿐입니다. 이런 상황에서는 웃어도 웃는 것이 아닙니다. 광대처럼 연기를 하고 있을 뿐입니다. 이런 관점에서 보면 직장인들의 노동 시간은 상당히 길다고 할 수 있습니다. 정규 근무 시간뿐 아니라 퇴근 후에도 노동을 하기 때문입니다. 자발성이 결여된 상태에서 술집이나 노래방에서 보내는 시간은 노동 시간이나 다름없습니다.

그런데 샐러리맨은 기본적으로 노동을 해야 하는 존재입니다. 월급을 받으려면(목적) 일을 해야 합니다(수단). 하지만 조금씩이라도 놀이 시간을 만들어야 합니다. 그러려면 '자발적으로 행하는 시간'을 늘려야 합니다. 일도 그렇습니다. 직장에 처음 들어가면 상사가 시키는 일을 해야 합니다. 노동할 수밖에 없습니다. 하지만 시간이 지나면서 차츰 스스로 선택한 일의 양을 늘려야 합니다. 그래야만 일도 놀이가 될 수 있습니다.

공부도 마찬가지입니다. 학생들조차 공부를 놀이가 아닌 노동으로 하는 경우가 많습니다. 좋은 대학을 가기 위해, 좋은 데 취직하기 위해 공부합니다. 이처럼 특정 목적을 위해 공부하기 때문에 그들의 행위는 노동에 가깝습니다. 문제는 취직을 한 뒤에도 노동으로 공부를 하는 경우가 많다는 데 있습니다. 그러다보니 공부가 재미있을 리 없습니다. 직장인을 대상으로 강의를 해보면 교육생 가운데에는 놀이하는 사람보다 노동하는 사람이 훨씬 많다는 사실을 알 수 있습니다. 그래서 교육이 재미가 없고 지겹고 빨리 끝났으면 좋겠다고 생각합니다. 그런데 모두 다 그렇지는 않습니다. 간혹 놀이로 즐기는 사람도 있습니다. 그런 사람은 눈빛부터 다릅니다. 초롱초롱한 눈빛으로 시간 가는 줄 모르고 즐깁니다. 노동으로 공부하는 사람과 놀이로 공부하는 사람은 같은 교육을 받아도 결과가 다릅니다. 노동하는 사람보다 놀이하는 사람이 훨씬 많이 배웁니다. 직장에서 성공한 사람들은 대부분 공부를 노동이 아닌 놀이로 즐긴 사람들입니다. 놀이처럼 즐겼기에 재미있고 즐겁게 공부에 몰입할 수 있었고 능력도 쌓을 수 있게 된 것입니다.

251

그뿐 아닙니다. 노동할 때에는 즐거움이나 행복을 느끼기 어렵습니다. 즐거움과 행복은 놀이에서만 느낄 수 있는 감정입니다. 놀이를 할 때에는 즐겁고 행복합니다. 또 열정과 몰입을 하게 됩니다. 창조력도 넘쳐납니다. 결국 즐거움, 행복, 열정, 몰입, 창조 등의 긍정적 에너지는 놀이를 할 때에만 얻을 수 있는 것입니다. 노동에서는 찾아보기 힘든 요소입니다.

네덜란드의 역사학자 요한 하위징아는 인간의 본성은 놀이에 있다고 주장했습니다. 그는 『호모 루덴스Homo Ludens: A Study of the Play-Element in Culture』에서 '놀이하는 인간'이라는 뜻의 호모 루덴스의 개념을 정의했습니다. 그에 따르면 인간은 원래 '놀이'를 즐기는 종족이었습니다. 원시사회에서는 사냥이 '일'이었는데, 당시 사람들은 사냥을 놀이로 즐겼습니다. 부모님이 돌아가셔서 장례를 치를 때에도 슬퍼하기보다는 축제나 놀이처럼 즐겼습니다. 한마디로 대부분의 생활이 놀이의 시간으로 채워져 있었습니다. 생활은 풍족하지 않았지만 일상은 즐거웠습니다. 하지만 현대로 넘어오면서 인간은 이런 놀이의 정신을 잃어버렸습니다.

놀이의 정신을 잃어버린 현대인은 놀이 대신 무엇을 하는 것일까요? 바로 노동입니다. 놀이 대신 노동만 하고 있는 현대인은 과거보다 즐거움이나 행복을 느끼기 어려워졌습니다. 이는 분명 바람직한 방향이라고 할 수 없습니다. 인간의 가장 큰 본성은 행복을 추구하는 것인데, 현대로 올수록 점점 더 불행해졌습니다. 놀이의 정신을 잃어버린 채 노동에 매달리고 있기 때문입니다. 안타까운 일입니다.

하위징아는 현대인에게 놀이의 정신을 회복하라고 말합니다. 그러려면 노동의 시간을 줄이고 놀이의 시간을 늘려야 합니다. 앞에서도 이야기했지만 놀이의 시간을 늘리기 위해서는 자발적으로 행하는 활동이 많아져야 합니다. 일, 공부, 취미 활동 등 모두 자발적으로 즐겨야 합니다. 인생을 즐겁게 살고 싶다면 일상에서 놀이로 즐기는 시간이 얼마나 되는지, 자발적으로 행하는 활동이 얼마나 많은지 점검해보는 것이 어떨까요?

우리는 왜 행복하게 살지
못하는 것일까?

대부분 사람들은 부귀영화를 꿈꿉니다. 좋은 대학을 가려 하고 좋
은 직장을 얻으려 노력합니다. 돈을 많이 벌기 위해 애쓰고 높은
지위에 오르기 위해 온 힘을 기울입니다. 왜 이처럼 부귀영화를 위
해 노력하는 것일까요? 인간이라면 누구나 부귀영화를 누리고 싶
은 욕망이 있기 때문입니다. 좀더 근원적인 이유는 '자신이 행복해
지기 위해서'입니다. 요컨대 인간은 행복을 위해 부귀영화를 추구
하는 것입니다.

철학자 아리스토텔레스는 『니코마코스 윤리학$^{Éthika\ Nikomacheia}$』
에서 "인간이 추구하는 모든 활동은 궁극적으로 행복을 얻기 위함
이다"라고 했습니다. 삶의 궁극적 목적은 '행복'이고 나머지 모든

활동은 그 행복을 얻기 위한 수단으로 채택된 것이라는 주장입니다. 사실 대부분의 사람들이 원하는 명문대, 좋은 직장, 많은 돈, 높은 지위 등도 모두 행복해지기 위한 목적 때문에 추구하는 것입니다. 만약 그런 것을 가져도 행복해지지 않는다면 그렇게 기를 쓰고 얻으려고 하지 않을 것입니다.

누구나 행복을 꿈꾸지만 행복을 추구하는 방식에는 차이가 있습니다. 행복에 이르는 수단에 대한 가치의 우선순위가 다르기 때문입니다. 어떤 사람은 권력을 얻으려 하고, 어떤 사람은 인기나 명예를 원하며, 어떤 사람은 돈을 벌기 위해 노력합니다. 하지만 궁극적 목적인 '행복'을 추구한다는 면에서는 똑같다고 할 수 있습니다. 결국 인간은 행복을 추구하는 동물이라고 해도 지나친 말이 아닙니다. 행복 추구는 인간의 본성이기 때문입니다. 이런 이유로 '행복'이라는 주제는 철학에서 매우 중요하게 다루는 개념이기도 합니다.

255

누구나 행복해지기를 원한다는 사실을 전제로 한다면 사람들은 그 행복을 얻기 위해 무엇을 하고 있습니까? 사람들은 누구나 '행복을 원한다'고 하지만 그 행복을 위해 '무엇을 하고 있는지' 물어보면 쉽게 대답하지 못합니다. 그런데 가만히 살펴보면 사람들은 행복에 이르기 위한 수단을 의외로 '쾌락'에서 찾는 경우가 많습니다. 가령 주변에는 음주가무나 오락을 즐기는 사람이 많습니다. 특히 대한민국은 음주가무를 즐기기에 천국 같은 곳입니다. 24시간 내내 술을 마실 수 있는 몇 안 되는 나라입니다.

그러면 매일 술을 마시는 사람은 행복해질까요? 행복을 위해

술을 선택했지만 실제로는 그것이 행복을 가져다주지는 않습니다. 술을 마시는 순간에는 행복하겠지만 술자리가 끝나면 행복감은 순식간에 사라집니다. 술을 마실 때에는 행복하다고 느끼지만 과도한 음주가 끝난 뒤 술값을 계산하는 순간부터는 불행에 빠집니다. 어디 그뿐인가요. 술집을 나와 집에 가기 위한 전쟁을 치러야 합니다. 운 없으면 추운 날 택시를 잡기 위해 길거리를 한참 동안 서성여야 합니다. 그러고 나서 집에 가면 배우자의 잔소리가 기다리고 있습니다. 다음날 출근하는 것도 고역입니다.

한마디로 잠깐의 행복, 긴 고통입니다. 행복을 위한 방법으로 채택된 음주라는 수단은 일시적으로 행복하다는 환상을 줄 뿐, 궁극적인 행복을 가져다주지는 않습니다. 이런 생활이 좀더 심해지면 중독이 됩니다. 매일 습관적으로 음주를 하는 사람 가운데에는 행복한 사람보다 불행한 사람이 더 많습니다. 음주가무, 오락 등 사람들이 추구하는 감각적이고 자극적인 쾌락은 중독되기 쉬우므로 행복은 잠시뿐이며 오히려 더 큰 고통이나 불행에 빠지게 됩니다. 따라서 이런 것들은 궁극적으로 행복에 이르는 수단이 되지 못할뿐더러 중독성이 강해 습관이 되면 통제하기 어렵습니다. 더 자극인 쾌락을 찾게 되고, 그 결과 더 불행해지는 악순환을 가져올 뿐입니다. 이것이 바로 자극적인 쾌락이 사람을 중독시키는 메커니즘입니다. 결국 행복해지려면 자극적인 쾌락을 추구하기보다 오히려 그것을 억제해야 합니다. 음주나 오락을 억제해야 행복에 이를 수 있습니다.

어떻게 하면 쾌락을 억제하고 행복해질 수 있을까요? 네덜란드의 철학자 바뤼흐 스피노자는 행복에 대해 이런 주장을 했습니다. "우리는 쾌락을 억제해야 행복해지는 것이 아니고, 행복하기 때문에 쾌락을 억제할 수 있다." 스피노자의 주장은 굉장히 통찰력 있는데, 그의 주장을 좀더 자세히 살펴보겠습니다.

먼저 스피노자는 쾌락을 억제한다고 행복해지는 것이 아니라고 했습니다. 음주를 즐기던 사람이 갑자기 술을 마시지 않는다고 합시다. 그러면 그 사람은 행복해질까요? 그렇지 않습니다. 아마 금단 현상이 올 것입니다. 이처럼 평소 음주를 즐기던 사람이 자신의 쾌락을 억제한다고 해서 곧바로 행복이 찾아오는 것은 아닙니다. 그래서 스피노자가 "쾌락을 억제해야 행복해지는 것이 아니다"라고 한 것입니다. 오히려 그는 "행복하기 때문에 쾌락을 억제할 수 있다"고 했습니다. 평소에 사는 것이 너무너무 행복한 사람은 특별히 자극적인 쾌락을 탐하지 않습니다. 그냥 사는 것 자체가 행복하므로 특별히 또다른 자극이 필요하지 않기 때문입니다. 그러므로 쾌락을 억제한다고 해서 행복해지는 것이 아니라 자신이 행복해야 쾌락을 억제할 수 있다는 스피노자의 주장은 틀린 말이 아닙니다.

좀더 예를 들어봅시다. 직장인이라면 자주 경험하겠지만 점심 식사를 위해 중국집에 가면 햄릿의 고민에 빠지는 경우가 많습니다. 윌리엄 셰익스피어의 비극 『햄릿』에 나오는 명대사 "사느냐 죽느냐, 그것이 문제로다"처럼 사람들은 중국집에 가면 "자장이냐 짬뽕이냐, 그것이 문제로다"를 놓고 고민에 빠집니다. 그런데 문제는 자장을 시키면 짬뽕이 맛있어 보이고, 짬뽕을 시키면 '자장을 시

257

킬걸' 하고 후회가 남는 경우가 많다는 데 있습니다. "남의 떡이 커 보인다"는 속담처럼 자신이 선택하지 않은 것에 대한 후회가 남기 때문입니다.

그렇다면 중국집에서 후회가 남지 않는 경우는 언제일까요? 자신이 선택한 음식이 너무너무 맛있을 때입니다. 자장면을 시켰는데 표현을 못할 만큼 너무 맛있다면 시키지 않은 짬뽕에 대한 생각이나 미련은 남지 않습니다. 자신의 선택에 만족하기 때문에 굳이 선택하지 않은 것에 대해 욕망이 생기지 않는 것입니다. 이처럼 인간은 자기가 선택한 것에 행복을 느낄 때 쓸데없는 쾌락을 억제할 수 있습니다.

앞에서도 언급했지만 인간은 누구나 행복을 추구하는 존재입니다. 그러므로 사람들이 하는 행위는 대부분 행복을 위한 목적으로 이루어지는 것입니다. 대부분 사람들은 나이가 차면 결혼을 하는데, 굳이 왜 결혼을 하는 것일까요? 어떤 사람은 상대방을 사랑하기 때문에 결혼한다고 할 것입니다. 하지만 매우 '낭만적인' 대답입니다. 좀더 철학적인 대답은 '행복하기 위해서'입니다. 사람들은 사랑하기 때문에 연애를 시작합니다. 물론 그 반대일 수도 있습니다. 연애를 시작해서 사랑의 감정이 생길 수도 있습니다. 어쨌든 사랑이 목적이라면 결혼은 하지 않은 채 계속 연애만 해도 됩니다. 굳이 결혼까지 할 필요는 없습니다.

그런데도 연애의 끝은 헤어짐 또는 결혼입니다. 왜 결혼을 할까요? 연애 시절보다 행복하기 위해서 하는 것입니다. 매우 상투적으로 들리겠지만 결혼의 목적은 행복입니다. 그런데 결혼 후에 이혼하는 사람도 있습니다. 왜 이혼하는 것일까요? 이 역시 행복하기 위해서입니다. 결혼생활이 불행하기 때문에 행복해지려고 이혼하는 것입니다. 결혼과 마찬가지로 이혼의 목적도 행복이라고 할 수 있습니다. 그러다가 또 재혼을 하기도 합니다. 이 또한 행복해지기 위해서입니다. 이혼 후 혼자 살아보니 행복하지 않아서 행복을 위해 또다시 결혼을 하는 것입니다. 이에 대한 우스갯소리가 있습니다. "판단력이 부족해서 결혼을 하고, 인내력이 부족해서 이혼을 하고, 기억력이 부족해서 재혼을 한다." 물론 개인마다 이유는 다르겠지만 결혼과 이혼, 재혼 모두 '행복을 위해서' 하는 것임에는 틀림없습니다.

성경에 "네 이웃의 아내를 탐하지 말라"라는 말이 있습니다. 이는 행복한 결혼생활을 위해 당연히 지켜야 되는 규율입니다. 그런데 불행히도 현실에서는 이 규율을 지키지 않는 사람이 더러 있습니다. 도덕적인 문제는 논외로 하고 철학적인 관점에서만 이야기하겠습니다. 이웃의 아내를 탐하는 사람은 행복한 사람일까요? 결론부터 말하면 전혀 그렇지 않습니다. 남의 배우자를 탐하는 사람은 알고 보면 불쌍한 사람입니다. 그가 다른 사람의 배우자를 탐하는 이유는 기존의 부부관계가 행복하지 않기 때문입니다. 만약 기존의 부부관계가 더없이 행복하다면 굳이 남의 배우자를 탐할 이유가 없겠지요. 결국 행복의 핵심은 스피노자의 주장처럼 "쾌락을 억제해야 행복해지는 것이 아니고, 행복해야 쾌락을 억제할 수" 있는 법입니다. 그러니까 행복한 결혼생활을 위해서는 "네 이웃의 아내를 탐하지 말라"라는 도덕률에만 의존하기보다 스스로 행복한 부부관계를 만드는 편이 더 효과적일 수 있습니다. 스피노자의 주장처럼 자기가 행복해야 불필요한 쾌락을 억제할 수 있기 때문입니다.

프랑스의 철학자 에밀 오귀스트 샤르티에는 『행복론Propos sur le bonheur』에서 "사랑하는 사람을 위해 할 수 있는 가장 좋은 일은 바로 자신이 행복해지는 일이다"라고 했습니다. 자신이 행복해야 불필요한 쾌락을 억제할 수 있고 다른 사람을 행복하게 만들 수 있습니다. 평소 자신의 삶을 행복하게 만드는 일이 무엇보다도 중요합니다. 그러므로 지금 행복한지, 불필요한 쾌락만을 추구하고 있지 않은지 생각해보기를 바랍니다.

260

사랑이
밥 먹여주나?

"인문학이 밥 먹여줘?" 인문학을 공부하고 글을 쓰면서 자주 들었 **261**
던 말입니다. 그런데 이 표현은 "사랑이 밥 먹여주냐?"의 표절입니
다. 좋은 혼처를 두고 가난한 애인과 결혼하려는 이에게 가까운 사
람들이 만류하면서 건네는 말입니다. 사랑은 결혼하는 데 별로 중
요한 것이 아니라는 논리입니다. 고귀한 사랑을 밥보다 못한 것으
로 평가하는 사람들의 매정한 논리에 정작 당사자는 큰 상처를 받
을지도 모릅니다. 우리는 언제부터인가 모든 가치를 경제적 기준
으로 평가하기 시작했습니다. 결혼을 할 때에도 사랑보다는 밥이
더 중요해졌습니다. 그뿐 아닙니다. 자녀가 예술을 하겠다고 하
면 부모는 화들짝 놀라면서 말리기 시작합니다. "예술이 밥 먹여주

냐?"라고 하면서 말이죠.

인생을 살면서 밥이 그렇게도 중요한 것일까요? 요즘 우리가 밥을 최우선으로 신봉하는 태도에는 과한 면이 있습니다. 실제로 밥조차 먹지 못하는 사람은 거의 없거든요. 그런데도 여전히 우리는 습관적으로 밥, 밥, 밥을 외칩니다. 사랑보다도 밥이 먼저고, 예술보다도 밥이 우선입니다. 사랑이 밥을 먹여주지는 않지만, 그렇다고 밥을 위해 사랑을 하는 것도 아닌데 말입니다. 밥 때문에 하는 연애나 결혼은 사랑이 아니라 거래에 불과합니다. 인생에서 밥은 반드시 필요하지만 삶을 풍족하게 해주지는 않습니다. 하루 세 끼면 충분합니다. 하루에 열 끼씩 먹을 필요는 없잖아요. 최소한의 밥만 있다면 나머지는 삶을 풍요롭게 만드는 것들로 채워야 하지 않을까요.

"인문학이 밥 먹여줘?"라는 말도 가까운 지인이 나에게 건네는 조언입니다. 그들은 내가 인문학을 한다고 하면 먼저 '저것 해서 돈 될까, 혹시 배고프지 않을까' 하는 걱정이 앞서나봅니다. 영국의 철학자 존 스튜어트 밀이 "배부른 돼지보다는 배고픈 소크라테스가 낫다"고 역설했다지만 오늘날 우리는 배고픈 소크라테스에게 마냥 박수를 보내지 않습니다. 아무리 뛰어난 철학자라도 먼저 배는 채워야 합니다. 그래야만 그가 하는 철학도 의미가 있습니다. 아무리 고상한 철학도 배고픔 앞에서는 무용지물입니다. 이런 이유로 밥벌이를 제쳐두고 인문학 놀음이나 일삼는 나 같은 사람을 보면 마뜩잖게 생각합니다. 그러고는 근심어린 표정으로 충고를 건넵니다. "인문학이 밥 먹여줘?"라고 하면서.

262

인문학은 정말로 밥 먹고 사는 것과는 아무 상관 없는, 현실과는 거리가 먼 학문일까요? 그렇지 않습니다. 스토아 철학자 세네카는 "우리가 사는 것은 불사의 신들 덕분이지만 잘 사는 것은 철학 덕분이다"라고 했습니다. 그는 인생의 대부분을 부유하게 살았는데 그 이유가 자신이 가진 철학 덕분이라고 단언합니다. 독일의 철학자 카를 야스퍼스도 "어중간한 철학은 현실을 저버리지만 완전한 철학은 현실로 인도한다"면서 철학과 현실의 연관성을 주장한 바 있습니다. 사실 따지고 보면 어떤 분야든 밥 먹고 살지 못하지는 않습니다. 어느 분야에서든 잘만 하면 밥 먹고 사는 데 문제가 없습니다. 예술, 음악, 연극이 그렇습니다. 관건은 자기 분야에서 얼마나 잘하는가, 얼마나 뛰어난가 하는 것입니다. 인문학도 마찬가지입니다. 일반인들의 우려와 달리 인문학도 잘만 하면 밥 먹고 사는 데는 전혀 지장이 없습니다.

그런데도 인문학을 하는 사람들에 대한 일반인의 우려에는 타당한 면이 있습니다. 비율의 문제 때문입니다. 인문학을 하는 사람 가운데에는 배부른 이보다는 배고픈 사람이 훨씬 많습니다. 고상해 보이는 직업일수록 먹고살 만한 사람의 비율은 적습니다. 쏠림 현상이 강하기 때문입니다. 인문학 저자 가운데에는 샐러리맨이 수십 년을 저축해도 모으기 힘든 돈을 인세로 받는 경우가 있는가 하면, 겨우 입에 풀칠할 정도로 연명하는 경우도 있습니다. 물론 전자는 극소수에 불과하고 후자가 대다수입니다(물론 나도 후자에 속합니다). 오죽하면 잘나가는 축에 속하는 김훈 작가가 『자전거여행』이란 책 서문에서 "이 책을 팔아서 자전거값 월부를 갚으려 한다. 사람들아 책 좀 사가라"라며 엄살을 피웠을까요. 그런데 기억해야 할 점은 전자에 해당하는 상위의 극소수 사람도 처음에는 후자처럼 힘든 시절을 경험했다는 사실입니다. 어느 누구도 처음부터 잘나갈 수는 없습니다. 무명의 시절을 견뎌야만 높은 위치에 오를 수 있는 법입니다(지금 나도 견디는 중입니다).

　그래서 나에게 인문학이 밥 먹여주냐며 애정어린 충고를 해주는 분들께 이렇게 전하고 싶습니다. "인문학도 잘만 하면 돈이 됩니다. 조금 기다려보세요. 설령 집에 쌀이 떨어져도 손 벌리지 않을 테니 걱정 붙들어 매시고, 너나 잘하세요." 아울러 독자들에게도 한 말씀 드리려 합니다. "사람들아 내 책 좀 사가라. 나도 새로 산 자전거 할부도 남았고, 김훈 작가보다 갚아야 할 빚이 더 많다." 부디 이 책이 많이 읽혀서 많은 분에게 성찰과 혜안을 주었으면 합니다. 아울러 나의 밥벌이 문제를 해결하는 데에도 도움이 되었으면 합니다.

봄의 초입에서
이 호 건

- G. 레이코프·M. 존슨, 임지룡 옮김, 「몸의 철학」(박이정, 2002)
- 게르하르트 베어, 이부현 옮김, 「마이스터 에크하르트」(안티쿠스, 2009)
- 고미숙, 「호모쿵푸스」(북드라망, 2012)
- 공자, 김형찬 옮김, 「논어」(홍익출판사, 1999)
- 김소운, 「가난한 날의 행복」(범우사, 1995)
- 김용규, 「백만장자의 마지막 질문」(휴머니스트, 2013)
- 김용규, 「철학 카페에서 시 읽기」(웅진지식하우스, 2011)
- 김용규, 「철학 카페에서 작가를 만나다 1」(웅진지식하우스, 2016)
- 김용옥, 「철학과 논술 강의 2」(통나무, 2006)
- 루키우스 안나이우스 세네카, 김천운 옮김, 「인생론」(동서문화사, 2007)
- 마가렛 암브레스터, 윤덕순 옮김, 「사무엘 울만과 「청춘」」(삶과꿈, 2007)
- 마르셀 프루스트, 김희영 옮김, 「잃어버린 시간을 찾아서 1」(민음사, 2012)
- 마르틴 부버, 표재명 옮김, 「나와 너」(문예출판사, 2001)
- 마르틴 하이데거, 전양범 옮김, 「존재와 시간」(동서문화사, 2015)
- 말콤 글래드웰, 노정태 옮김, 「아웃라이어」(김영사, 2009)
- 맹자, 우재호 옮김, 「맹자」(을유문화사, 2007)
- 미셸 에켐 드 몽테뉴, 손우성 옮김, 「몽테뉴 수상록」(동서문화사, 2007)
- 미셸 푸코, 이규현 옮김, 「말과 사물」(민음사, 2012)
- 바뤼흐 스피노자, 강영계 옮김, 「에티카」(서광사, 2012)
- 박민영, 「인문 내공」(웅진지식하우스, 2012)
- 버트런드 러셀, 서상복 옮김, 「서양철학사」(을유문화사, 2009)
- 법정 옮김, 「숫파니파타」(이레, 1999)
- 블레즈 파스칼, 이환 옮김, 「팡세」(민음사, 2003)
- 생텍쥐페리, 황현산 옮김, 「어린 왕자」(열린책들, 2015)
- 아르투르 쇼펜하우어, 권기철 옮김, 「세상을 보는 방법」(동서문화사, 2005)
- 아리스토텔레스, 천병희 옮김, 「니코마코스 윤리학」(숲, 2013)
- 알랭, 이화승 옮김, 「알랭의 행복론」(빅북, 2010)
- 알랭 드 보통, 정영목 옮김, 「왜 나는 너를 사랑하는가」(청미래, 2007)
- 앙리 베르그손, 박종원 역, 「물질과 기억」(아카넷, 2005)

- 앙리 베르그손, 황수영 옮김, 『창조적 진화』(아카넷, 2005)

- 야콥 폰 윅스퀼, 정지은 옮김, 『동물들의 세계와 인간의 세계』(도서출판비, 2012)

- 어네스트 베커, 김재영 옮김, 『죽음의 부정』(인간사랑, 2008)

- 에리히 프롬, 차경아 옮김, 『소유냐 존재냐』(까치, 1996)

- 에피쿠로스, 오유석 옮김, 『쾌락』(문학과지성사, 1998)

- 에픽테토스, 김재홍 옮김, 『엥케이리디온: 도덕에 관한 작은 책』(까치, 2003)

- 오강남, 『세계 종교 둘러보기』(현암사, 2013)

- 오강남, 『종교란 무엇인가』(김영사, 2012)

- 요한 하위징아, 이종인 옮김, 『호모루덴스』(연암서가, 2010)

- 이반 일리치, 박홍규 옮김, 『학교없는 사회』(생각의나무, 2009)

- 이탈로 칼비노, 이소연 옮김, 『왜 고전을 읽는가』(민음사, 2008)

- 이현우, 『로쟈의 인문학 서재』(산책자, 2009)

- 장 폴 사르트르, 정소성 옮김, 『존재와 무』(동서문화사, 2009)

- 주희, 김미영 옮김, 『대학·중용』(홍익출판사, 2015)

- 지그문트 바우만, 조은평·강지영 옮김, 『고독을 잃어버린 시간』(동녘, 2012)

- 질 들뢰즈, 서동욱·이충민 옮김, 『프루스트와 기호들』(민음사, 1997)

- 질 들뢰즈·클레르 파르네, 허희정·전승화 옮김, 『디알로그』(동문선, 2005)

- 질 들뢰즈·펠릭스 가타리, 김재인 옮김, 『천개의 고원』(새물결, 2001)

- 찰스 다윈, 송철용 옮김, 『종의 기원』(동서문화사, 2009)

- 철학아카데미 편, 『처음 읽는 독일 현대 철학』(동녘, 2013)

- 토머스 쿤, 김명자 옮김, 『과학혁명의 구조』(까치, 2002)

- 펑유란, 박성규 옮김, 『중국철학사(상)』(까치글방, 1999)

- 프리드리히 니체, 김미기 옮김, 『인간적인 너무나 인간적인 1』(책세상, 2001)

- 프리드리히 니체, 김미기 옮김, 『인간적인 너무나 인간적인 2』(책세상, 2002)

- 프리드리히 니체, 김정현 옮김, 『선악의 저편, 도덕의 계보』(책세상, 2002)

- 프리드리히 니체, 박찬국 옮김, 『아침놀』(책세상, 2004)

- 프리드리히 니체, 정동호 옮김, 『차라투스트라는 이렇게 말했다』(책세상, 2000)

- 황견 엮음, 이장우·우재호·장세후 옮김, 『고문진보』(을유문화사, 2007)

밥 먹여주는 인문학

일상에서 발견하는 인문학의 즐거움

ⓒ이호건 2018

초판 1쇄 인쇄 2018년 4월 13일
초판 1쇄 발행 2018년 4월 23일

지은이 이호건
펴낸이 염현숙
편집인 신정민

편집 신정민 박민영   디자인 이효진   저작권 한문숙 김지영
마케팅 정민호 이숙재 정현민 김도윤 오혜림 안남영   홍보 김희숙 김상만 이천희
모니터링 이희연   제작 강신은 김동욱 임현식   제작처 상지사

펴낸곳 (주)문학동네
출판등록 1993년 10월 22일 제406-2003-000045호
임프린트 아템포

주소 10881 경기도 파주시 회동길 210
문의전화 031-955-3578(마케팅) 031-955-3583(편집)
팩스 031-955-8855
전자우편 paper@munhak.com

ISBN 978-89-546-5095-3 03320

www.munhak.com